《中华人民共和国公职人员政务处分法》解读与适用

秦前红　编著

法律出版社
LAW PRESS·CHINA

图书在版编目(CIP)数据

《中华人民共和国公职人员政务处分法》解读与适用/秦前红编著. --北京：法律出版社，2020
ISBN 978-7-5197-4646-9

Ⅰ. ①中… Ⅱ. ①秦… Ⅲ. ①国家机关工作人员-行政处罚法-法律解释-中国②国家机关工作人员-行政处罚法-法律适用-中国 Ⅳ. ①D922.112.5

中国版本图书馆CIP数据核字(2020)第102398号

《中华人民共和国公职人员政务处分法》解读与适用
《ZHONGHUA RENMIN GONGHEGUO GONGZHI RENYUAN ZHENGWU CHUFENFA》JIEDU YU SHIYONG

秦前红 编著

策划编辑 张发靖
责任编辑 董 昱
装帧设计 汪奇峰

出版 法律出版社
总发行 中国法律图书有限公司
经销 新华书店
印刷 中煤(北京)印务有限公司
责任印制 张建伟

编辑统筹 法规出版分社
开本 710毫米×1000毫米 1/16
印张 17
字数 250千
版本 2020年7月第1版
印次 2020年7月第1次印刷

法律出版社/北京市丰台区莲花池西里7号(100073)
网址/www.lawpress.com.cn
投稿邮箱/info@lawpress.com.cn
举报维权邮箱/jbwq@lawpress.com.cn
销售热线/400-660-8393
咨询电话/010-63939796

中国法律图书有限公司/北京市丰台区莲花池西里7号(100073)
全国各地中法图分、子公司销售电话：
统一销售客服/400-660-8393/6393
第一法律书店/010-83938432/8433　西安分公司/029-85330678　重庆分公司/023-67453036
上海分公司/021-62071639/1636　深圳分公司/0755-83072995

书号:ISBN 978-7-5197-4646-9　**定价**:58.00元

前　言

政务处分的确立是国家监察体制改革的重要内容，制定《公职人员政务处分法》[①]是政务处分工作法治化的关键步骤，也是国家监察配套立法的重要组成部分。随着全国人大常委会于 2020 年 6 月 20 日表决通过《公职人员政务处分法》，无论是政务处分的执法实务还是理论研究，工作的重心都将由立法论向解释论转型，其中颇具意义的便是对该部新颁行的法律进行逐条解读。这既有助于人们学习和理解法律的规定，亦可起到宣传和普及法律的作用，由此推进法律的贯彻实施。正是缘于此，我们组织编写了《〈中华人民共和国公职人员政务处分法〉解读与适用》一书。

大抵而言，法律解读类图书主要有两种，一是制定或实施法律的国家机关编写的解读，二是从事理论研究的专家学者编写的解读。由于编写主体的不同，二者在定位、内容和特点上自然有或大或小的差异。本书即属于后者，其在内容上不仅对《公职人员政务处分法》进行学理分析，对条文所涉的法理知识加以阐释；而且具有一定的实践面向，通过对实务难点的梳理和典型案例的分析，凸显本书所具有的实用价值，以供政务处分的实务工作者和理论研究者参考。

整体来说，本书对《公职人员政务处分法》的解读包括以下五方面的内容：一是“条文主旨”，即以精练的语言概括出每个条文的主要含义；二是“条文解读”，即围绕法律条文的内容进行理论层面的阐释；三是“实务难点指引”，即分析法律条文在适用时可能遇到的难题及相应的解决路径；四是“关联法条”，即梳理并列举具有直接关联性的国家法律和党内法规的规定；五是“典型案例”，即选取官方发布的相关案例并对其进行简要分析。除此之外，本书在附录中对

① 为便于阅读，本书中的法律、行政法规均使用简称。

《公职人员政务处分法》与《公职人员政务处分暂行规定》进行了对比解读，还探讨了《公职人员政务处分法》与党内法规的衔接适用等问题。

本书的编写分工如下：

第一章　总则，秦前红、刘怡达

第二章　政务处分的种类和适用，陈家勋

第三章　违法行为及其适用的政务处分，张晓瑜

第四章　政务处分的程序，石泽华

第五章　复审、复核，刘怡达

第六章　法律责任，张晓瑜

第七章　附则，秦前红、刘怡达

附录一　《公职人员政务处分法》与《公职人员政务处分暂行规定》的对比解读，秦前红、陈家勋

附录二　《公职人员政务处分法》与党内法规的衔接适用，秦前红、张晓瑜

全书由秦前红负责制定编写提纲并统稿。

政务处分作为一种创制性的处分形式，既吸收了过去国家机关纪律约束和纪律惩戒的有关经验，又因应了国家监察体制改革的实践需要。《公职人员政务处分法》是监察体制改革理论思考和实践探索的规范性表征。因此，对《公职人员政务处分法》的逐条解读，其实也是对监察体制改革实践的回顾、总结与前瞻。

由于时间仓促及水平有限，本书难免存在疏漏和错误，敬请读者批评指正。

秦前红

2020年6月20日

目　　录

第一章　总　　则

第一条　为了规范政务处分，加强对所有行使公权力的公职人员的监督，促进公职人员依法履职、秉公用权、廉洁从政从业、坚持道德操守，根据《中华人民共和国监察法》，制定本法。

条文主旨①

本条是关于《公职人员政务处分法》立法目的和依据的规定。

条文解读

政务处分是国家监察体制改革和《监察法》作出的一项新的制度设计，其虽来源于此前的政纪处分制度，但二者在处分主体、处分对象和处分事由等方面有着较大的差异。根据《监察法》的规定，对违法的公职人员作出政务处分决定，是监察委员会履行处置职责的重要方面。《监察法》第 11 条对监察委员会的职责作出规定，其中便包括“对公职人员开展廉政教育，对其依法履职、秉公用权、廉洁从政从业以及道德操守情况进行监督检查”，这些表述与本条规定的立法目的具有一致性。

在各级监察委员会组建运行之后，国家层面并未出台有关政务处分的规定。即便十三届全国人大一次会议通过了《监察法》，但仍只是对政务处分作出原则性的规定。为了规范监察机关的政务处分工作，中央纪委和国家监察委于 2018 年 4 月 16 日印发了《公职人员政务处分暂行规定》。在此后相当长一段时期内，各级监察机关作出政务处分决定的行为都是据此进行的。不过，该暂行规定的性质和效力存在一定的不确定性，为了进一步提高政务处分工作的法治化和规范化水

① 目录及正文中的条文主旨为作者所加，总结了条文的主要内容，仅供参考。

平,制定专门的政务处分法乃是一种必然。

2019年1月赵乐际所作的第十九届中央纪委第三次全会工作报告提出要推进政务处分法立法工作。2019年年初,制定政务处分法即被列入全国人大常委会2019年度立法工作计划。2019年8月,十三届全国人大常委会第十二次会议对《中华人民共和国公职人员政务处分法(草案)》进行了首次审议。2020年4月,十三届全国人大常委会第十七次会议对《中华人民共和国公职人员政务处分法(草案二次审议稿)》进行了审议。

根据本条规定,《公职人员政务处分法》的立法依据是《监察法》。这是由于《监察法》是"一部对国家监察工作起统领性和基础性作用的法律"。[①] 故而无论是全国人大常委会就监察工作制定的一般法律,还是国家监察委员会制定的监察法规,都是对《监察法》这一监察领域基本法律的具体化,《监察法》自然构成其他立法的依据。从这个意义上来说,《公职人员政务处分法》的立法目的在于落实《监察法》中有关政务处分的规定,因此,《公职人员政务处分法》虽可在《监察法》的基础之上对政务处分制度进行补充和完善,却不可违反《监察法》中既已明确的规定。

关联法条

《监察法》

第11条 监察委员会依照本法和有关法律规定履行监督、调查、处置职责:

(一)对公职人员开展廉政教育,对其依法履职、秉公用权、廉洁从政从业以及道德操守情况进行监督检查;

(二)对涉嫌贪污贿赂、滥用职权、玩忽职守、权力寻租、利益输送、徇私舞弊以及浪费国家资财等职务违法和职务犯罪进行调查;

(三)对违法的公职人员依法作出政务处分决定;对履行职责不力、失职失责的领导人员进行问责;对涉嫌职务犯罪的,将调查结果移送人民检察院依法审查、提起公诉;向监察对象所在单位提出监察建议。

第45条第1款第2项 监察机关根据监督、调查结果,依法作出如下处置:

(二)对违法的公职人员依照法定程序作出警告、记过、记大过、降级、撤职、开除等政务

---

① 李建国:《关于〈中华人民共和国监察法(草案)〉的说明》,载全国人民代表大会常务委员会办公厅编:《中华人民共和国第十三届全国人民代表大会第一次会议文件汇编》,人民出版社2018年版,第254页。

处分决定；

第二条 **本法适用于监察机关对违法的公职人员给予政务处分的活动。**

本法第二章、第三章适用于公职人员任免机关、单位对违法的公职人员给予处分。处分的程序、申诉等适用其他法律、行政法规、国务院部门规章和国家有关规定。

本法所称公职人员，是指《中华人民共和国监察法》第十五条规定的人员。

条文主旨

本条是关于《公职人员政务处分法》调整范围的规定。

条文解读

1. 本法的调整范围因处分主体的不同而有所差异

《公职人员政务处分法》第3条区分了政务处分和处分，前者的作出主体是监察机关，后者的作出主体则是公职人员的任免机关、单位。如此一来，处分的主体其实是二元化的，即有权对违法的公职人员给予政务处分或处分的主体有两个：一是监察机关，二是公职人员的任免单位、机关。相应地，对违法的公职人员作出政务处分或处分的行为，同样包括监察机关作出政务处分的行为，以及任免单位、机关作出处分的行为。于是，法律作为调整主体行为的社会规范，《公职人员政务处分法》作为调整政务处分活动的法律，自然需要对这两类行为给予相应的调整。整体而言，政务处分活动涉及诸多方面的事项，主要是实体性事项和程序性事项，前者包括政务处分的种类和适用、违法行为及其适用的政务处分；后者包括政务处分的程序、政务处分的救济方式等。

值得注意的是，本条在确定调整范围时，对监察机关作出政务处分的行为，以及任免机关、单位作出处分的行为，予以了必要的区分。具体来说，根据本条第1款的规定，对于监察机关作出政务处分的行为，无论是程序性内容还是实体性内容，一概适用《公职人员政务处分法》的规定；但根据本条第2款的规定，就任免机关、单位作出处分的行为而言，只有实体性的内容适用《公职人员政务处分法》的规定，即第2章规定的“政务处分的种类和适用”和第3章规定的“违法行为及其适用的政务处分”，适用于任免机关、单位作出处分的行为。至于程序性的事项，不再适用《公职人员政务处分法》的规定，而是“适用其他法律、行政法规、国务院部门规章和国家有关规定”。在此层面而言，任免机关、单位作出的处分并非严格意义上的政务处分。换言之，政务处分权乃是监察机关独有的一项职权，任免机关、单位给予的处分不宜称作政务处分。

2.《监察法》第15条列举的监察对象皆可成为政务处分对象

从《公职人员政务处分法》的法律名称就可以知道，政务处分的对象乃是公职人员，表明该法调整的是对公职人员作出政务处分的行为。为此，本条第3款以援引性规范的形式，就《公职人员政务处分法》中“公职人员”的指代予以解释，即本法所称的公职人员是指《监察法》第15条规定的人员。值得注意的是，《监察法》第15条对监察机关的监察对象进行了列举，总体包括“公职人员”和“有关人员”这两大类。本条将《公职人员政务处分法》中的“公职人员”解释为“《中华人民共和国监察法》第十五条规定的人员”，这意味着《监察法》第15条列举的监察对象，皆可成为《公职人员政务处分法》中的政务处分对象。此外，全国人大常委会2019年8月首次审议的《中华人民共和国公职人员政务处分法(草案)》第3条其实对公职人员的范围有列举式的规定，但该规定与《监察法》第15条的列举是相同的，于是在表决通过的《公职人员政务处分法》中，援引了《监察法》第15条的规定，以援引性规范的形式对何为公职人员作出了说明。

实务难点指引

本条在政务处分实践中的适用，主要有以下三方面的问题需要认真研究并妥善解决：

一是任免机关、单位作出处分行为的规则供给问题。根据本条第2款的规定，在任免机关、单位对违法的公职人员作出处分时，实体性的事项自然应当适用《公职人员政务处分法》的规定，但程序性的事项适用的是“其他法律、行政法规、国务院部门规章和国家有关规定”。政务处分工作法治化的重要前提是有法可依，如果相关的法律、法规、规章和其他规定欠缺或不完善，将不利于任免机关、单位开展处分工作。这就要求全国人大及其常委会、国务院及其组成部门等主体，通过制定或者修改法律、法规、规章和其他规定的方式，尽快完善与处分程序性事项相关的规定。同时，在此过程中，还需要注意《监察法》和《公职人员政务处分法》的协调衔接。

二是政务处分对象的科学把握问题。自国家监察体制改革试点工作开展以来,如何确定监察对象的范围始终是难题之一,即便《监察法》第 15 条以列举的方式对监察对象作出规定,但是该问题并未因此迎刃而解。此次颁行的《公职人员政务处分法》,将《监察法》第 15 条中包括"公职人员"和"有关人员"在内的监察对象,皆视为政务处分的对象,这在一定程度上增加了该问题的复杂性。为了科学把握政务处分的对象,对《监察法》第 15 条的正确理解无疑是前提,同时还应结合政务处分工作的实践。在国家监察体制改革之前,纪检监察机关有权依照《农村基层干部廉洁履行职责若干规定(试行)》等的规定,对村(居)民委员会成员进行监督和调查,但鉴于"村民委员会是基层群众性自治组织",因此"村民委员会成员本身不适用政纪处分"。[①] 即便《监察法》第 15 条将"基层群众性自治组织中从事管理的人员"纳入监察对象,监察机关亦可根据《公职人员政务处分法》第 22 条对此类人员进行政务处分,但处分类型被限定为警告、记过和记大过。

三是"国家有关规定"的具体指向问题。根据本条第 2 款的规定,公职人员的任免机关、单位在给予政务处分时,可以适用法律、行政法规、国务院部门规章之外的"国家有关规定"。此外,《监察法》中也有"国家有关规定"的表述,如第 22 条第 3 款规定"留置场所的设置、管理和监督依照国家有关规定执行"。那么,究竟什么是"国家有关规定"? 这一般由全国人大常委会在立法时作出规定,如《刑法》第 96 条对"违反国家规定"中"国家规定"的解释。考虑到《监察法》和《公职人员政务处分法》均未阐明"国家有关规定",于是有赖于最高立法机关或最高监察机关在实践中作出相应的解释。

关联法条

1.《监察法》

第 15 条 监察机关对下列公职人员和有关人员进行监察:

(一)中国共产党机关、人民代表大会及其常务委员会机关、人民政府、监察委员会、人民法院、人民检察院、中国人民政治协商会议各级委员会机关、民主党派机关和工商业联合会机关的公务员,以及参照《中华人民共和国公务员法》管理的人员;

(二)法律、法规授权或者受国家机关依法委托管理公共事务的组织中从事公务的人员;

(三)国有企业管理人员;

---

① 本书编写组编:《监督执纪问责实务问答》,中国方正出版社 2016 年版,第 436 页。

（四）公办的教育、科研、文化、医疗卫生、体育等单位中从事管理的人员；

（五）基层群众性自治组织中从事管理的人员；

（六）其他依法履行公职的人员。

2.《公务员法》

第61条 公务员因违纪违法应当承担纪律责任的，依照本法给予处分或者由监察机关依法给予政务处分；违纪违法行为情节轻微，经批评教育后改正的，可以免予处分。

对同一违纪违法行为，监察机关已经作出政务处分决定的，公务员所在机关不再给予处分。

典型案例

陈某，非中共党员，A市B区辅警；吴某，非中共党员，A市B区辅警；彭某，非中共党员，无固定职业。2018年10月下旬，彭某发现其租住的房屋内有人赌博、吸毒。彭某找到陈某和吴某，商量以警察查赌、查毒的方式来收取对方的钱财。2018年10月29日，陈某和吴某在未经单位领导和警察批准的情况下，私自携带警棍、手铐、执法记录仪、验尿材料等装备，与彭某一同前往该出租屋现场“执法”。在“执法”过程中，彭某假装打电话给某警察为吸毒和赌博人员求情，称可以摆平此事，并向吸毒和赌博人员索要好处费38万元。事后，彭某与陈某、吴某将赃款瓜分。在此案件中，监察机关能否对陈某和吴某作出政务处分决定？

《监察法》第15条将监察对象区分为“公职人员”和“有关人员”两大类，该条第6项规定的“其他依法履行公职的人员”即属于“有关人员”的范畴。对于此类人员在何种情形下能够成为监察对象和政务处分对象，判断标准是其是否在行使公权力和履行公职。在本案中，陈某和吴某的行为是在未经单位领导和警察批准的情况下，并且在没有警察的带领下，擅自行使查处赌、毒的公权力，其行为本身未经合法授权，本质上就不是行使公权力。因而不能从表面上看似执行公权力，就将陈某和吴某认定为监察对象，相应地也就不能对其作出政务处分决定。①

---

① 参见付余：《“其他依法履行公职的人员”范围辨析》，载《中国纪检监察报》2019年9月18日，第8版。

第三条 监察机关应当按照管理权限，加强对公职人员的监督，依法给予违法的公职人员政务处分。

公职人员任免机关、单位应当按照管理权限，加强对公职人员的教育、管理、监督，依法给予违法的公职人员处分。

监察机关发现公职人员任免机关、单位应当给予处分而未给予，或者给予的处分违法、不当的，应当及时提出监察建议。

条文主旨

本条是关于政务处分主体的规定。

条文解读

1. 处分主体包括监察机关和任免机关、单位

从本条第 1 款和第 2 款的表述来看，《公职人员政务处分法》其实区分了“政务处分”和“处分”。二者既有相同之处，亦不乏一定的差别。其中，相同之处主要体现为：政务处分和处分都是对公职人员违法行为的否定评价，都属于一种惩戒措施；政务处分和处分的种类及适用，皆应根据《公职人员政务处分法》第 2 章和第 3 章的规定。二者的差别体现在以下三个方面：一是作出的主体不同。政务处分是由监察机关作出的，处分则是由公职人员的任免机关、单位作出的。二是处分程序的法律适用不同。监察机关作出政务处分应当依照《公职人员政务处分法》的规定，任免机关、单位作出处分的程序则适用其他法律、行政法规、国务院部门规章和国家有关规定。三是处分的出发点不同。监察机关作出政务处分是基于其对公职人员的监督职责，任免机关、单位作出处分除了基于其对公职人员的监督职责外，还包括教育和管理职责。

就本条规定的有权作出政务处分或处分的主体来说，此处所指的“监察机关”不仅包括国家监察委员会和地方各级监察委员会，还包括派驻或派出的监察机构、监察专员。相对而言，任免机关、单位则因公职人员的不同类型而有所差异，实践中主要有各级人大及其常委会、各级政府及其组成部门、党委组织部门和单位人事部门等。概言之，此时有权对公职人员作出处分的主体，一般是对该公职人员有任免权的主体。

根据本条的规定，监察机关和任免机关、单位都有权对违法的公职人员作出

政务处分或处分，但二者均需“按照管理权限”进行。此处所谓的“管理权限”，既可用来确定由哪一层级的监察机关作出政务处分决定，这其实就是《监察法》第16条第1款规定的“各级监察机关按照管理权限管辖本辖区内本法第十五条规定的人员所涉监察事项”；也可以用来区分监察机关与任免机关、单位在进行政务处分时的权限，即对于违法的公职人员而言，哪些应由监察机关进行政务处分，哪些应由任免机关、单位进行处分，哪些情况下二者都有权进行政务处分或处分。本条之所以对政务处分与处分作了区分，并构建了处分主体二元化的模式，原因在于二者的管理权限有较大差异。当然，鉴于监察机关履行的监督职责，若任免机关、单位应当给予处分而未给予，或者给予的处分违法、不当的，监察机关应当及时提出监察建议，督促任免机关、单位予以改正。

2. 处分事由是公职人员存在违法行为

根据本条第1款和第2款的规定，监察机关给予政务处分，以及任免机关、单位给予处分的对象，皆是违法的公职人员。由此观之，公职人员存在违法行为是对其作出政务处分或处分的前提，这在《公职人员政务处分法》第3章中有具体的规定。根据《监察法》第3条的规定，监察机关的调查事项为职务违法和职务犯罪行为，即《监察法》第11条第2项规定的“涉嫌贪污贿赂、滥用职权、玩忽职守、权力寻租、利益输送、徇私舞弊以及浪费国家资财”。其中，由于违法行为业已包含了职务违法行为和职务犯罪行为，因而政务处分事由的范围其实大于调查事项的范围。将违法行为（包括职务违法行为以及职务违法行为之外的违法行为）作为公职人员政务处分的事由，是由于法律对公职人员在遵纪守法层面有着更高的要求。例如，《宪法》第53条将“遵守宪法和法律”作为公民的一项基本义务，而根据《公务员法》第14条第1项的规定，公务员则应当履行“模范遵守、自觉维护宪法和法律”的义务。在此层面而言，公职人员存在的职务违法行为以外的违法行为，其实可以视为公职人员违反公务员义务的行为，因此也应受到一定的处分。

实务难点指引

1. 如何区分监察机关和任免机关、单位作出政务处分或处分的权限

根据本条的规定，监察机关和任免机关、单位皆有权对违法的公职人员作出政务处分或处分，此时，如何科学合理地区分二者的处分权限显得尤为必要。如果处分权限不清晰，很容易导致二者互相推诿以至于出现“无人处分”的局面，或是二者彼此争夺办案权和处分权。

全国人大常委会2019年8月首次审议的《中华人民共和国公职人员政务处分法(草案)》,曾在第4条对监察机关和任免机关、单位的处分权限有所区分,即"任免机关、单位应当按照管理权限,加强对公职人员的教育、管理、监督,发现公职人员有违法行为的,应当依法给予政务处分。案件重要或者复杂的,可以依法移送监察机关处理",这其实是以案件重要和复杂的程度为标准进行的划分。最终表决通过的《公职人员政务处分法》删去了该规定,而是要求以"管理权限"为判断依据,用以确定监察机关和任免机关、单位作出政务处分或处分的权限。但二者的管理权限并非泾渭分明,尤其是在某些情形下,既可由监察机关作出政务处分决定,亦可由任免机关、单位给予处分。

2. 本条与《公职人员政务处分法》其他规定的协调衔接

本条对处分主体的规定及其权限的划分,其实与本法中的不少规定存在关联性,比如第16条规定的"对公职人员的同一违法行为,监察机关和公职人员任免机关、单位不得重复给予政务处分和处分"。

关联法条

1.《公务员法》

第57条 机关应当对公务员的思想政治、履行职责、作风表现、遵纪守法等情况进行监督,开展勤政廉政教育,建立日常管理监督制度。

对公务员监督发现问题的,应当区分不同情况,予以谈话提醒、批评教育、责令检查、诫勉、组织调整、处分。

对公务员涉嫌职务违法和职务犯罪的,应当依法移送监察机关处理。

第61条第1款 公务员因违纪违法应当承担纪律责任的,依照本法给予处分或者由监察机关依法给予政务处分;违纪违法行为情节轻微,经批评教育后改正的,可以免予处分。

2.《行政机关公务员处分条例》

第34条 对行政机关公务员给予处分,由任免机关或者监察机关(以下统称处分决定机关)按照管理权限决定。

3.《监察法》

第45条第1款第5项 监察机关根据监督、调查结果,依法作出如下处置:

(五)对监察对象所在单位廉政建设和履行职责存在的问题等提出监察建议。

典型案例

1. 由监察机关给予政务处分的案例

河北省人民政府原党组成员、副省长李某严重违反党的组织纪律、廉洁纪律、生活纪律，构成严重职务违法并涉嫌受贿犯罪，性质严重，影响恶劣，应予严肃处理。依据《中国共产党纪律处分条例》《监察法》等有关规定，经中央纪委常委会会议研究并报中共中央批准，决定给予李某开除党籍处分；由国家监委给予其开除公职处分；终止其河北省第九次党代会代表资格；收缴其违纪违法所得；将其涉嫌犯罪问题移送检察机关依法审查起诉，所涉财物随案移送。在该案例当中，对李某给予政务处分的是作为监察机关的国家监察委员会。①

2. 由任免机关、单位给予处分的案例

河北省廊坊市公安局经济技术开发区分局西区派出所民警魏某，违反廉洁纪律、违反工作纪律、违反国家法律法规规定，构成严重违纪。依据《中国共产党纪律处分条例》有关规定，经中共廊坊开发区纪工委会议研究，决定给予魏某开除党籍处分；依据《监察法》《行政机关公务员处分条例》，经廊坊市公安局局长办公会研究，决定给予魏某政务撤职处分。在该案例当中，撤职处分的决定主体是公安局局长办公会，即所谓的“任免机关、单位”而非“监察机关”。②

第四条　给予公职人员政务处分，坚持党管干部原则，集体讨论决定；坚持法律面前一律平等，以事实为根据，以法律为准绳，给予的政务处分与违法行为的性质、情节、危害程度相当；坚持惩戒与教育相结合，宽严相济。

条文主旨

本条是关于政务处分原则的规定。

---

① 参见《河北省政府原党组成员、副省长李某严重违纪违法被开除党籍和公职》，载中央纪委国家监委网站：http://www.ccdi.gov.cn/scdc/zggb/djcf/202001/t20200122_210187.html，2020 年 6 月 11 日最后访问。

② 参见《廊坊市公安局经济技术开发区分局西区派出所民警魏某受到开除党籍、政务撤职处分》，载界面新闻：https://www.jiemian.com/article/4347665_qq.html，2020 年 6 月 11 日最后访问。

条文解读

本条共规定了六项政务处分工作应当遵循的原则，分别是：

第一，党管干部的原则。《公务员法》确立了党管干部的原则，该原则的内涵之一就是“做好对干部人事工作的监督”。[①] 与此同时，《监察法》第 2 条也明确规定“坚持中国共产党对国家监察工作的领导”，这些法律规定都可以视为《公职人员政务处分法》确立党管干部原则的依据。就政务处分工作而言，党管干部原则表现为党组织对政务处分工作的领导；其中最主要的体现是，政务处分主体在作出政务处分决定之前，需要报请相应层级的党委批准。

第二，集体讨论决定的原则。在监察机关行使职权的过程中，表现出明显的集体负责制特征，比如《监察法》当中有多处“监察机关经领导人员集体研究”、“集体研究后”和“监察机关领导人员集体研究决定”等表述。相应地，政务处分作为监察机关履行处置职责的重要方面，亦应遵循集体讨论决定的原则。无论是监察机关作出政务处分决定，还是任免机关、单位给予处分，都应当坚持该原则。

第三，法律面前一律平等的原则。《宪法》第 33 条第 2 款规定了“公民在法律面前一律平等”的原则，《监察法》第 5 条也规定了“在适用法律上一律平等”的原则，本条对该原则予以重申，凸显了法律面前一律平等原则在政务处分工作中的重要性。《监察法》中的一律平等原则，是指“监察机关对所有监察对象，不论民族、职业、出身、性别、教育程度都应一律平等地适用法律，不允许有任何特权”。[②] 就政务处分工作来说，处分主体对所有公职人员，也应当确保法律适用上的平等，任何人不能有法律之外的特权。

第四，以事实为根据，以法律为准绳的原则。《监察法》第 5 条将“以事实为根据，以法律为准绳”规定为监察机关应当遵循的基本原则之一，政务处分工作是监察工作的重要组成部分，自然也应当坚持该原则。其中，“以事实为根据”是指公职人员是否存在违法行为，以及违法行为的情节轻重，都要以事实作为判断依据；“以法律为准绳”则是指监察机关和任免机关、单位，应当严格根据法律的规定开展政务处分工作。值得一提的是，《中华人民共和国公职人员政务处分法（草案二

---

① 本书编写组编：《〈中华人民共和国公务员法〉学习问答》，中国民主法制出版社 2012 年版，第 29 页。

② 中共中央纪律检查委员会、中华人民共和国国家监察委员会法规室编写：《〈中华人民共和国监察法〉释义》，中国方正出版社 2018 年版，第 69 页。

次审议稿)》规定的是“实事求是”的原则,全国人大常委会在进行第三次审议时,有的常委会委员建议将“实事求是”修改为“以事实为根据,以法律为准绳”,理由是“这样表述更加明确”。[①]

第五,错责相适应的原则。不同种类政务处分的轻重有异,其中最轻的政务处分为警告,最重的则是开除;政务处分的期间也有长短之别,最短的是 6 个月的警告,最长的是 24 个月的降级和撤职。给予违法的公职人员哪一种类、多长期间的处分,应当与其违法行为的性质、情节和危害程度相适应。性质恶劣、情节严重、危害性大的违法行为,应当给予较重、较长的处分;反之则应给予较轻、较短的处分。这就要求监察机关和任免机关、单位在作出处分决定前,应当对公职人员违法行为的性质、情节和危害程度有一个正确的认识。

第六,惩戒与教育相结合的原则。“惩前毖后、治病救人”是毛泽东在延安整风运动中提出的一项重要原则,[②]这与本条规定的“惩戒与教育相结合”的原则具有内在一致性。《监察法》第 5 条也将“惩戒与教育相结合,宽严相济”作为国家监察工作应当遵循的原则。为此,监察机关和任免机关、单位在给予处分时,不仅要严肃查处公职人员的违法行为,并对其作出相应的处分决定;同时还要立足于教育的目的,寓教于惩,通过必要的处分促使公职人员意识到错误并予以改正。需要注意的是,惩戒与教育是该原则相辅相成的两个方面,在实践中不能有任何偏颇,单纯的惩戒或教育都无法达到标本兼治的效果。

实务难点指引

公职人员只要存在违法行为,是否就应给予政务处分?

《监察法》和《公职人员政务处分法》将“违法行为”规定为政务处分的事由,而根据本条的规定,政务处分工作还应当遵循“惩戒与教育相结合,宽严相济”的原则。那么,公职人员只要存在违法行为,是否就应给予政务处分呢?该问题可参照党纪处分和政纪处分的既有经验。首先,纪检工作中有所谓的监督执纪“四种形态”,即监督执纪工作应当“让‘红红脸、出出汗’成为常态;党纪轻处分、组织

---

① 参见《全国人民代表大会宪法和法律委员会关于〈中华人民共和国公职人员政务处分法(草案三次审议稿)〉修改意见的报告》,载中国人大网:http://www.npc.gov.cn/npc/c30834/202006/173c594e48f54339a68864a716390054.shtml,2020 年 6 月 21 日最后访问。

② 参见毛泽东:《整顿党的作风》,载《毛泽东选集》(第 3 卷),人民出版社 1991 年版,第 827 ~ 828 页。

调整成为违纪处理的大多数；党纪重处分、重大职务调整的成为少数；严重违纪涉嫌违法立案审查的成为极少数”。因此，若党员只是存在轻微的违法违纪行为，则不必给予其党纪处分。其次，《中国共产党纪律处分条例》第28条亦有规定，即党组织在纪律审查中发现党员有其他违法行为，损害党、国家和人民利益的，应当视具体情节给予警告直至开除党籍处分。据此在纪检监察工作实践中，党员若只是存在违法停放机动车等轻微的交通违法行为，并以普通公民身份接受了行政处理，且没有造成影响党的形象或者损害党、国家和人民利益的后果，就没有必要再给予党纪处分。① 最后，在起草《行政机关公务员处分条例》时，一种意见认为，只要违反了法律法规，不论情节轻重，都需要受到处分；另一种意见认为，只有违反法律法规的行为达到承担纪律责任的程度，才应当接受处分，立法者最终采纳了第二种意见。② 由此观之，公职人员虽然存在违法行为，但若违法情节轻微，监察机关同样不宜给予其政务处分。这既有利于实现国家监察与纪律检查的协调衔接，也是《监察法》第5条规定的“惩戒与教育相结合，宽严相济”原则的应有之义。

关联法条

1.《监察法》

第5条 国家监察工作严格遵照宪法和法律，以事实为根据，以法律为准绳；在适用法律上一律平等，保障当事人的合法权益；权责对等，严格监督；惩戒与教育相结合，宽严相济。

2.《公务员法》

第61条第1款 公务员因违纪违法应当承担纪律责任的，依照本法给予处分或者由监察机关依法给予政务处分；违纪违法行为情节轻微，经批评教育后改正的，可以免予处分。

3.《行政机关公务员处分条例》

第4条 给予行政机关公务员处分，应当坚持公正、公平和教育与惩处相结合的原则。

给予行政机关公务员处分，应当与其违法违纪行为的性质、情节、危害程度相适应。

给予行政机关公务员处分，应当事实清楚、证据确凿、定性准确、处理恰当、程序合法、手续完备。

典型案例

2019年5月20日，黑龙江省纪委监委发出通告，正告涉黑涉恶腐败及充当

---

① 参见刘辉：《对党员干部的交通违法行为，如何给予党纪处分》，载《中国纪检监察》2017年第8期。

② 参见李建、耿文清主编：《〈行政机关公务员处分条例〉实用问答》，中国方正出版社2007年版，第17页。

“保护伞”的党员干部和公职人员，自本通告发布之日起一个月内，凡主动交代本人违纪违法问题的，纪检监察机关将依纪依法从轻或者减轻处理。违纪违法情节较轻的，可以依纪依法免予党纪政务处理。[①] 据此可以发现，对于“主动投案”且“违纪违法情节较轻”的，可以依法免予政务处分，这其实就体现了“错责相适应”和“惩戒与教育相结合”这两项原则。

第五条　给予公职人员政务处分，应当事实清楚、证据确凿、定性准确、处理恰当、程序合法、手续完备。

条文主旨

本条规定的是给予政务处分应当坚持的基本要求。

条文解读

政务处分工作除了应当遵循一些基本原则之外，还应当坚持一些基本要求，这些要求概括起来就是“事实清楚、证据确凿、定性准确、处理恰当、程序合法、手续完备”。该基本要求可以说是《监察法》规定的“以事实为根据，以法律为准绳”原则的具体表现。

所谓“事实清楚”，是指对公职人员违法行为的认定必须符合客观实际，公职人员违法行为的发生时间、地点、动机、手段、目的、情节、后果等具体情况必须是清楚明白的，不得存在含混不清、模棱两可、主观臆断等问题。政务处分决定书中也应当载明违法事实和证据。

所谓“证据确凿”，是指认定公职人员违法事实所依据的证据必须符合客观情况，应当是准确无疑的，获取的证据足以证明所认定的事实。具体包括以下几方面的要求：一是据以定案的事实都有证据证明，凡是对案件事实有证明作用的证据都要依法收集到案；二是据以定案的证据与认定的事实之间存在客观的联系，不得牵强附会；三是据以定案的证据均需经法定程序查证属实，即《监察法》第 40 条第 1 款规定的“收集被调查人有无违法犯罪以及情节轻重的证据，查明违法犯

---

① 参见《黑龙江：涉黑涉恶腐败及充当“保护伞”者　限期主动交代问题》，载新华网：http://www.xinhuanet.com/2019-05/21/c_1124524353.htm，2020 年 6 月 28 日最后访问。

罪事实,形成相互印证、完整稳定的证据链”。

所谓“定性准确”,是指在事实清楚、证据确凿的基础之上,对公职人员违法行为的性质认定应当是准确的。对公职人员的违法行为进行准确定性,是政务处分工作中的关键环节,定性不准确必然会导致对案件的处理不当。法律、行政法规、部门规章等对违法行为的构成要件有着明确规定,监察机关和任免机关、单位应当严格据此对违法行为的性质进行认定。

所谓“处理恰当”,是指根据违法的事实和行为的性质,依据法律法规给予公职人员恰当的政务处分。在政务处分工作中做到处理恰当,需要注意以下两方面的问题:一是应当对违法案件进行综合分析,结合违法行为的性质、行为目的和动机、具体的情节、造成的后果等情况,给予正确的处理;二是应当严格根据法律的规定进行相应的处理,如《公职人员政务处分法》第 44 条规定在调查终结之后,监察机关应当根据不同的情形,分别作出相应的处理。

所谓“程序合法”,是指政务处分中的各项工作应当严格按照法定程序进行,包括对涉嫌违法公职人员的调查、证据的收集和调取、听取被调查人的陈述申辩、处分决定的作出和送达等。《监察法》第 5 章专门规定了“监察程序”,《公职人员政务处分法》第 4 章专门规定了“政务处分的程序”,这为监察机关的政务处分工作确定了基本的程序要求。

所谓“手续完备”,是指在政务处分工作当中,应当严格按照法定的方法和步骤办理好相关手续,这其实也是“程序合法”的一个具体表现。例如,根据《公职人员政务处分法》第 44 条第 1 项的规定,监察机关在调查终结之后,如果发现确有应受政务处分的违法行为,则应在履行规定的审批手续后,作出政务处分决定。此时,监察机关履行规定的审批手续,便是做到“手续完备”的基本要求之一。

实务难点指引

本条明确规定了政务处分工作应当坚持的基本要求,使得政务处分工作的依法开展有了基本的遵循。不过,这“二十四字”的基本要求更多的是一种原则性的规定,难以为政务处分的具体实践提供直接的指引。此时,如果没有更加具体细致的规定,将会使这些基本要求难以发挥其预期功能。比如,何为“证据确凿”这一要求,因无具体细化规定,导致实践中标准把握因人而异,案件质量参差不齐。[1]

---

① 参见叶飞:《证据审核判断的五种常用方法》,载《中国纪检监察报》2020 年 6 月 3 日,第 8 版。

诚然,《公职人员政务处分法》用相当多的条文,对这“二十四字”的基本要求予以细化,但仍不免有较多的制度留白,这有待于今后通过制定监察法规等方式,对政务处分工作的基本要求进一步具体化。

关联法条

1.《公务员法》

第63条第1款 对公务员的处分,应当事实清楚、证据确凿、定性准确、处理恰当、程序合法、手续完备。

2.《监察法》

第36条第1款 监察机关应当严格按照程序开展工作,建立问题线索处置、调查、审理各部门相互协调、相互制约的工作机制。

3.《行政机关公务员处分条例》

第4条第3款 给予行政机关公务员处分,应当事实清楚、证据确凿、定性准确、处理恰当、程序合法、手续完备。

第六条 公职人员依法履行职责受法律保护,非因法定事由、非经法定程序,不受政务处分。

条文主旨

本条是关于非因法定事由、非经法定程序,不受政务处分原则的规定。

条文解读

本条的立法初衷,在于保护公职人员依法履职的行为。《公务员法》第15条第2项规定了公务员的身份保障权,即“非因法定事由、非经法定程序,不被免职、降职、辞退或者处分”。赋予公务员一定的身份保障权,很大程度上是为了保证公务员能够公正地履行职责。法律为公务员提供一定的身份保障,使其免受非法惩处,从而确保其可以顺利地履行自己的职责。[①] 相应地,《公职人员政务处分法》

① 参见张柏林主编,中共中央组织部、人力资源和社会保障部、全国人大常委会法工委、国务院法制办公室组织编写:《〈中华人民共和国公务员法〉教程》,党建读物出版社、中国人事出版社2013年版,第69~70页。

的立法目的，也不单是惩戒违法的公职人员，还在于“促进公职人员依法履职”。

首先，给予公职人员政务处分，必须是基于法定的事由。所谓“法定事由”，指的是法律、行政法规、部门规章等确定的，公职人员应当受到政务处分和处分的行为，比如《公职人员政务处分法》第 3 章中规定的“违法行为”。其次，给予公职人员政务处分，必须经过法定的程序。政务处分工作应当是严肃的，有着严格的程序性规定，不可随意为之。监察机关和任免机关、单位在对违法的公职人员给予政务处分和处分时，必须严格按照法律、行政法规、部门规章等确定的程序进行。

其实，全国人大常委会 2019 年 8 月首次审议的《中华人民共和国公职人员政务处分法（草案）》，并未对此作出规定，而是有的常委会组成人员、部门、地方和专家提出，《公职人员政务处分法》应当增加对公职人员依法履职予以保护的规定。全国人大宪法和法律委员会经研究，建议增加规定：“公职人员依法履行职责受法律保护，非因法定事由、非经法定程序，公职人员不受政务处分。”①

实务难点指引

法定事由和法定程序中的“法”具体指什么？

本条规定“非因法定事由、非经法定程序”，公职人员不受政务处分。明确要求“法定事由”和“法定程序”，是为了避免政务处分工作过于主观和随意。假如某一行为未被规定为违法行为，或是未能按照规定的程序调查取证，则不可据此对公职人员作出政务处分。不过，究竟何为法定事由和法定程序中的“法”，却是政务处分实务工作中必须妥善解决的问题。若“法”的范围失之过宽，乃至任何规范性文件皆可对政务处分事由和程序作出规定，则显然与本条的初衷相悖；如果“法”的范围失之过窄，极易致使政务处分工作无章可循，这同样不利于政务处分工作的正常有效开展。由此观之，为使本条的立法目的得以实现，尚需合理确定法定事由和法定程序中“法”的范围。

根据《公职人员政务处分法》第 2 条第 2 款的规定，任免机关、单位对违法的公职人员给予处分，其程序适用其他法律、行政法规、国务院部门规章和国家有关规定。同时，第 65 条也规定，国务院及其相关主管部门根据本法的原则和精神，结合事业单位、国有企业等的实际情况，对事业单位、国有企业等的违法的公职人

---

① 参见《全国人民代表大会宪法和法律委员会关于〈中华人民共和国公职人员政务处分法（草案）〉修改情况的汇报》，载中国人大网：http://www.npc.gov.cn/npc/c30834/202006/ef4bfe0375e14e3f946606d5c7f33b77.shtml，2020 年 6 月 21 日最后访问。

员处分事宜作出具体规定。这两处规定,可以说在一定程度上明确了“法”的范围,即法律、行政法规、国务院部门规章,以及国家有关规定、国务院及其相关主管部门作出的具体规定。除此之外,国家监察委员会制定的监察法规亦应属于“法”的范围。

关联法条

1.《公务员法》

第15条第2项 公务员享有下列权利:

(二)非因法定事由、非经法定程序,不被免职、降职、辞退或者处分;

2.《法官法》

第11条第2项 法官享有下列权利:

(二)非因法定事由、非经法定程序,不被调离、免职、降职、辞退或者处分;

3.《检察官法》

第11条第2项 检察官享有下列权利:

(二)非因法定事由、非经法定程序,不被调离、免职、降职、辞退或者处分;

4.《行政机关公务员处分条例》

第3条 行政机关公务员依法履行职务的行为受法律保护,非因法定事由,非经法定程序,不受处分。

第二章　政务处分的种类和适用

第七条　政务处分的种类为：

（一）警告；

（二）记过；

（三）记大过；

（四）降级；

（五）撤职；

（六）开除。

条文主旨

本条是关于政务处分种类的规定。

条文解读

1.政务处分种类的变迁

我国对公职人员的政务处分种类并非一直是目前的警告、记过、记大过、降级、撤职、开除六种。1957 年《国务院关于国家行政机关工作人员的奖惩暂行规定》(已废止)中规定的惩戒共有八种:警告、记过、记大过、降级、降职、撤职、开除留用察看、开除。1993 年《国家公务员暂行条例》(已废止)删去了降职和开除留用察看两种处分,形成了我们现在所见到的六种处分。2005 年《公务员法》完全吸纳了《国家公务员暂行条例》规定的六种处分。

2.政务处分种类的含义与特点

六种政务处分从轻到重分别为警告、记过、记大过、降级、撤职和开除。

警告是对违法公职人员的警示与告诫,作为最轻的政务处分,适用于违法行为情节较轻但必须给予政务处分的情形。警告与本法第 12 条第 1 款提到的谈话提醒、批评教育等方式不同，尽管后者也对违法公职人员起到警示、告诫的作用，但这些处理不属于政务处分，更侧重对违法公职人员的引导、教育，力图将违法行为扑灭在苗头阶段，一般适用于违法行为情节轻微、可以免予或者不予政务处分的情形。

记过和记大过也是对违法公职人员的警示与告诫，记过比警告处分更重，记大过比记过处分更重，记过与记大过一般适用于违法行为情节较重的情形。

降级是降低公职人员的级别及相应的工资和待遇，降级不只是对违法公职人员的警示与告诫，还会给违法公职人员造成实质性损失，一般适用于违法行为情节比较严重的情形。降级不同于降职。降职不是对公职人员的惩戒，而是一种任用行为，旨在调动公职人员积极性，推动人岗相适，实现优胜劣汰，使能者上、庸者下。根据《公务员职务任免与职务升降规定（试行）》的有关规定，降职主要适用于科员以上职务的公务员在定期考核中被确定为不称职的情形，降职时一般降低一个职务层次。公务员被降职的，其级别超过新任职务对应的最高级别的，应当同时降至新任职务对应的最高级别。降职的公务员，在新的职位工作一年以上，德才表现和工作实绩突出，经考察符合晋升职务条件的，可晋升职务。其中，降职时降低级别的，其级别按照规定晋升；降职时未降低级别的，晋升到降职前职务层次的职务时，其级别不随职务晋升。另外，根据《党政领导干部选拔任用工作条例》第 57 条的规定，党政领导干部的降职主要适用于党政领导干部在年度考核中被确定为不称职，因工作能力较弱、受到组织处理或者其他原因不适宜担任现职务层次的情形。

撤职是撤销违法公职人员担任的职务，给予撤职处分的要按照规定降低职务、职级、衔级和级别，同时降低工资和待遇。撤职是在保留公职人员身份前提下，对违法公职人员实施的最严厉的政务处分，一般适用于违法行为情节严重的情形。撤职不同于免职。免职只是单纯地免去公职人员现有的职务，不是一种惩罚措施。根据《公务员职务任免与职务升降规定（试行）》第 14 条的规定，免职适用于公务员晋升职务后需要免去原任职务、降低职务、转任、辞职或者调出机关、非组织选派且离职学习期限超过一年、退休和其他原因需要免职等七种情形。

开除是将公职人员从公职系统中除名，解除其与所在机关、单位的人事关系或者劳动关系，强制剥夺其公职人员身份。受到开除处分的公职人员，不得再被录用为公务员以及参照《公务员法》管理的人员。开除是对违法公职人员实施的最严厉的政务处分，一般适用于违法行为情节特别严重的情形。开除不同于辞退。辞退是机关依据相关法规，解除公职人员与机关任用关系的一种人事处理措施，不具有惩罚性质。被辞退的公务员可以领取辞退费或者根据国家有关规定享受失业保险。根据《公务员法》第88条的规定，辞退适用的情形有五种，分别是：公务员在年度考核中，连续两年被确定为不称职的；不胜任现职工作，又不接受其他安排的；因所在机关调整、撤销、合并或者缩减编制员额需要调整工作，本人拒绝合理安排的；不履行公务员义务，不遵守法律和公务员纪律，经教育仍无转变，不适合继续在机关工作，又不宜给予开除处分的；旷工或者因公外出、请假期满无正当理由逾期不归连续超过15天，或者1年内累计超过30天的。

政务处分种类又可划分为警告、记过、记大过和降级、撤职、开除两大类。第一，从处分后果上看，警告、记过、记大过主要是对违法公职人员实施的精神性惩罚，即单独通过警示与告诫的方式，给予违法公职人员正式的谴责，从名誉、荣誉、信誉等方面给违法公职人员带来精神上的损失，令其提高对违法行为的警惕性。这三种处分一般不会给违法公职人员造成实质性损失，而只是阻却其获益的可能，在处分期间内公职人员无法晋升职务、职级、衔级和级别，被记过和记大过的无法晋升工资档次。降级、撤职、开除主要是对违法公职人员实施的实质性惩罚，这些处分不仅会给违法公职人员带来精神上的损失，还会使其在地位、经济等实质性利益方面受到损失。这是因为公职人员的工资和待遇与级别挂钩，一旦违法公职人员受到降级及降级以上处分，其相应的工资和待遇也会遭到削减。第二，从处分对象上看，警告、记过、记大过适用于所有公职人员，降级、撤职、开除主要适用于公务员以及参照《公务员法》管理的人员，公办的教育、科研、文化、医疗卫生、体育等单位中从事管理的人员，国有企业管理人员。但是，基层群众性自治组织中从事管理的人员违法时，不会受到降级、撤职、开除处分。法律、法规授权或者受国家机关依法委托管理公共事务的组织中从事公务的人员，未担任公务员、参照《公务员法》管理的人员、事业单位工作人员或者国有企业人员职务的，以及其他依法履行公职的人员违法时，亦不受降级、撤职、开除处分，如其违法行为情节严重，根据本法第23条的规定，由所在单位直接给予或者监察机关建议有关机关、单位给予降低薪酬待遇、调离岗位、解除人事关系或者劳动关系等处理。

实务难点指引

1. 降级、撤职处分的具体实施

降级、撤职处分涉及对公职人员职务、职级、级别、工资待遇等方面的重新确定，在具体实施中较为复杂。中共中央纪律检查委员会、中共中央组织部、人力资源和社会保障部、监察部、国家公务员局发布的《关于公务员纪律惩戒有关问题的通知》曾对公务员的降职、撤职处分作了详细的规定，不过在公务员职务与职级并行制度改革后，有关操作需要与新修订的《公务员法》、《公务员职务与职级并行规定》及《公务员职务、职级与级别管理办法》的规定相匹配。

实施降级处分，应当降低公务员一个级别（实践中也有降低多个级别的情况），但如果本人级别为本职务对应最低级别，不再降低级别，根据有关规定降低级别工资档次。例如，四级调研员对应的级别是二十级至十四级，如果处于二十级的四级调研员受到降级处分，则按规定降低级别工资档次，而不再降低级别。如果本人级别工资为二十七级一档（最低级别的最低工资档次），可给予记大过处分。

实施撤职处分，应当撤销公务员现任所有职务，并同时降低级别和工资待遇。撤职时按降低一个以上（含一个）职务层次或者职级层次另行确定职务，一般不得确定为领导职务，例如，厅局级正职人员受到撤职处分，可降低为一个职务层次（厅局级副职）对应的非领导职务（二级巡视员）。撤职后根据新任职务确定相应的级别，按照"每降低一个职务层次，相应降低两个级别"确定新的级别，最低降为二十七级。例如，上述厅局级正职人员如处于八级，其降低一个职务层次时应调整为十级。如果本人职务为二级科员（最低职级），可降低级别工资档次。

另外，公务员在政务处分期间可以交流或者辞职，但具有《公务员法》第 86 条规定情形的不得辞去公职。公务员受到开除以外的处分，未解除处分前达到退休年龄的，如符合国家规定的退休条件，应按规定办理退休手续，并享受相应的退休待遇。其中，受到降级、撤职处分的，根据降低后的职务和级别确定退休待遇。对公务员以外的其他公职人员实施政务处分的，可以参照公务员政务处分的有关做法。

2. 政务处分与党纪处分相衔接

公职人员中的中共党员既违反党纪又违反国法时，应当由党组织作出党纪处分，并由监察机关依法给予政务处分。《公职人员政务处分暂行规定》第 8 条规定："监察机关对公职人员中的中共党员给予政务处分，一般应当与党纪处分的轻重程度相匹配。其中，受到撤销党内职务、留党察看处分的，如果担任公职，应当依法给予其撤职等政务处分。严重违犯党纪、严重触犯刑律的公职人员必须依法开除公职。"本法没有保留相应的表述。

不过，纪检监察机关在对公职人员中的中共党员进行政务处分时，仍然要注意与党纪处分的衔接，严格把握好“党纪严于国法”的原则，不能使政务处分重于党纪处分。比如，党纪处分为警告的，政务处分不能是比警告更重的处分；党纪处分为留党察看的，政务处分不能是开除处分。当然，两种处分的衔接也有一定的难度。单就处分种类来说，党纪处分分为警告、严重警告、撤销党内职务、留党察看、开除党籍五种，而政务处分有六种，两者并不是一一匹配的，对于某些处分的轻重程度也不好把握。比如，在党纪处分中撤销党内职务比开除党籍低两个档次，而政务处分的撤职只比开除低一个档次。根据《中国共产党纪律处分条例》第11条第1款的规定，撤销党内职务处分时，“对于在党外组织担任职务的，应当建议党外组织依照规定作出相应处理”。如果机械式地比照、套用党纪处分，对被撤销党内职务的公职人员实施政务撤职处分，可能会违背“党纪严于国法”的原则。因此，纪检监察机关应当具体情况具体分析，作出适当的政务处分。

关联法条

1.《监察法》

第45条　监察机关根据监督、调查结果，依法作出如下处置：

（一）对有职务违法行为但情节较轻的公职人员，按照管理权限，直接或者委托有关机关、人员，进行谈话提醒、批评教育、责令检查，或者予以诫勉；

（二）对违法的公职人员依照法定程序作出警告、记过、记大过、降级、撤职、开除等政务处分决定；

（三）对不履行或者不正确履行职责负有责任的领导人员，按照管理权限对其直接作出问责决定，或者向有权作出问责决定的机关提出问责建议；

（四）对涉嫌职务犯罪的，监察机关经调查认为犯罪事实清楚，证据确实、充分的，制作起诉意见书，连同案卷材料、证据一并移送人民检察院依法审查、提起公诉；

（五）对监察对象所在单位廉政建设和履行职责存在的问题等提出监察建议。

监察机关经调查，对没有证据证明被调查人存在违法犯罪行为的，应当撤销案件，并通知被调查人所在单位。

2.《公务员法》

第62条　处分分为：警告、记过、记大过、降级、撤职、开除。

3.《中国共产党纪律处分条例》

第8条　对党员的纪律处分种类：

（一）警告；

（二）严重警告；

（三）撤销党内职务；

（四）留党察看；

（五）开除党籍。

典型案例

2020年4月，中央纪委国家监委对云南省纪委监委驻省住房城乡建设厅纪检监察组原组长赵某江严重违纪案件进行了通报。

中央巡视组在中央脱贫攻坚专项巡视"回头看"反馈时指出了赵某江同志的有关问题。经云南省纪委监委审查调查查明，2019年7月至8月，赵某江带队赴5个市州开展脱贫攻坚危房改造、住房建设安全工作专项纪律检查期间，严重违反中央八项规定精神，违规接受超标准公款接待，要求私营企业主安排宴请，违规饮酒且陪同人员众多；以监督检查之名带队到自己家乡搞"衣锦还乡"，严重损害纪检监察干部形象；专项检查"走马观花、蜻蜓点水"，不是亲赴脱贫攻坚危房改造现场，而仅仅安排工作人员到相关部门看看资料、听听介绍，形式主义、官僚主义问题严重；收受私营企业主所送财物。赵某江严重违纪问题发生在云南省开展"不忘初心、牢记使命"主题教育期间，在当地干部、群众中造成严重不良影响。经云南省纪委监委研究并报云南省委批准，决定给予赵某江撤销党内职务、政务撤职处分，降为一级调研员，调离纪检监察系统。①

第八条　政务处分的期间为：

（一）警告，六个月；

（二）记过，十二个月；

（三）记大过，十八个月；

（四）降级、撤职，二十四个月。

政务处分决定自作出之日起生效，政务处分期自政务处分决定生效之日起计算。

---

① 参见《中央纪委国家监委公开曝光一起纪检监察干部严重违纪案件》，载《中国纪检监察报》2020年4月17日，第3版。

条文主旨

本条是关于公职人员政务处分期间的规定。

条文解读

政务处分期间是指处分决定执行的时间段,也是处分的法律后果的影响期间,在此期间内,公职人员的一些行为活动会受到影响。根据本法第 13 条第 1 项的规定,公职人员在政务处分期内再次故意违法,应当受到政务处分的,应当从重给予政务处分;根据本法第 19 条、第 20 条、第 21 条的规定,一些类别的公职人员在政务处分期内,不得晋升职务、职级、衔级、级别、岗位和职员等级、职称;其中,一些类别的公职人员被记过、记大过、降级、撤职的,不得晋升工资档次或薪酬待遇等级。

政务处分期间随处分种类和轻重的不同而不同。处分轻,则处分期间短;处分重,则处分期间长。警告的处分期间为 6 个月,记过为 12 个月,记大过为 18 个月,降级与撤职为 24 个月。开除没有处分期间,因为公职人员被开除后不再属于公职系统,不受公职系统的管理。

需要注意的是,政务处分期间为固定期间,对于单个处分不能随意增加或缩短处分期间,在处分期间届满前亦不得提前解除处分。《国家公务员暂行条例》(已废止)第 36 条第 2 款曾规定:"国家公务员在受行政处分期间,有特殊贡献的,可以提前解除行政处分。"人事部、监察部根据《国家公务员暂行条例》制定的《关于解除国家公务员行政处分有关问题的通知》也对提前解除行政处分作了具体的规定,目前该通知仍然有效。但是 2005 年通过的《公务员法》将《国家公务员暂行条例》废止,且删除了该条例第 36 条第 2 款的规定,即没有采纳提前解除处分的规定。因此,根据上位法优于下位法、新法优于旧法的原则,政务处分在法定期间届满前不得提前解除。

政务处分决定的生效时间是其作出之日,政务处分期自政务处分决定生效之日起计算。公职人员对政务处分决定不服而申请复审、复核的,不停止原政务处分决定的执行,政务处分期间正常计算。另外,公务员受撤职处分后新任职务的任职时间,从新任职务任命之日起开始计算,此前相同或以上职务层次的任职时间不得累计为今后晋升职务所需的任职年限。

关联法条

《公务员法》

第64条 公务员在受处分期间不得晋升职务、职级和级别，其中受记过、记大过、降级、撤职处分的，不得晋升工资档次。

受处分的期间为：警告，六个月；记过，十二个月；记大过，十八个月；降级、撤职，二十四个月。

受撤职处分的，按照规定降低级别。

第九条 公职人员二人以上共同违法，根据各自在违法行为中所起的作用和应当承担的法律责任，分别给予政务处分。

条文主旨

本条是关于二人以上共同违法的公职人员政务处分的规定。

条文解读

1.公职人员共同违法的构成要件

公职人员共同违法是指两个以上（含两个）公职人员基于共同故意，共同实施的违法行为。构成公职人员共同违法的，必须同时具备以下要件：

（1）主体要件。在人员数量上，必须有两个以上的违法者。一人单独违法，不发生共同违法问题。在人员身份上，必须有两个以上的违法者满足公职人员身份。只有一个公职人员与非公职人员共同实施违法行为的，不构成本条所指的公职人员共同违法。

（2）主观要件。共同违法的公职人员在主观上须有共同违法的故意。从认识因素上看，违法行为人不仅要认识到自己在故意实施违法行为，还要认识到自己与他人互相配合、故意实施违法行为，进而概括预见到共同违法行为与共同危害结果的因果关系，即认识到自己的行为会引起的危害结果以及共同违法行为会引起的危害结果。从意志因素上看，共同违法行为人都明知自己的行为会发生危害结果，并且希望或者放任这种结果发生。反之，共同过失的违法行为不构成共同违法，一人出于故意而违法，另一人出于过失而违法的，也不构成共同违法。例如，负责财政资金支付的出纳人员和复核人员玩忽职守，均未仔细核对有关账单，违规进行支付工作，两人均为过失违法，不构成共同违法；又如，一公职人员弄虚作假骗取学历、学位，另一公职人员没有认真审核申请材料，违规授予前者学历、学位，前者构成故意，后者构成过失，两人不构成共同违法。从外观因素上看，共同违法行为人之间必须存在意思联络，即在违法意思上的相互沟通、彼此联系。行为人各自故意侵犯同一客体，但彼此之间没有意思联络的，不构成共同违法。例如，一公职人员向某人索取贿赂，另一公职人员在得知后也向同一人索取贿赂，两个公职人员虽彼此知道对方索取贿赂行为的存在，认识到有某种程度上的"相互配合"，但二者间没有实际发生任何意思联络，故不构成共同违法。

（3）客观要件。共同违法的公职人员在客观上必须相互配合，协调一致实施同一违法行为。首先，各行为人所实施的行为必须都是违法行为，否则不构成共同违法。例如，公职人员向下级机关下达内容违法的命令，办文人员即便明知命令的内容违法，但依照法定程序办文传达的，其传达行为本身不是违法行为，故该办文人员不会与违法公职人员构成共同违法。其次，各行为人在实施违法行为时相互配合、协调一致，每个行为人的行为都是整个违法行为的必要组成部分。共同违法行为具体表现为三种形式：一是共同的作为，即行为人都积极实施了违法行为；二是共同的不作为，即行为人本身负有履行某种行为的义务，但都消极地不履行；三是作为与不作为的结合，即一部分人积极实施行为，而另一部分人消极不履行职责义务。最后，行为人共同实施的行为与危害结果之间存在因果关系。也就是说，即便各行为人的分工、参与程度、参与时间等方面存在不同，但都是围绕同一目标实施行为，最终达成一致的结果。例如，两个公职人员经事前或事中通谋，一人负责具体实施违法行为，一人负责包庇、窝藏，两人尽管分工不同，但都是为了同一目标和结果，故构成共同违法。反之，一人违法后，另一人在事后与之通谋，进行包庇、窝藏的，包庇、窝藏行为与前一违法行为所要达成的目标结果并不存在因果关系，故不构成共同违法。

2. 对共同违法公职人员的政务处分

由于在共同违法中，每个行为人所起的作用和应当承担的法律责任不尽相同，因此处分不能搞一刀切，而是应当根据每个公职人员在违法行为中所起的作用，分别确定各自应当承担的法律责任，分别给予相应的政务处分，这也符合政务处分与违法行为的性质、情节、危害程度相当的原则。其中，对于在共同违法行为中起次要或者辅助作用的，可以根据本法第 11 条规定，从轻或者减轻给予政务处分。

需要注意的是，本法对共同违法的处理与党纪对共同违纪的处理是不同的。《中国共产党纪律处分条例》强调对为首者从重处分的原则，其第25条规定："二人以上（含二人）共同故意违纪的，对为首者，从重处分，本条例另有规定的除外；对其他成员，按照其在共同违纪中所起的作用和应负的责任，分别给予处分。对于经济方面共同违纪的，按照个人所得数额及其所起作用，分别给予处分。对违纪集团的首要分子，按照集团违纪的总数额处分；对其他共同违纪的为首者，情节严重的，按照共同违纪的总数额处分。教唆他人违纪的，应当按照其在共同违纪中所起的作用追究党纪责任。"相对来说，党纪对共同违纪的处分重于本法对共同违法的处分，这也体现了"党纪严于国法"的原则。

关联法条

《中国共产党纪律处分条例》

第25条 二人以上（含二人）共同故意违纪的，对为首者，从重处分，本条例另有规定的除外；对其他成员，按照其在共同违纪中所起的作用和应负的责任，分别给予处分。

对于经济方面共同违纪的，按照个人所得数额及其所起作用，分别给予处分。对违纪集团的首要分子，按照集团违纪的总数额处分；对其他共同违纪的为首者，情节严重的，按照共同违纪的总数额处分。

教唆他人违纪的，应当按照其在共同违纪中所起的作用追究党纪责任。

典型案例

2020年6月，山西省临汾市纪委监委通报了仝某以伪造应届生身份参加高考等问题的调查情况。

经查，2012年高考后，仝某想再次参加高考并报考解放军艺术学院，因该校要求必须是应届生才能报考，其继父即市人大常委会副秘书长、办公室副主任、研究室主任仝某峰向临汾市教育局基础教育科工作人员彭某咨询如何将往届生转为应届生，彭某建议采取从外地转学回临汾的方式解决应届生身份问题。于是仝某峰请托陕西省延安市有关人员为仝某办理了虚假转学手续。

2012年8月，仝某峰请托彭某办理仝某转入临汾上学事宜。彭某在明知缺少户籍迁移手续、家长调动工作证明、学籍卡等有关材料的情况下，先后找临汾市教育局基础教育科时任科长苏某泽、临汾市尧都区教育局基础教育股工作人员张某荣在仝某的《山西省普通高中学生转学申请表》《延安市普通高中学生转学审批表》上违规签字盖章。仝某峰随后请托临汾市第二中学时任校长朱某龙，朱某龙安排该校教务处工作人员贾某兰和学籍管理员薛某琴违规为仝某办理了入学手续。

在对仝某有关问题调查过程中，苏某泽和彭某为逃避责任，伙同临汾市教育局基础教育科工作人员张某成伪造仝某由延安迁至临汾的户籍迁移手续，通过张某荣、贾某兰、薛某琴将该手续放入仝某转学档案。市教育局局长李某平知悉该情况后，既不制止，也不报告，并指使相关人员订立攻守同盟，对抗组织调查；市招生考试管理中心主任张某仓在向有关部门报告情况时，隐瞒了仝某学籍存在问题的情况。

仝某继父仝某峰被给予留党察看一年、政务撤职处分；张某荣被给予党内严重警告处分；朱某龙被给予政务记大过处分；贾某兰被给予党内严重警告处分；薛某琴被给予党内严重警告处分；李某平被给予撤销党内职务、政务撤职处分；张某仓被给予党内严重警告处分；另有多人受到处分。苏某泽、彭某、张某成涉嫌伪造国家机关证件罪，待司法机关查清三人问题后，依纪依法作出处理。①

第十条　有关机关、单位、组织集体作出的决定违法或者实施违法行为的，对负有责任的领导人员和直接责任人员中的公职人员依法给予政务处分。

条文主旨

本条是关于集体违法的公职人员政务处分的规定。

条文解读

1. 集体违法概述

集体违法是指公职人员所在机关、单位、组织的领导集体或由有权代表集体的人员，以机关、单位、组织的集体名义，作出的决定违法或实施违法行为。构成集体违法的，必须同时具备以下要件：

（1）意志要件。有关的决定或行为产生于机关、单位、组织集体，体现集体的

① 参见《临汾市纪委监委发布关于仝某以伪造应届生身份参加高考等问题调查情况的通报》，载中央纪委国家监委网站：http://www.ccdi.gov.cn/yaowen/202006/t20200612_219934.html，2020 年 7 月 1 日最后访问。

意志。这种集体意志的形成既可以来自领导班子成员的集体研究决策,如以单位办公会议等形式作出决定,也可以来自有权代表集体的人员代表集体作出的决策。

(2)名义要件。有关的决定或行为是以机关、单位、组织的集体名义作出或实施的。这种既包括以机关、单位、组织内部领导集体的名义,如以单位办公会议的名义,对内作出某些决定;也包括以机关、单位、组织的名义,对外作出某些决定。这是集体违法和个人违法在客观上的重要区别。如果违法决定或行为是以公职人员个人的名义作出或实施的,可以直接追究其个人的法律责任,不适用本条的规定。

(3)违法要件。有关的决定或行为违法。违法认定的依据必须来自法律、法规、规章等的明确规定。比如,《野生动物保护法》第 42 条规定:"野生动物保护主管部门或者其他有关部门、机关不依法作出行政许可决定,发现违法行为或者接到对违法行为的举报不予查处或者不依法查处,或者有滥用职权等其他不依法履行职责的行为的,由本级人民政府或者上级人民政府有关部门、机关责令改正,对负有责任的主管人员和其他直接责任人员依法给予记过、记大过或者降级处分;造成严重后果的,给予撤职或者开除处分,其主要负责人应当引咎辞职;构成犯罪的,依法追究刑事责任。"又如,《医疗器械监督管理条例》第 74 条规定:"违反本条例规定,县级以上人民政府食品药品监督管理部门或者其他有关部门不履行医疗器械监督管理职责或者滥用职权、玩忽职守、徇私舞弊的,由监察机关或者任免机关对直接负责的主管人员和其他直接责任人员依法给予警告、记过或者记大过的处分;造成严重后果的,给予降级、撤职或者开除的处分。"如果法律法规规章等没有规定某种集体决定或行为违法,监察机关不得擅自追究有关公职人员的法律责任。比如,对于集体工作不力、不称职的问题,应当适用考核制度进行调整;对于集体决策失误导致重大损失的问题,应当适用问责制度进行追究。

需要注意的是,本条所规定的集体违法与本法第 9 条所规定的共同违法是不同的。共同违法是指两个以上公职人员基于共同故意而共同实施的违法行为,行为人体现的是自身的意志而非其所在机关、单位、组织集体的意志,是以个人名义作出违法行为而不是以机关、单位、组织集体的名义实施违法行为。另外,《中国共产党纪律处分条例》第 26 条对集体违纪的处理与本法对集体违法的处理有所不同,党纪将集体违纪分为共同故意和过失违纪两种情形,对共同故意的集体违纪,按共同违纪处理,类似于本法第 9 条对共同违法的处理;对过失违纪的,按照各自在集体违纪中所起的作用和应负的责任分别给予处分，类似于本条对集体违法的处理。因此，对于有关机关、单位、组织集体违法，同时又涉及党组织领导机构集体违纪的，监察机关在进行政务处分时应注意相应的区别和衔接。

2. 集体违法的政务处分对象

本法对于集体违法问题的处理，不是对集体予以统一的惩罚，而是将惩罚落实到个人。这不仅是因为政务处分以违法公职人员为对象，更是为了对负有责任的有关个人进行追究，防止某些公职人员借集体决策名义逃避监督。

集体违法的政务处分对象是负有责任的领导人员和直接责任人员中的公职人员。负有责任的领导人员是指担任一定的领导职务，参与集体决策或直接代表集体作出违法决定，或者疏于管理，对以集体名义实施的违法行为负有领导责任的人员。直接责任人员是指不依法履行自己的职责，对违法行为起决定性作用的人员，一般是直接参与实施违法行为的人员。

3. 集体违法的政务处分与问责制度的区别

《关于实行党政领导干部问责的暂行规定》建立了党政领导干部问责制度，《中国共产党问责条例》建立了党内问责制度。问责与政务处分有不少相似之处，特别是实行问责的情形一般也是存在违法行为或决定，需要予以政务处分的情形；而对集体违法的政务处分也涉及领导干部的违法失职问题，可能需要启动相应的问责程序。但二者并不能等同，既不能用政务处分代替问责，也不能用问责代替政务处分。二者的区别主要体现在以下几点：

一是实施目的不同。问责主要是为了追究有关党政领导干部的政治责任，增强党政领导干部的责任意识和大局意识。政务处分主要是为了追究违法公职人员的法律责任，促进公职人员依法履职、秉公用权、廉洁从政从业、坚持道德操守。

二是实施主体不同。对党政领导干部实行问责，按照干部管理权限进行，问责主体一般是党委、政府或者政府的工作部门；纪检监察机关、组织人事部门按照管理权限履行有关职责。实施政务处分的主体是监察机关。

三是实施对象不同。问责的对象是中共中央、国务院的工作部门及其内设机构的领导成员，县级以上地方各级党委、政府及其工作部门的领导成员，以及上述工作部门内设机构的领导成员，重点是党政领导干部，党内问责的对象还包括党组织。政务处分的对象是公职人员，既包括党政领导干部，也包括非领导干部。

四是实施情形不同。问责采取结果导向的方法，主要适用于党政领导干部的工作失当、造成恶劣影响的情形。政务处分强调行为导向，主要适用于公职人员的行为违反法律法规的情形。

五是实施方式不同。《关于实行党政领导干部问责的暂行规定》规定的问责方式分为责令公开道歉、停职检查、引咎辞职、责令辞职、免职,不包含处分;《中国共产党问责条例》规定的问责方式包括针对党组织的检查、通报、改组,以及针对党的领导干部的通报、诫勉、组织调整或者组织处理、纪律处分。政务处分的方式则是警告、记过、记大过、降级、撤职、开除。

此外,问责和政务处分在实施程序、责任划分等方面也存在诸多不同。总之,问责可以单独实施,也可以与政务处分共同实施,受问责的领导干部只有在行为违法时才需要受到政务处分。同样,在集体违法问题中,实施政务处分也不一定都要进行问责,只有在问题影响恶劣、触及问责实施的情形时,才需要对集体违法中的领导干部实施问责。

关联法条

《中国共产党纪律处分条例》

第 26 条 党组织领导机构集体作出违犯党纪的决定或者实施其他违犯党纪的行为,对具有共同故意的成员,按共同违纪处理;对过失违纪的成员,按照各自在集体违纪中所起的作用和应负的责任分别给予处分。

典型案例

2019 年 12 月,中央纪委国家监委公开曝光了云南省红河州建水县副县长徐某等人失职失责导致县市场监督管理局滥用权力乱收费、影响营商环境等问题。建水县市场监督管理局贯彻落实“放管服”政策打折扣、乱作为,与县个体私营经济协会(简称个私协会)“政会不分”,2017 年以来该局滥用行政权力,将个体工商户办理工商登记与加入个私协会并缴纳会费捆绑挂钩,截至 2019 年 6 月共违规收取会费 551 万余元;该局与个私协会人权、事权、财权、物权交叉,多名干部在个私协会担任职务,实际支配个私协会资金,并在协会经费中列支该局部分行政费用 200 余万元,用于与个私协会业务不相符的行政支出、市场监管局部分干部外出学习考察等。该局党委书记、副局长普某莲和党委副书记、局长黄某,对上述问题负有直接责任,均受到撤销党内职务、政务撤职处分。2019 年 9 月至 10 月,因履行主体责任和监督责任不力,建水县委、县政府被责令作出书面检查;徐某受到党内警告处分(2017 年 6 月至 2019 年 4 月分管县市场监督管理局),副县长赵某

(2019 年 5 月至 9 月分管县市场监督管理局)被诫勉;驻县市场监督管理局纪检监察组组长倪某伟受到党内警告处分。①

第十一条　公职人员有下列情形之一的,可以从轻或者减轻给予政务处分:

(一)主动交代本人应当受到政务处分的违法行为的;

(二)配合调查,如实说明本人违法事实的;

(三)检举他人违纪违法行为,经查证属实的;

(四)主动采取措施,有效避免、挽回损失或者消除不良影响的;

(五)在共同违法行为中起次要或者辅助作用的;

(六)主动上交或者退赔违法所得的;

(七)法律、法规规定的其他从轻或者减轻情节。

条文主旨

本条是关于从轻或者减轻给予政务处分的规定。

条文解读

1. 从轻或者减轻给予政务处分概述

从轻给予政务处分,是指在本法规定的违法行为应当受到的处分幅度以内,给予较轻的处分。比如,对某一违法行为,按规定应予以记过、记大过处分的,如果从轻处分,则应予以记过处分。减轻给予政务处分,是指在本法规定的违法行为应当受到的处分幅度以外,减轻一档给予处分。比如,对某一违法行为,按规定应予以记过、记大过处分的,如果减轻处分,则应予以警告处分。

2. 从轻或者减轻给予政务处分的情形

对于可以从轻或者减轻给予政务处分所适用的情形,本条具体列举了七种。与本法第 13 条规定"应当从重给予政务处分"不同的是,监察机关有权酌定,对符合本条规定情形之一的,可以选择从轻或者减轻给予政务处分,也可以按正常的

① 参见《中央纪委国家监委公开曝光在"不忘初心、牢记使命"主题教育期间查处的 8 起典型案例》,载《中国纪检监察报》2019 年 12 月 2 日,第 1 版。

处分标准直接给予政务处分。

（1）主动交代本人应当受到政务处分的违法行为的。符合此情形要同时满足三个条件：第一，主动交代本人的违法行为，是公职人员出于本人的意志，向有关机关承认、说明自己的违法行为。需要说明的是，公职人员主动交代的对象不限于监察机关，也包括其所在机关、单位、组织，有关巡视巡查机构，公安机关，司法机关等。这里的"主动"既包括公职人员由于良心不安而自觉自愿地交代，也包括公职人员慑于外界监督的强大压力而迫不得已地交代；具体的情况既包括在违法行为被发现之前主动向有关机关说明自己的违法问题，也包括在被发现之后主动交代有关机关尚未发现、了解、掌握的其他违法行为。如果交代的是有关机关已经发现、了解、掌握的违法行为，则应视为违法公职人员的供述，不能视为主动交代，监察机关可以将之作为决定处分轻重的因素予以考虑；公职人员在被调查后，如实说明与本案有关的违法事实的，可考虑适用本条第 2 项的情形。第二，交代的是本人的违法行为。如果交代他人的违法行为，可考虑适用本条第 3 项的情形。第三，交代的违法行为是应当受到政务处分的违法行为。如果只是轻微的违法行为，尚未达到应当予以政务处分的程度，则不符合本项情形。另外，如果一人有数个违法行为，但只交代其中一个或几个违法行为的，仅对其有所交代的违法行为考虑适用本项情形，对其未交代的违法行为则不适用。总之，对符合本项情形的公职人员，可以从轻或者减轻给予政务处分，这既有利于推进案件的调查工作、节省调查资源，又有利于引导违法公职人员改过自新、促进监督与教育工作。

（2）配合调查，如实说明本人违法事实的。配合调查，是指被调查的公职人员与有关机关积极合作，共同推进案件的调查工作，对有关机关的调查既不抗拒、抵制，也不回避、躲闪。如实说明本人违法事实，是指按照实际情况，诚实地说明本人与案件有关的违法事实，不作任何虚假陈述或者隐瞒。所说明的违法事实，应当包括主要的违法事实，但不要求包括全部细节。

（3）检举他人违纪违法行为，经查证属实的。符合此情形要同时满足三个条件：第一，检举的是他人的行为。这里的"他人"，既可以是其他公职人员，也可以是非公职人员；既可以是同案人，也可以是与本案无关的其他人。第二，检举的是违纪违法行为。既可以是违反党内纪律、工作纪律的行为，也可以是违法行为；但与本条第 1 项情形不同的是，这里不要求达到应当予以党纪或者政务处分的程度。第三，所检举的违法违纪行为经查证属实。首先，这里有一项前置条件，即所检举的违法违纪行为尚未经过查证，如果公职人员检举的是有关机关已经发现、了解、掌握的违法违纪行为，则不符合本项情形。其次，经有关机关查证后，认定违法违纪行为的事实确实存在。这里不要求公职人员准确无误地说明他人的违纪违法事实，只要检举能为案件调查工作提供有价值的线索，即便与事实存在一定的出入也不妨碍对本项情形的认定。

(4)主动采取措施，有效避免、挽回损失或者消除不良影响的。这是指公职人员在实施违法行为之后，积极主动地采取有效措施，在造成危害结果前避免损失的发生，或者在造成危害结果后挽回损失，或者消除违法行为带来的不良影响。这里的“损失”是指国家利益、集体利益、个人合法利益的丧失毁坏。

(5)在共同违法行为中起次要或者辅助作用的。这里的“共同违法行为”，既可以是本法第 9 条所规定的公职人员二人以上共同违法，也可以是公职人员一人与其他非公职人员的共同违法。次要作用是相对于主要作用而言的，是指虽然参与实施违法行为，但在共同违法中所起的作用比主要违法人员小，具体表现为违法情节相对较轻、行为造成的危害相对较小。辅助作用是指为共同违法行为人创造便利条件，帮助其实施违法行为，但不直接参与实施违法行为。

(6)主动上交或者退赔违法所得的。这是指主动向有关部门上交其违法所得的财物或其他利益，或者主动向原所有人或原持有人退回违法所得的财物或其他利益、赔偿受害人损失的情况。

(7)法律、法规规定的其他从轻或者减轻情节。这是指本法没有规定，但其他法律、法规规定的可以从轻或者减轻给予政务处分的情节。法律、法规具体是指法律、行政法规、地方性法规、自治条例和单行条例，不包括国务院部门规章、地方政府规章以及其他规范性文件。比如，《关于骗购外汇、非法套汇、逃汇、非法买卖外汇等违反外汇管理规定行为的行政处分或者纪律处分暂行规定》第 14 条第 1 款规定：“主动交代违反外汇管理规定行为，并退出外汇和违法所得，或者主动采取措施避免损失，或者有立功表现的，可以从轻、减轻或者免予行政处分或者纪律处分。”

实务难点指引

在适用本条对中共党员中的公职人员从轻或者减轻给予政务处分时，需要注意与《中国共产党纪律处分条例》有关从轻或者减轻处分规定的区别与衔接。特别是在适用情形上，本法与党纪的规定略有不同。这里需要注意几类容易混淆的情形：(1)对于检举他人违纪违法问题，党纪强调的是“应当受到党纪处分或者法律追究的问题”，本法没有作出类似的要求。(2)对于共同违纪违法问题，本法规定在共同违法行为中起次要或者辅助作用的可以从轻或者减轻给予政务处分；党纪则规定二人以上共同故意违纪的，对为首者，从重处分，另有规定的除外。党纪没有对起次要或者辅助作用的违纪党员的处理作出特别规定。(3)在兜底条款上，本法规定的是“法律、法规规定的其他从轻或者减轻情节”，将其他从轻或者减轻情节的设定留给其他法律法规，而党纪规定的是“有其他立功表现的”。

此外，本法与党纪在可以从轻或者减轻处分适用情形上规定比较一致的，主要是主动交代本人应当受处分的违纪违法问题，配合调查、如实说明本人违纪违法事实，主动避免、挽回损失或者消除不良影响，主动上交违纪违法所得等四种情形。

关联法条

1.《监察法》

第31条 涉嫌职务犯罪的被调查人主动认罪认罚，有下列情形之一的，监察机关经领导人员集体研究，并报上一级监察机关批准，可以在移送人民检察院时提出从宽处罚的建议：

(一)自动投案，真诚悔罪悔过的；

(二)积极配合调查工作，如实供述监察机关还未掌握的违法犯罪行为的；

(三)积极退赃，减少损失的；

(四)具有重大立功表现或者案件涉及国家重大利益等情形的。

2.《中国共产党纪律处分条例》

第17条 有下列情形之一的，可以从轻或者减轻处分：

(一)主动交代本人应当受到党纪处分的问题的；

(二)在组织核实、立案审查过程中，能够配合核实审查工作，如实说明本人违纪违法事实的；

(三)检举同案人或者其他人应当受到党纪处分或者法律追究的问题，经查证属实的；

(四)主动挽回损失、消除不良影响或者有效阻止危害结果发生的；

(五)主动上交违纪所得的；

(六)有其他立功表现的。

典型案例

2019年，经中共中央批准，中央纪委国家监委对第十九届中央委员，中华全国供销合作总社原党组副书记、理事会主任刘某余严重违纪违法问题进行了立案审查调查。

经查，刘某余同志身为中央委员，背离初心使命，政治立场动摇，党性原则缺失，落实党中央重大决策部署不力，公开发表不当言论，缺乏政治警觉和保密意识；为官不廉，利用职权和职务影响为他人谋取私利，违规安排他人到金融系统工作和提拔职务，为亲属违规购房打招呼，收受礼品礼金。

刘某余同志的行为严重违反党的政治纪律和政治规矩、组织纪律、廉洁纪律、工作纪律，并构成严重职务违法，且在党的十八大后不收敛、不收手，应予严肃处理。同时，鉴于刘某余同志能够主动投案，如实交代违纪违法问题，认错悔错态度较好，按照"惩前毖后，治病救人"的原则，对其可予从轻处理。依据《中国共产党纪律处分条例》《监察法》等有关规定，经中央纪委常委会会议研究并报中央政治局会议审议，决定给予刘某余同志留党察看两年处分，由国家监委给予其政务撤职处分，降为一级调研员；终止其党的十九大代表资格；收缴其违纪违法所得。依据《中国共产党章程》第 42 条第 3 款的规定，给予刘某余同志留党察看两年的处分，待召开中央委员会全体会议时予以追认。①

第十二条　公职人员违法行为情节轻微，且具有本法第十一条规定的情形之一的，可以对其进行谈话提醒、批评教育、责令检查或者予以诫勉，免予或者不予政务处分。

公职人员因不明真相被裹挟或者被胁迫参与违法活动，经批评教育后确有悔改表现的，可以减轻、免予或者不予政务处分。

条文主旨

本条是关于减轻、免予或者不予政务处分的规定。

条文解读

1. 免予政务处分和不予政务处分概述

免予政务处分是指虽然公职人员有违法行为，应当予以政务处分，但在满足

① 参见《中华全国供销合作总社原党组副书记、理事会主任刘某余受到留党察看二年、政务撤职处分》，载中央纪委国家监委网站：http://www.ccdi.gov.cn/scdc/zggb/djcf/201910/t20191004_201996.html，2020 年 7 月 1 日最后访问。

一定条件的情况下，不再进行政务处分的一种处理措施。不予政务处分是指虽然公职人员有违法行为，可以予以政务处分，但在满足一定条件的情况下，不再进行政务处分的一种处理措施。免予政务处分与不予政务处分都是对公职人员违法的处理措施，都不是政务处分，其目的主要是尝试通过政务处分以外的其他方式，对违法人员及时予以正确的引导，进而对苗头性、倾向性问题抓早抓小，防止小错酿成大错。这两种处理措施的结果，既不会给公职人员带来损失，也不会影响公职人员的晋升。

但是，免予政务处分和不予政务处分也有区别。免予政务处分的公职人员，本来就应该受到处分，但由于满足特定的条件而被免除处分。不予政务处分的公职人员，其违法行为达不到应当予以政务处分的程度，本来可以被处分也可以不被处分，由于满足特定的条件而不再予以处分。相对来说，不予政务处分比免予政务处分更轻。

2. 免予或者不予政务处分的一般情形及处理

免予或者不予政务处分的一般情形必须同时满足三个条件。第一，公职人员的行为确为违法行为，如果不是违法行为，违法事实不能成立的，应当撤销案件。第二，违法行为情节轻微，一般是指行为人主观恶性不强、违法结果影响不大、违法行为容易纠正等情况，其认定由监察机关根据案件具体情况进行判断。第三，违法行为具有本法第 11 条规定的情形之一，包括：(1) 主动交代本人应当受到政务处分的违法行为的；(2) 配合调查，如实说明本人违法事实的；(3) 检举他人违纪违法行为，经查证属实的；(4) 主动采取措施，有效避免、挽回损失或者消除不良影响的；(5) 在共同违法行为中起次要或者辅助作用的；(6) 主动上交或者退赔违法所得的；(7) 法律、法规规定的其他从轻或者减轻情节。

满足以上情形的，监察机关可以决定免予或者不予政务处分。但这不意味着免除处理，作为对政务处分的替代，监察机关可以对违法公职人员进行谈话提醒、批评教育、责令检查或者予以诫勉。一般来说，这四项措施是根据违法行为情节轻重分别施行的，谈话提醒、批评教育针对违法行为情节较为轻微的公职人员，重在提醒与教育；责令检查是要求公职人员自省自查，其性质略重于批评教育；予以诫勉是这四项措施中最为强烈的处理手段，更加强调警示和劝诫的作用。

必须指出的是，监察机关可以作出免予或者不予政务处分的决定而非应当作出。即便满足免予或者不予处分的情形，监察机关也可以直接作出政务处分，或是在谈话提醒、批评教育、责令检查或者予以诫勉无效的情况下，及时作出政务处分。这一点与《行政机关公务员处分条例》有所不同，后者在第 15 条规定，行政机关公务员满足规定的情形（即公务员主动交代违法违纪行为，并主动采取措施有效避免或者挽回损失的），应当在规定的处分幅度以外，减轻一个处分的档次给予处分；应当给予警告处分，又有减轻处分的情形的，免予处分。这里的免予处分属于“应当”的情形，处分决定机关没有酌定的空间。

3. 对公职人员因不明真相被裹挟或者被胁迫参与违法活动的处理

本条第 2 款规定：“公职人员因不明真相被裹挟或者被胁迫参与违法活动，经批评教育后确有悔改表现的，可以减轻、免予或者不予政务处分。”

适用本款必须同时满足三个条件。第一，公职人员有违法活动。此前，《行政机关公务员处分条例》第 18 条规定，对于某些违法行为活动，公务员不明真相被裹挟参加，经批评教育后确有悔改表现的，可以减轻或者免予处分，这些行为包括：散布有损国家声誉的言论，组织或者参加旨在反对国家的集会、游行、示威等活动的；组织或者参加非法组织，组织或者参加罢工的；违反国家的民族宗教政策，造成不良后果的。本款对此作了扩充，不再限制本款适用的违法活动范围。第二，公职人员不明真相。也就是说，公职人员对其所参加活动的违法性质不了解，或者是对活动的表面情况有所了解，但对引发违法活动的真正原因、违法活动背后的真正目的是不清楚、不了解的。第三，公职人员是被裹挟或者被胁迫参与违法活动的。“被裹挟”是指被某种难以抵抗的趋势卷入违法活动之中，“被胁迫”是指被他人借用威胁、恐吓、暴力等手段控制、支配而实施违法行为，两者都意味着公职人员是被动参与而非主动参与违法活动，不能自由表达意志。“参与”说明公职人员是违法活动的参加者，但非策划者、组织者或者骨干分子。

满足以上条件的，首先要对违法公职人员进行批评教育，评估其认错改正的态度，如果违法人员确有悔改表现，监察机关可以决定减轻、免予或者不予政务处分。当然，监察机关的这一决定依然是酌定的“可以”而非绝对的“应当”。需要注意的是，本款的处理程序与第 1 款略有不同。在第 1 款中，谈话提醒、批评教育、责令检查或者予以诫勉是作为免予或者不予政务处分的替代手段；而在本款中，批评教育是作为决定是否减轻、免予或者不予政务处分的前置程序，必须经批评教育之后，监察机关才可以作出下一步的处理决定。

实务难点指引

关于谈话提醒、批评教育、责令检查、诫勉对公职人员晋职晋级、提拔使用、评先评优等事项的影响，散见于各类党内法规文件之中。目前来看，谈话提醒、批评教育对公职人员的晋升、考核影响不大，而责令检查、诫勉的影响对象主要是党政领导干部。有关责令检查的影响，可见于《党政领导干部考核工作条例》第33条的规定，即受到上级党委和政府通报批评、责令检查的领导班子和领导干部年度考核结果不得确定为优秀等次。有关诫勉的影响，可见于《中央组织部关于组织人事部门对领导干部进行提醒、函询和诫勉的实施细则》第19条的规定，即受到诫勉的领导干部，取消当年年度考核、本任期考核评优和评选各类先进的资格，六个月内不得提拔或者重用。

关联法条

1.《监察法》

第45条 监察机关根据监督、调查结果，依法作出如下处置：

（一）对有职务违法行为但情节较轻的公职人员，按照管理权限，直接或者委托有关机关、人员，进行谈话提醒、批评教育、责令检查，或者予以诫勉；

（二）对违法的公职人员依照法定程序作出警告、记过、记大过、降级、撤职、开除等政务处分决定；

（三）对不履行或者不正确履行职责负有责任的领导人员，按照管理权限对其直接作出问责决定，或者向有权作出问责决定的机关提出问责建议；

（四）对涉嫌职务犯罪的，监察机关经调查认为犯罪事实清楚，证据确实、充分的，制作起诉意见书，连同案卷材料、证据一并移送人民检察院依法审查、提起公诉；

（五）对监察对象所在单位廉政建设和履行职责存在的问题等提出监察建议。

监察机关经调查，对没有证据证明被调查人存在违法犯罪行为的，应当撤销案件，并通知被调查人所在单位。

2.《公务员法》

第61条 公务员因违纪违法应当承担纪律责任的，依照本法给予处分或者由监察机关依法给予政务处分；违纪违法行为情节轻微，经批评教育后改正的，可以免予处分。

对同一违纪违法行为，监察机关已经作出政务处分决定的，公务员所在机关不再给予处分。

3.《中国共产党纪律处分条例》

第19条 对于党员违犯党纪应当给予警告或者严重警告处分，但是具有本条例第十七条规定的情形之一或者本条例分则中另有规定的，可以给予批评教育、责令检查、诫勉或者组织处理，免予党纪处分。对违纪党员免予处分，应当作出书面结论。

典型案例

2018 年 2 月 7 日，广东省惠州市纪委、惠阳区纪委同时接到群众举报，反映惠阳区农业局工作人员违反廉洁纪律，在开展农产品质量安全巡查、抽样检查中，接受被监督管理服务单位吃请。

经查，2 月 1 日，区农业局副局长刘某荣带领区农产品质量安全监督检测中心工作人员到镇隆荔景山庄检查。工作结束后，刘某荣吩咐检测中心主任周某辉通知所有工作人员一同用餐。随后，周某辉联系荔景山庄经营者李某雄安排晚餐。当晚，刘某荣等 16 人在荔景山庄就餐消费，用餐结束后未结账付款。

3 月 9 日，根据市、区两级纪委监委调查结果，经惠阳区委、区政府研究决定，免去刘某荣惠阳区农业局副局长职务；4 月 3 日，经惠阳区委常委会讨论决定，给予刘某荣党内警告处分。同时，对参加宴请的周某辉等 11 名党员干部进行诫勉谈话，其余 4 名职工批评教育；区农业局主要领导因履行主体责任不力被诫勉谈话，负有监督责任的区纪委派驻区农业局纪检组负责人被谈话提醒。①

第十三条　公职人员有下列情形之一的，应当从重给予政务处分：

（一）在政务处分期内再次故意违法，应当受到政务处分的；

（二）阻止他人检举、提供证据的；

（三）串供或者伪造、隐匿、毁灭证据的；

（四）包庇同案人员的；

（五）胁迫、唆使他人实施违法行为的；

（六）拒不上交或者退赔违法所得的；

（七）法律、法规规定的其他从重情节。

条文主旨

本条是关于从重给予政务处分的规定。

---

① 参见陈惜辉：《竟然要求管理服务对象请吃》，载《中国纪检监察报》2018 年 6 月 20 日，第 6 版；《市纪委通报 4 起违反中央八项规定精神典型问题》，载惠州市纪委监委网站：http://jwjcj.huizhou.gov.cn/pages/cms/hzjw/html/yw/060ec19ce45c4668a3fb4a1082b9970a.html? cataId = e3d736c0b4b34a00b57a19c22da979dd，2020 年 7 月 1 日最后访问。

条文解读

1. 从重给予政务处分概述

从重给予政务处分，是指在本法规定的违法行为应当受到的处分幅度以内，给予较重的政务处分。比如，对某一违法行为，按规定应予以记过、记大过处分的，如果从重处分，则应予以记大过处分。需要注意的是，本法没有规定加重给予政务处分，即在违法行为应当受到的处分幅度以外，加重一档给予政务处分。

2. 从重给予政务处分的情形

对于应当从重给予政务处分所适用的情形，本条具体列举了七种。与本法第11条规定“可以从轻或者减轻给予政务处分”不同的是，监察机关对符合本条规定情形之一的，必须从重给予政务处分的决定，没有裁量的余地。

(1)在政务处分期内再次故意违法，应当受到政务处分的。符合此情形要同时满足三个条件：第一，违法行为发生在政务处分期内，是新发生的违法行为。如果公职人员是在政务处分解除之后违法，不符合本项情形。第二，违法的公职人员是基于故意的心理过错，违法行为人明知自己的行为会发生危害结果，并且希望或者放任这种结果发生。如果公职人员是出于过失而违法，不符合本项情形。第三，对于该违法行为，根据本法规定，应当予以相应的政务处分。如果只是轻微的违法，达不到应当予以政务处分的程度，则不符合本项情形。总之，符合本项情形的，说明受处分的公职人员完全没有悔改表现，无视国家对公职人员的监管，更不满足本法第26条第2款所规定的政务处分解除条件，因此必须进行严肃处理、从重处分。

(2)阻止他人检举、提供证据的。具体是指公职人员利用威胁、恐吓、暴力、引诱、欺骗等多种方式，为他人揭发检举违法行为、提供证据材料的行为设置障碍。

(3)串供或者伪造、隐匿、毁灭证据的。串供是指违法行为人之间，以及违法行为人与案件其他有关人员之间，为了掩盖违法事实和案件真相、逃避法律责任追究，暗中商定供词，统一口径，欺骗案件调查处理者的做法。伪造、隐匿、毁灭证据，是指公职人员为扰乱视听、掩盖违法事实和案件真相，故意修改证据或制作假的证据，隐藏证据，或是消灭、毁损证据。不过，公职人员出于过失或意外，造成证据失实、丢失、毁损的，不属于本项所指的情形，比如因为记忆错误而导致证词失实的，因工作过失导致证据材料毁损的，不能从重处分。

(4)包庇同案人员的。这是指故意为同案人员作假证明，意图使其逃避法律责任追究的行为。但是，过失不构成包庇行为。

(5)胁迫、唆使他人实施违法行为的。这里的“胁迫”，是指采取威胁、恐吓、暴力等手段控制、支配他人，令其被迫实施违法行为。“唆使”，是指教唆、挑动、指使他人产生违法意图、实施违法行为。

(6)拒不上交或者退赔违法所得的。这是指拒绝向有关部门上交其违法所得的财物或其他利益，或者拒绝向原所有人或原持有人退回违法所得的财物或其他利益、赔偿受害人损失的情况。

(7)法律、法规规定的其他从重情节。这是指本法没有规定，但其他法律、法规规定的应当从重给予政务处分的情节。法律、法规具体是指法律、行政法规、地方性法规、自治条例和单行条例，不包括国务院部门规章、地方政府规章以及其他规范性文件。比如，《药品管理法》第150条第2款规定：“查处假药、劣药违法行为有失职、渎职行为的，对药品监督管理部门直接负责的主管人员和其他直接责任人员依法从重给予处分。”《关于骗购外汇、非法套汇、逃汇、非法买卖外汇等违反外汇管理规定行为的行政处分或者纪律处分暂行规定》第14条第2款规定：“隐瞒事实真相，或者弄虚作假，出具伪证，或者隐匿、毁灭证据，或者拒绝提供有关文件、资料和证明材料的，应当从重或者加重行政处分或者纪律处分。”《国家行政机关及其工作人员在国内公务活动中不得赠送和接受礼品的规定》第6条规定：“国家行政机关工作人员违反本规定第二、三条的规定、接受礼品的，根据数额多少，情节轻重，分别给予警告、记过、记大过、降级直至撤职处分。国家行政机关工作人员，违反本规定第二、三条的规定、赠送礼品的，应当给予批评教育；影响很坏的，给予警告或者记过处分。各级国家行政机关的领导人违反前两款规定的，从重处分。”

实务难点指引

在适用本条对中共党员中的公职人员从重给予政务处分时，需要注意与《中国共产党纪律处分条例》有关从重或者加重处分规定的区别与衔接。首先，在处理措施上，党纪比本法多规定了加重处分。其次，在适用情形上，本法与党纪的规定也有所不同。这里需要注意几类容易混淆的情形。(1)对于再次发生违法违纪行为的时间，本法限定在政务处分期内，而党纪则规定在违纪受处分后，没有设定此情形结束的时间。(2)关于遗漏处分的情形，即受处分后又被发现在处分前有行为应当受到处分的，仅党纪规定应当予以从重或者加重处分，本法没有相应的规定。(3)对阻止他人检举、提供证据,串供或者伪造、隐匿、毁灭证据,包庇同案人员等三种情形,本法规定应当从重给予政务处分;相应地,根据《中国共产党纪律处分条例》第56条规定,这属于对抗组织审查的行为,应给予警告或者严重警告处分,情节较重的给予撤销党内职务或者留党察看处分,情节严重的给予开除党籍处分。(4)在兜底条款上,本法规定的是"法律、法规规定的其他从重情节",将其他从重情节的设定留给其他法律法规,而《中国共产党纪律处分条例》规定的是"本条例另有规定的"。其他从重或者加重情节见于《中国共产党纪律处分条例》的其他条款,共有九种情形,包括:①一人有本条例规定的两种以上(含两种)应当受到党纪处分的违纪行为,应当合并处理,按其数种违纪行为中应当受到的最高处分加重一档给予处分;②二人以上(含二人)共同故意违纪的,对为首者,从重处分,该条例另有规定的除外;③搞有组织的拉票贿选,或者用公款拉票贿选的,从重或者加重处分;④对批评人、检举人、控告人、证人及其他人员打击报复的,从重或者加重处分;⑤借机敛财或者有其他侵犯国家、集体和人民利益行为的,从重或者加重处分,直至开除党籍;⑥在扶贫领域有有关违纪行为的,从重或者加重处分;⑦贯彻创新、协调、绿色、开放、共享的发展理念不力,对职责范围内的问题失察失责,造成较大损失或者重大损失的,从重或者加重处分;⑧在上级检查、视察工作或者向上级汇报、报告工作时纵容、唆使、暗示、强迫下级说假话、报假情的,从重或者加重处分;⑨利用职权、教养关系、从属关系或者其他相类似关系与他人发生性关系的,从重处分。

此外,本法与党纪在从重或加重处分适用情形上规定比较一致的,是强迫、唆使他人违法违纪,以及拒不上交或者退赔违法违纪所得两种情形。

关联法条

《中国共产党纪律处分条例》

第20条 有下列情形之一的,应当从重或者加重处分:

(一)强迫、唆使他人违纪的;

(二)拒不上交或者退赔违纪所得的;

(三)违纪受处分后又因故意违纪应当受到党纪处分的;

(四)违纪受到党纪处分后,又被发现其受处分前的违纪行为应当受到党纪处分的;

(五)本条例另有规定的。

典型案例

2018年,中央纪委公开曝光了广东省中山市三乡镇原党委书记梁某兴、原镇长岑某开违规公款送礼和超标准接待等问题。

2014年至2017年，三乡镇多次在公务活动中违规公款购买赠送礼品，违规使用高档酒水进行接待，并将接待费及酒水、礼品等费用转嫁到镇属企业进行报销。2013年至2017年，三乡镇长期违规占用5台镇属企业车辆作为公务用车，并将车辆使用产生的费用在镇属企业报销。2017年3月，三乡镇未经批准，擅自举办某工程奠基活动，设宴23桌，并接受中山市某国有企业赞助的5万元用于支付宴会费用。时任镇党委书记梁某兴和时任党委副书记、镇长岑某开对上述违规违纪问题均负有直接责任和领导责任。此外，梁某兴、岑某开还存在违规兼职取酬、违规在镇属企业报销个人费用等问题。

在调查期间，梁某兴、岑某开等人为掩盖违纪事实，多次进行串供并销毁相关证据。经梁某兴同意，岑某开召集相关人员在镇政府召开“工作协调会”，商议掩盖党政办长期在镇属企业列支费用购买酒水等问题。按梁某兴要求，岑某开将所有酒水的出库审批单原件用碎纸机销毁，并要求工作人员把个人电脑中有关酒水出库记录资料全部删除。梁某兴、岑某开均受到留党察看两年及政务撤职处分，其他相关责任人受到相应处理。①

第十四条　公职人员犯罪，有下列情形之一的，予以开除：

（一）因故意犯罪被判处管制、拘役或者有期徒刑以上刑罚（含宣告缓刑）的；

（二）因过失犯罪被判处有期徒刑，刑期超过三年的；

（三）因犯罪被单处或者并处剥夺政治权利的。

因过失犯罪被判处管制、拘役或者三年以下有期徒刑的，一般应当予以开除；案件情况特殊，予以撤职更为适当的，可以不予开除，但是应当报请上一级机关批准。

公职人员因犯罪被单处罚金，或者犯罪情节轻微，人民检察院依法作出不起诉决定或者人民法院依法免予刑事处罚的，予以撤职；造成不良影响的，予以开除。

---

① 参见毛翔：《顶风违纪多人受处　举一反三对症施治》，载《中国纪检监察报》2018年10月20日，第2版。

条文主旨

本条是关于犯罪的公职人员政务处分的规定。

条文解读

1. 对犯罪的公职人员予以开除的主要情形

公职人员是依法履行国家公职的人员，应当具备比普通人更高的素质，犯罪是对国家法律的严重践踏，因此公职人员一旦犯罪，一般应当予以开除。本条规定的对犯罪的公职人员予以开除的情形，主要分为三种。

（1）因故意犯罪被判处管制、拘役或者有期徒刑以上刑罚（含宣告缓刑）的。根据《刑法》第 14 条的规定，故意犯罪是指行为人明知自己的行为会发生危害社会的结果，并且希望或者放任这种结果发生，因而构成犯罪的形态。故意犯罪者应当负刑事责任，被人民法院判处一定的刑罚，其中，管制、拘役、有期徒刑等是指《刑法》所规定的主刑，有期徒刑以上刑罚还包括无期徒刑和死刑。宣告缓刑也属于本项规定的情形。宣告缓刑是指对于被判处拘役、三年以下有期徒刑的犯罪分子，根据其犯罪情节、悔罪表现、再犯危险等情况，依据《刑法》第 72 条的规定，规定一定的缓刑考验期，暂缓其刑罚的执行。对宣告缓刑的犯罪分子，在缓刑考验期限内，依法实行社区矫正，如果没有《刑法》第 77 条规定的情形（比如犯新罪或被发现有漏罪的），缓刑考验期满，原判的刑罚就不再执行，并公开予以宣告。

（2）因过失犯罪被判处有期徒刑，刑期超过三年的。根据《刑法》第 15 条的规定，过失犯罪是指行为人应当预见自己的行为可能发生危害社会的结果，因为疏忽大意而没有预见，或者已经预见而轻信能够避免，以致发生这种结果的形态。对于过失犯罪，法律有规定的才负刑事责任。因过失犯罪被判处有期徒刑，刑期超过三年的，一般属于犯罪情节较重的情形，故本条规定对符合该情形的公职人员直接予以开除。对于因过失犯罪被判处较轻刑罚的，应适用本条第 2 款的规定。

（3）因犯罪被单处或者并处剥夺政治权利的。剥夺政治权利是《刑法》规定的附加刑之一，是指剥夺犯罪分子参加国家管理和政治活动权利的刑罚方法，被剥夺的政治权利包括：①选举权和被选举权；②言论、出版、集会、结社、游行、示威自由的权利；③担任国家机关职务的权利；④担任国有公司、企业、事业单位和人民团体领导职务的权利。剥夺政治权利有独立适用（单处）和附加适用（并处）两种适用方式。

2. 对特定过失犯罪的公职人员的政务处分

因过失犯罪被判处管制、拘役或者三年以下有期徒刑的，一般应当予以开除。例外是，案件情况特殊，予以撤职更为适当的，可以不予开除，但是应当报请上一级机关批准。这里的例外情况应把握以下两点：一是必须围绕案件情况进行考虑，比如犯罪性质、犯罪情节、行为人的主观态度、危害程度、造成的社会影响等；但不能关注与案件无关的情况，比如行为人在平时工作上的表现、政治上的态度等。二是予以开除处分过重，与被处分人本应承担的责任不相符；而予以撤职处分更为适当，更能体现政务处分与违法行为的性质、情节、危害程度相当的原则。对于满足这些例外情况的，监察机关应当先报请上一级机关，主要是上一级监察机关予以批准，上级批准的则给予撤职处分，上级不批准的则必须给予开除处分。

3. 对被单处罚金、酌定不起诉、免予刑事处罚的公职人员的政务处分

公职人员因犯罪被单处罚金，或者犯罪情节轻微，人民检察院依法作出不起诉决定或者人民法院依法免予刑事处罚的，予以撤职；造成不良影响的，予以开除。以下三种情形仍然属于公职人员犯罪应当予以政务处分的情形：第一，单处罚金是指对犯罪分子只判处罚金，不再判处其他刑罚。第二，犯罪情节轻微，人民检察院依法作出不起诉决定，是指《刑事诉讼法》第 177 条第 2 款所规定的，对于犯罪情节轻微，依照刑法规定不需要判处刑罚或者免除刑罚的，人民检察院可以作出不起诉决定。这属于酌定不起诉，并不否认行为人有犯罪的事实。与此相对的是法定不起诉，是指嫌疑人没有犯罪事实，或者有《刑事诉讼法》第 16 条规定的情形之一的，人民检察院应当作出不起诉决定，这不属于本款所规定的情形。第三，犯罪情节轻微，人民法院依法免予刑事处罚的，与上述酌定不起诉相似，是指人民法院认为行为人犯罪事实成立，但由于犯罪情节轻微不需要判处刑罚，依照《刑法》第 37 条规定免予刑事处罚。符合以上三种情形之一的，应当予以撤职处分，如果造成不良影响，比如有害于社会主义道德风尚、严重损害公职人员形象等情况，则予以开除处分。

关联法条

《中国共产党纪律处分条例》

第 32 条　党员犯罪，有下列情形之一的，应当给予开除党籍处分：

（一）因故意犯罪被依法判处刑法规定的主刑（含宣告缓刑）的；

（二）被单处或者附加剥夺政治权利的；

（三）因过失犯罪，被依法判处三年以上（不含三年）有期徒刑的。

因过失犯罪被判处三年以下（含三年）有期徒刑或者被判处管制、拘役的，一般应当开除党籍。对于个别可以不开除党籍的，应当对照处分党员批准权限的规定，报请再上一级党组织批准。

典型案例

2019年12月，浙江省委直属机关纪检监察工委通报了省直单位四起醉酒驾驶典型案例：

原省工商局消费者保护分局局长孙某峰醉酒驾驶案。2018年11月9日凌晨，孙某峰饮酒后驾驶小型轿车，行驶至杭州市西湖区天目山路古翠路路段时，被执勤民警查获。经鉴定，孙某峰血液中乙醇含量为170mg/100ml。杭州市西湖区人民法院以危险驾驶罪判处其拘役一个月，缓刑两个月，并处罚金2000元。2018年12月，孙某峰受到开除党籍、开除公职处分。

省教育厅审计处主任科员陈某高醉酒驾驶案。2019年3月5日凌晨，陈某高饮酒后驾驶小型轿车，被执勤民警查获。经鉴定，其血液中乙醇含量为190.5mg/100ml。杭州市下城区人民法院以危险驾驶罪判处其拘役一个月零十天，并处罚金3000元。2019年4月，陈某高受到开除党籍、开除公职处分。

原金华监狱二监区主任科员赵某林（已退休）醉酒驾驶案。2019年4月13日下午，赵某林饮酒后驾驶小型轿车，行驶至金华市婺城区金兰中线路段时，被执勤民警查获。经鉴定，赵某林血液中乙醇含量为191mg/100ml。金华市婺城区人民法院以危险驾驶罪判处其拘役两个月，并处罚金4000元。2019年6月，赵某林受到开除党籍处分，降低退休待遇。

省第五监狱六监区主任科员、三级警长倪某（非党员）醉酒驾驶案。2018年7月27日下午，倪某饮酒后驾驶小型轿车，行驶至金华市白龙桥怡村村路口路段时，与他人驾驶的电动自行车发生碰撞，造成他人受伤，后被执勤民警查获。经鉴定，倪某血液中乙醇含量为138mg/100mL。金华市婺城区人民检察院对其作出不起诉决定。2019年3月，倪某受到行政撤职处分。[①]

---

① 参见《省直单位4起醉酒驾驶典型案例被通报》，载浙江省纪委监委网站：http://www.zjsjw.gov.cn/ch112/system/2019/12/30/032092722.shtml，2020年6月27日最后访问。

第十五条　公职人员有两个以上违法行为的，应当分别确定政务处分。应当给予两种以上政务处分的，执行其中最重的政务处分；应当给予撤职以下多个相同政务处分的，可以在一个政务处分期以上、多个政务处分期之和以下确定政务处分期，但是最长不得超过四十八个月。

条文主旨

本条是关于有两个以上违法行为的公职人员政务处分的规定。

条文解读

1. 两个以上违法行为的构成要件

两个以上违法行为是指同一行为人在被有关机关处分之前，实施两个以上（含两个）违法行为，应当受到两个以上处分的情形。构成两个以上违法行为的，必须同时具备以下要件。

（1）行为要件。第一，违法行为的数量应当在两个以上。如果行为人实施了一个违法行为，同时涉及多个应当给予政务处分的行为规定的，属于想象竞合或法条竞合现象，不是本条所规定的两个以上违法行为。第二，违法行为的类型应当在两个以上，即两个以上违法行为中须含有两种以上类型的行为。如果两个以上违法行为都属于同种类型的行为，包括持续性的违法行为和连续性的违法行为，应当在法律上被认定为同一个违法行为，不属于本条所规定的两个以上违法行为。其中，持续性的违法行为是指作用于同一对象的一个违法行为从实施到结束，违法行为与不法状态在一定时间内同时处于持续状态的行为。例如，公职人员违反规定出境，在出境期间从甲国又到乙国，虽然出境地点有所变化，但违法出境的行为并未中断，仍属于一个而非数个违法行为。连续性的违法行为指行为人基于同一目的，连续实施性质相同但相对独立的数个行为，违反同一法规的行为。例如，公职人员违反规定公款消费，在数日之后又再次违反规定公款消费的，从外观上看数日前后的违法行为确为两个行为，但这两个行为的性质相同且违反同一法规，应当在法律上认定为只有一个违法行为。第三，违法行为应当是独立的行为，即两个以上不同类型的违法行为，行为之间互相独立，各自能被予以独立评价。如果数个违法行为之间构成牵连或者吸收的关系，除法律法规有特别规定外，一般在法律上认定为只有一个违法行为，不属于本条所规定的两个以上违法行为。所谓牵连，是指行为人以实施某一违法行为为目的，实施的方法或者违法行为的结果又违反了其他法律法规。例如，公职人员通过伪造公文的方法，违反规定发放津贴、补贴、奖金的，前后两个行为违反的是不同的法律条文，但前一行为是后一行为的方法，一般将两个行为认定为一个行为，从一重处分。所谓吸收，是指数个违法行为之间具有吸收关系，其中一个违法行为吸收包容其他违法行为，一般包括重行为吸收轻行为、实行行为吸收预备行为、主行为吸收从行为。例如，组织赌博的公职人员又参与赌博的，组织行为是主行为、重行为，参与行为是从行为、轻行为，后一行为为前一行为所吸收，仅认定公职人员有组织赌博的行为。

(2)时间要件。两个以上违法行为必须发生在一定的时间范围内，一般是监察机关对这些行为作出政务处分决定之前，或者是在政务处分决定作出之后、政务处分解除之前。如果在政务处分解除之后，公职人员再次违法、应当予以政务处分，再次发生的违法行为不能与之前的违法行为计算到一起，而应定为一个独立的违法行为，由监察机关另行给予政务处分。

(3)结果要件。两个以上违法行为都满足应当予以政务处分的情形。如果一个违法行为满足应当予以政务处分的情形，另一个违法行为不满足，则不适用本条规定。监察机关应当对满足处分情形的违法行为，直接作出相应的政务处分决定。

2. 对两个以上违法行为的政务处分

公职人员有两个以上违法行为的，监察机关首先应当分别确定每一个违法行为对应的政务处分，形成多个独立的政务处分，再对这些政务处分进行合并处理。鉴于处分种类之间的差异，多个政务处分不能简单相加，也不能直接折合成同一类政务处分。在进行合并处理时，监察机关应当根据政务处分种类的差异性，分别采取不同的处理方式。

第一，应当给予两种以上政务处分的，根据吸收原则进行处理，即重处分吸收轻处分，执行其中最重的政务处分。比如，一人实施三个违法行为，分别应当予以记过、降级、撤职处分的，合并处理时只执行最重的处分即撤职处分，政务处分期确定为撤职的处分期，为二十四个月。第二，应当给予撤职以下多个相同政务处分的，根据限制加重原则进行处理，即直接执行该处分，其政务处分期可以在一个政务处分期以上、多个政务处分期之和以下确定，但是最长不得超过四十八个月。比如，一人实施了三个违法行为，分别都应当给予降级处分，合并处理时直接执行降级处分，但是其政务处分期应在二十四个月以上、七十二个月以下进行确定，由于处分期最长不得超过四十八个月，因此合并处理的政务处分期应在二十四个月以上、四十八个月以下确定。这里的“以上”“以下”均包含本数。

实务难点指引

对于公职人员在政务处分期内，被发现受政务处分前有其他违法行为，或者有新的违法行为，应当受到政务处分的情况，新确定的政务处分和尚未执行完毕的政务处分应如何处理，本法没有作出具体规定。我们认为可以参照《监察部关于对行政处分期限的合并处理及加重处分应当如何执行的答复》进行处理。

一是公职人员在政务处分期内，被发现以前还有其他违法行为，需要追加政务处分的，应当先确定以前的违法行为所应当给予的政务处分，然后依照本法第15条规定，将新确定的政务处分与原政务处分合并处理后，确定应当执行的政务处分种类和处分期，并把已经执行过的处分期从合并后的处分期中扣除。

二是公职人员在政务处分期内，又有新的违纪行为，需要给予政务处分的，应当按照加重处分的规定确定新的政务处分种类。再依照本法第15条规定决定应当执行的处分种类，并把原政务处分没有执行完的处分期和新确定的政务处分的处分期合并、决定应当继续执行的处分期。已经执行过的处分期不再从合并后决定应当继续执行的处分期中扣除。

关联法条

《中国共产党纪律处分条例》

第23条　一人有本条例规定的两种以上（含两种）应当受到党纪处分的违纪行为，应当合并处理，按其数种违纪行为中应当受到的最高处分加重一档给予处分；其中一种违纪行为应当受到开除党籍处分的，应当给予开除党籍处分。

第十六条　对公职人员的同一违法行为，监察机关和公职人员任免机关、单位不得重复给予政务处分和处分。

条文主旨

本条是关于一事不再罚的规定。

条文解读

根据本法第3条第1款和第2款的规定，监察机关有权按照管理权限，对违法公职人员作出惩戒，其惩戒称为政务处分；公职人员任免机关、单位亦有权按照管理权限对违法公职人员作出惩戒，其惩戒称为处分。比如，行政机关、检察机关、审判机关等对其任免的违法公职人员作出处分。这些机关、单位的处分种类一般与政务处分相同，包括警告、记过、记大过、降级、撤职、开除六种，其处分的期间规定一般也与政务处分规定的一致。既然监察机关和公职人员任免机关、单位都有权对违法公职人员作出惩戒，难免会发生权力并行、同时惩戒的状况。但由于这两种惩戒的内容相同、影响相当，如果监察机关和公职人员任免机关、单位都因同一违法行为对公职人员同时作出政务处分和处分，会使公职人员受到过分的惩罚，明显有失公平，不符合错罚相当的原则。

本条规定，对公职人员的同一违法行为，不得重复给予政务处分和处分。具体来说，对公职人员的同一违法行为，监察机关已经给予政务处分的，任免机关、单位不再给予处分；任免机关、单位已经给予处分的，监察机关不再给予政务处分。当然，对于公职人员任免机关、单位应当给予处分而未给予，或者给予的处分违法、不当的，根据本法第3条第3款的规定，监察机关应当及时向其提出监察建议。如果在给予政务处分或者处分后，发现公职人员的同一违法行为涉嫌犯罪，应将其移送有关司法机关处置，涉及职务犯罪的应当由监察机关立案调查，在此情形下对违法犯罪的公职人员判处刑罚的，不属于本条关于重复处分的限制范畴。

需要注意的是，中国共产党的纪律处分不属于本条所称的处分。这是因为纪律处分针对的是违纪行为，而不只是违法行为；纪律处分的对象是党员和党组织，而非公职人员；对党员的纪律处分种类分为警告、严重警告、撤销党内职务、留党察看、开除党籍，与政务处分和处分也大不相同。所以，中共党员中的公职人员实施违法行为同时违纪的，监察机关或公职人员任免机关、单位有权对其违法行为作出政务处分或处分，党组织也有权同时对其违纪行为作出纪律处分。

实务难点指引

如何理解“同一违法行为”？

“同一违法行为”的判断是适用禁止重复评价原则的关键，这个问题看似简单

实则非常复杂。对此,可从以下几个方面来理解"同一违法行为":

第一,持续的违法行为应认定为"同一违法行为"。持续的违法行为是指行为人从着手实施到终止之前,一直处于持续状态的违法行为。例如,某公职人员在一段时间内持续散布有损宪法权威的言论,对此应认定为同一违法行为,根据《公职人员政务处分法》第28条第1款第1项的规定进行政务处分或处分。不过,如果公职人员因该行为受到处分之后,其继续进行该行为。由于前一违法行为业已结束,而后进行的属于新的违法行为,亦可给予其相应的处分。

第二,吸收的违法行为应认定为"同一违法行为"。吸收的违法行为是指在数个违法行为中,其中一个违法行为吸收了其他违法行为。例如,某公职人员违反规定办理因私出境证件,也未就该情况进行报告。前一行为违反了《公职人员政务处分法》第31条第1款的规定,即"违反规定出境或者办理因私出境证件的";后一行为违反了《公职人员政务处分法》第29条第2款的规定,即"违反个人有关事项报告规定"。但由于前一违法行为吸收了后一违法行为,因此应当只对违反规定"办理因私出境证件"的行为进行处分。

第三,牵连的违法行为应认定为"同一违法行为"。这通常存在于目的行为与方法行为、目的行为与结果行为之间。例如,某公职人员为了骗取一定的职务,篡改了本人的档案资料。这同时存在目的行为与方法行为,其中,弄虚作假、骗取职务的行为属于目的行为,违反了《公职人员政务处分法》第32条第2项的规定;篡改本人档案的行为属于方法行为,违反了《公职人员政务处分法》第29条第3款的规定。对此,宜将其视为"同一违法行为",按照其中最重的一个违法行为从重处分。

关联法条

1.《公务员法》

第61条　公务员因违纪违法应当承担纪律责任的,依照本法给予处分或者由监察机关依法给予政务处分;违纪违法行为情节轻微,经批评教育后改正的,可以免予处分。

对同一违纪违法行为,监察机关已经作出政务处分决定的,公务员所在机关不再给予处分。

2.《中国共产党纪律处分条例》

第33条　党员依法受到刑事责任追究的,党组织应当根据司法机关的生效判决、裁定、决定及其认定的事实、性质和情节,依照本条例规定给予党纪处分,是公职人员的由监察机关给予相应政务处分。

党员依法受到政务处分、行政处罚,应当追究党纪责任的,党组织可以根据生效的政务处分、行政处罚决定认定的事实、性质和情节,经核实后依照规定给予党纪处分或者组织处理。

党员违反国家法律法规,违反企事业单位或者其他社会组织的规章制度受到其他纪律处分,应当追究党纪责任的,党组织在对有关方面认定的事实、性质和情节进行核实后,依照规定给予党纪处分或者组织处理。

党组织作出党纪处分或者组织处理决定后,司法机关、行政机关等依法改变原生效判决、裁定、决定等,对原党纪处分或者组织处理决定产生影响的,党组织应当根据改变后的生效判决、裁定、决定等重新作出相应处理。

第十七条　公职人员有违法行为,有关机关依照规定给予组织处理的,监察机关可以同时给予政务处分。

条文主旨

本条是关于受组织处理的公职人员政务处分的规定。

条文解读

1. 组织处理概述

组织处理,或称组织调整,是有关机关按照管理权限,对涉嫌违法违纪的公职人员,进行必要的岗位、职务调整的组织措施。根据《公务员法》第 57 条第 2 款的规定,对公务员监督发现问题的,应当区分不同情况,予以谈话提醒、批评教育、责令检查、诫勉、组织调整、处分。

关于组织处理的具体方式,目前我国法律法规尚未作出统一的规定,需从党内法规中把握。根据《关于实行党风廉政建设责任制的规定》第 21 条第 1 款的规定,对领导干部的组织处理包括调整职务、责令辞职、免职和降职等。根据《中国共产党问责条例》第 8 条第 2 款第 3 项的规定,对失职失责、危害较重,不适宜担任现职的党的领导干部进行问责,可以采取组织调整或者组织处理的方式,包括停职检查、调整职务、责令辞职、免职、降职等措施。总的来说,组织处理主要包括停职检查、调整职务、责令辞职、免职、降职。

(1)停职检查,是指临时停止公职人员所担任的职务,接受有关机关的调查处置。(2)调整职务,是指免去公职人员当前的职务、赋予其新的职务,或是将公职人员从当前的岗位调到新的岗位上。(3)责令辞职,是指公职人员应当引咎辞职或者因其他原因不再适合担任现职,本人不提出辞职的,责令其辞去现任职务。(4)免职,是指公职人员被任免机关通过任免程序免去其职务。根据《公务员职务任免与职务升降规定(试行)》第 14 条的规定,免职适用于公务员晋升职务后需要免去原任职务、降低职务、转任、辞职或者调出机关、非组织选派且离职学习期限超过一年、退休和其他原因需要免职等七种情形。(5)降职,是指公职人员被降低职务层次或者职级层次任职,根据《公务员职务任免与职务升降规定(试行)》的有关规定,降职主要适用于科员以上职务的公务员在定期考核中被确定为不称职的情形。另外,根据《党政领导干部选拔任用工作条例》第 57 条的规定,党政领导干部的降职主要适用于领导干部在年度考核中被确定为不称职,因工作能力较弱、受到组织处理或者其他原因不适宜担任现职务层次的情形。

2. 政务处分可与组织处理并行

组织处理可以是一种针对违法公职人员采取的暂时性措施,如停职检查,也可以是一种实现人岗相适、人事相宜的干部任用激励机制,如免职、降职等,但不是一种追究公职人员违法责任的惩戒措施。因此,组织处理与政务处分并不适用本法第 16 条规定的一事不再罚制度,两者有并存的空间。公职人员有违法行为的,有关机关可以依照干部问责制度等规定,予以组织处理,但这并不能完全替代政务处分的惩戒作用。《关于实行党政领导干部问责的暂行规定》第 4 条规定:“党政领导干部受到问责,同时需要追究纪律责任的,依照有关规定给予党纪政纪处分;涉嫌犯罪的,移送司法机关依法处理。”所以,对违法公职人员予以组织处理的同时,需要追究纪律责任、违法责任的,可以给予其党纪处分和政务处分;涉嫌犯罪的,还应当追究其刑事责任。

关联法条

《公务员法》

第 57 条　机关应当对公务员的思想政治、履行职责、作风表现、遵纪守法等情况进行监督,开展勤政廉政教育,建立日常管理监督制度。

对公务员监督发现问题的,应当区分不同情况,予以谈话提醒、批评教育、责令检查、诫勉、组织调整、处分。

对公务员涉嫌职务违法和职务犯罪的,应当依法移送监察机关处理。

典型案例

2019年9月，湖南省纪委通报了岳阳市云溪区林业局党组书记、局长卢某军违规公款吃喝、公款送礼问题。2017年1月至2018年12月，卢某军在任云溪区食品药品监督管理局局长期间，安排人员以虚开或增开广告宣传费、印刷费发票方式套取资金共计47.16万元，其中用于违规公款吃喝23.43万元，违规赠送礼品礼金15.81万元，卢某军私车加油、保养、购买保险4.24万元。卢某军受到党内严重警告、政务记大过处分和免职处理，其他相关责任人受到相应处理。①

第十八条　担任领导职务的公职人员有违法行为，被罢免、撤销、免去或者辞去领导职务的，监察机关可以同时给予政务处分。

条文主旨

本条是关于担任领导职务的公职人员政务处分的规定。

条文解读

1. 被罢免、撤销、免去或者辞去领导职务概述

担任领导职务的公职人员违法时，除了可能会受到撤职、开除等政务处分之外，还可能会被其任免机关罢免、撤销、免去领导职务或者由本人辞去领导职务。

罢免、撤销领导职务，是指担任领导职务的公职人员因违法违纪或有严重错误行为被任免机关免除领导职务。罢免与撤销的区别主要在于行使权力的主体不同。在公务员系统中，行使罢免权的任免机关主要是人民代表大会。比如，根据《地方各级人民代表大会和地方各级人民政府组织法》第10条的规定，地方各级人民代表大会有权罢免本级人民政府的组成人员。县级以上的地方各级人民代表大会有权罢免本级人民代表大会常务委员会的组成人员和由它选出的人民法院院长、人民检察院检察长。行使撤销权的任免机关主要是人大常委会。比如，根据《地方各级人民代表大会和地方各级人民政府组织法》第44条第12项的

① 参见张斌、刘燕娟：《省纪委通报5起违反中央八项规定精神问题》，载《湖南日报》2019年9月7日，第2版。

规定,县级以上的地方各级人民代表大会常务委员会在本级人民代表大会闭会期间,决定撤销个别副省长、自治区副主席、副市长、副州长、副县长、副区长的职务;决定撤销由它任命的本级人民政府其他组成人员和人民法院副院长、庭长、副庭长、审判委员会委员、审判员,人民检察院副检察长、检察委员会委员、检察员,中级人民法院院长,人民检察院分院检察长的职务。

免去领导职务,是指担任领导职务的公职人员被任免机关通过任免程序免去领导职务。免去领导职务与上述罢免、撤销领导职务的区别在于,前者不以公职人员的过错为原因,遵循正常的职务任免程序;后者则以公职人员的过错为依据,一般有特别的程序。在公务员系统中,行使此权力的任免机关主要是人大常委会。比如,根据《地方各级人民代表大会和地方各级人民政府组织法》第 44 条的规定,县级以上的地方各级人民代表大会常务委员会在本级人民代表大会闭会期间,决定副省长、自治区副主席、副市长、副州长、副县长、副区长的个别任免;根据省长、自治区主席、市长、州长、县长、区长的提名,决定本级人民政府秘书长、厅长、局长、委员会主任、科长的任免,报上一级人民政府备案;按照《人民法院组织法》和《人民检察院组织法》的规定,任免人民法院副院长、庭长、副庭长、审判委员会委员、审判员,任免人民检察院副检察长、检察委员会委员、检察员,批准任免下一级人民检察院检察长;省、自治区、直辖市的人民代表大会常务委员会根据主任会议的提名,决定在省、自治区内按地区设立的和在直辖市内设立的中级人民法院院长的任免,根据省、自治区、直辖市的人民检察院检察长的提名,决定人民检察院分院检察长的任免。另外,对于国有企业管理人员,一般根据《公司法》、《企业国有资产法》和《中央企业领导人员管理规定》等企业管理的有关规定,由组织人事部门、国有资产监督管理委员会、企业董事会等任免机构按照管理权限免去领导职务。

辞去领导职务,是指担任领导职务的公职人员本人向任免机关提出辞去现任领导职务,包括因公辞职、自愿辞职、引咎辞职和责令辞职。其中,因公辞职是指担任领导职务的公职人员因工作需要变动职务,依照有关法律或者规定辞去现任职务;自愿辞职是指担任领导职务的公职人员因个人或者其他原因,自行提出辞去现任职务;引咎辞职是指担任领导职务的公职人员因工作严重失误、失职造成重大损失、风险或者恶劣影响,或者对重大事故负有领导责任,不宜继续担任现职,由本人主动提出辞去现任职务;责令辞职是指担任领导职务的公职人员应当引咎辞职或者因其他原因不再适合担任现职,本人不提出辞职的,责令其辞去现任职务。比如,根据《地方各级人民代表大会和地方各级人民政府组织法》第 27 条的规定,县级以上的地方各级人民代表大会常务委员会组成人员和人民政府领导人员,人民法院院长,人民检察院检察长,可以向本级人民代表大会提出辞职,由大会决定是否接受辞职;大会闭会期间,可以向本级人民代表大会常务委员会提出辞职,由常务委员会决定是否接受辞职。常务委员会决定接受辞职后,报本级人民代表大会备案。人民检察院检察长的辞职,须报经上一级人民检察院检察长提请该级人民代表大会常务委员会批准。乡、民族乡、镇的人民代表大会主席、副主席,乡长、副乡长,镇长、副镇长,可以向本级人民代表大会提出辞职,由大会决定是否接受辞职。

2. 对已经免除领导职务的违法公职人员予以政务处分

免除领导职务与免除公职不同,公职人员免除公职(如公职人员辞去公职、被辞退等)即退出了公职系统,不再保留公职人员的身份,不再是政务处分适格的对象。但是公职人员免除领导职务后,一般仍然保留公职人员身份,特别是对于公务员来说,其仍然受到公职系统的监督与管理。可见,领导职务的免除与政务处分并不冲突,我们不能因为公职人员受到了其他处理而放弃对其进行政务处分,使其逃脱应有的惩罚。

因此,对已经免除领导职务的违法公职人员,监察机关可以同时给予警告、记过、记大过、降级、撤职、开除等政务处分,其中,给予撤职处分的,根据中共中央纪律检查委员会、中共中央组织部、人力资源和社会保障部、监察部、国家公务员局发布的《关于公务员纪律惩戒有关问题的通知》的规定,按照撤职处分的有关规定降低职务和级别。

不过,基层群众性自治组织中从事管理的人员在被依法罢免之后,一般不再具有公职人员身份,监察机关无法再予以政务处分,故不属于本条适用的范围。

实务难点指引

在政务处分中,撤职和开除处分涉及对公职人员现任职务的免除,实务中应当注意这类政务处分与其他法律所规定的职务任免程序相衔接,处理好政务处分与其他免除领导职务处理的先后顺序。第一,对于经各级人民代表大会、县级以上各级人民代表大会常务委员会选举或者决定任命的公职人员,监察机关如要对其予以撤职、开除,应当根据本法第 50 条第 1 款规定,先依法罢免、撤销或者免去其职务,再依法作出政务处分决定。第二,对于经中国人民政治协商会议各级委员会全体会议或者其常务委员会选举或者决定任命的公职人员，监察机关如要对其予以撤职、开除，应当根据本法第50条第2款规定，先依章程免去其职务，再依法作出政务处分决定。第三，对于国有企业管理人员，监察机关如要对其予以撤职、开除，应当根据《公司法》、《企业国有资产法》和《中央企业领导人员管理规定》等规定的任免程序免去其职务后，再依法作出政务处分决定。

另外，监察机关对担任领导职务的公职人员予以警告、记过、记大过、降级处分的，无须与其职务任免程序保持先后顺序，可以在其免除领导职务之前、之后或者同时予以政务处分。

关联法条

1.《行政机关公务员处分条例》

第17条　违法违纪的行政机关公务员在行政机关对其作出处分决定前，已经依法被判处刑罚、罢免、免职或者已经辞去领导职务，依法应当给予处分的，由行政机关根据其违法违纪事实，给予处分。

行政机关公务员依法被判处刑罚的，给予开除处分。

2.《人民法院工作人员处分条例》

第16条　在人民法院作出处分决定前，已经被依法判处刑罚、罢免、免职或者已经辞去领导职务，依照本条例需要给予处分的，应当根据其违纪违法事实给予处分。

被依法判处刑罚的，一律给予开除处分。

典型案例

2018年，反映某省人大常委会副主任、某市市委书记李某及该市在城市建设和扶贫工作中搞形式主义等问题线索较为集中。中央纪委国家监委对有关问题线索认真研究、优先处置，很快查明李某及该市搞形式主义、官僚主义问题——主导推动深度贫困县搞“刷白墙”面子工程，浪费大量国家资财；两个月打造脱贫“盆景”，要求新闻媒体连续集中报道；对省委巡视组交办的扶贫项目造假等问题整改不重视，流于形式；在城市建设中脱离实际、拔高标准，搞劳民伤财的“形象工程”。2019年5月，经党中央批准，决定给予李某党内严重警告、政务记大过处分，免去其省人大常委会副主任职务。6月，该省省委决定免去其市委书记职务。①

① 参见赵振宇：《以政治监督具体化常态化保障落实“两个维护”》，载《中国纪检监察》2019年第15期。

第十九条　公务员以及参照《中华人民共和国公务员法》管理的人员在政务处分期内，不得晋升职务、职级、衔级和级别；其中，被记过、记大过、降级、撤职的，不得晋升工资档次。被撤职的，按照规定降低职务、职级、衔级和级别，同时降低工资和待遇。

条文主旨

本条是关于公务员以及参公管理人员政务处分的规定。

条文解读

本条适用的是《监察法》第15条第1项所列举的公职人员，即中国共产党机关、人民代表大会及其常务委员会机关、人民政府、监察委员会、人民法院、人民检察院、中国人民政治协商会议各级委员会机关、民主党派机关和工商业联合会机关的公务员，以及参照《公务员法》管理的人员。参照《公务员法》管理的人员，是指根据《公务员法》规定，法律、法规授权的具有公共事务管理职能的事业单位中除工勤人员以外的工作人员中，经批准参照《公务员法》进行管理的人员。比如，工会、共青团、妇联等人民团体和群众团体机关就是参公管理的事业单位。参公人员不实行事业单位的专业技术职务、工资、奖金等人事管理制度。列入参公管理范围的，应当严格依照中共中央组织部发布的《参照〈中华人民共和国公务员法〉管理的单位审批办法》规定的条件、程序和权限进行审批。

政务处分对公务员及参公人员的影响主要体现在职务、职级、衔级、级别、工资档次的晋升限制方面。为了维护政务处分的严肃性，保证政务处分应有的效果，《公务员法》第64条第1款、第3款规定："公务员在受处分期间不得晋升职务、职级和级别，其中受记过、记大过、降级、撤职处分的，不得晋升工资档次。""受撤职处分的，按照规定降低级别。"另外，衔级是国家根据人民警察、消防救援人员以及海关、驻外外交机构等公务员的工作特点，设置与其领导职务、职级相对应的等级，其晋升亦受政务处分的限制。本法对受处分公务员的晋升限制与《公务员法》的规定保持一致，并对撤职处分的后果作了更加具体的补充。

具体来说，公务员及参公人员受警告处分的，在政务处分期内，不得晋升职务、职级、衔级和级别，但可以晋升工资档次。受记过、记大过、降级、撤职处分的，在政务处分期内，不仅不得晋升职务、职级、衔级和级别，也不得晋升工资档次。

受撤职处分的，按照规定降低职务、职级、衔级和级别，同时降低工资和待遇。有关衔级晋升限制和降低衔级的规定，按《驻外外交人员法》《人民警察警衔条例》《消防救援衔条例》《海关关衔条例》的规定办理。

实务难点指引

1. 公务员受处分的工资待遇处理

公务员受处分的工资待遇处理，应当按照《中共中央组织部、人力资源和社会保障部、监察部、国家公务员局关于公务员受处分工资待遇处理有关问题的通知》的有关规定执行。

(1)公务员受警告处分的，不降低职务工资、级别工资和津贴补贴。受处分期间符合正常晋升级别条件的，如次年 1 月 1 日仍在处分期，从处分期满解除处分的次月起晋升级别。受处分期间符合正常晋升级别工资档次条件的，从次年 1 月 1 日起晋升级别工资档次。

(2)公务员受记过、记大过处分的，不降低职务工资、级别工资和津贴补贴。受处分期间，不得晋升级别和级别工资档次。处分期满解除处分的当年，符合正常晋升级别和级别工资档次条件的，从次年 1 月 1 日起晋升级别和级别工资档次。

(3)公务员受降级处分的，从受处分的次月起，降低一个级别，级别工资就近就低套入降低后的级别相应的工资档次，相应降低按级别确定标准的津贴补贴。受处分前的级别为本职务对应最低级别的，降低一个级别工资档次，级别工资为本级别最低档的，按本级别的一个工资档差降低级别工资，级别工资为二十七级一档的，可给予记大过处分。受处分期间，不得晋升级别和级别工资档次。处分期满解除处分的当年，符合正常晋升级别和级别工资档次条件的，从次年 1 月 1 日起晋升级别和级别工资档次。解除降级处分，不视为恢复处分前的级别和工资待遇。

(4)公务员受撤职处分的，从受处分的次月起，职务工资按新任职务确定，级别按每降低一个职务层次相应降低两个级别确定，最低降为二十七级，级别工资逐级就低套入降低后的级别相应的工资档次，津贴补贴按新任职务和级别确定。未明确新任职务的，暂按本人原基本工资和津贴补贴之和的 70% 计发临时工资。明确新任职务后，被多减发或少减发的工资予以补发或扣发。受处分期间，不得晋升级别和级别工资档次。处分期满解除处分的当年，符合正常晋升级别和级别工资档次条件的，从次年 1 月 1 日起晋升级别和级别工资档次。解除撤职处分，不视为恢复处分前的职务、级别和工资待遇。

(5)公务员受开除处分的,从受处分的次月起,取消原工资待遇。

(6)公务员处分决定被变更,需要调整工资待遇的,从处分决定被变更的次月起执行。处分被减轻或撤销的,多减发或停发的工资予以补发。处分被加重的,少减发的工资予以扣发。

2. 受政务处分公务员的考核处理

公务员考核是有关公务员管理部门依照管理权限,通过全面考核公务员的德、能、勤、绩、廉,对公务员进行考察和评价,其中定期考核的结果会作为调整公务员职位、职务、职级、级别、工资以及公务员奖励、培训、辞退的依据。当公务员受到政务处分时,有关考核工作也要作出相应的处理。根据《公务员考核规定(试行)》第25条的规定,对受处分的非领导成员公务员的年度考核,应按如下规定办理:受警告处分的当年,参加年度考核,不得确定为优秀等次。受记过、记大过、降级、撤职处分的期间,参加年度考核,只写评语,不定等次;在解除处分的当年及以后,其年度考核不受原处分影响。对领导成员的考核,由主管机关按照有关规定办理。另外,根据中共中央纪律检查委员会、中共中央组织部、人力资源和社会保障部、监察部、国家公务员局发布的《关于公务员纪律惩戒有关问题的通知》,公务员同时受党纪处分和政纪处分的,按对其年度考核结果影响较重的处分确定年度考核等次。

关联法条

1.《公务员法》

第 64 条 公务员在受处分期间不得晋升职务、职级和级别,其中受记过、记大过、降级、撤职处分的,不得晋升工资档次。

受处分的期间为:警告,六个月;记过,十二个月;记大过,十八个月;降级、撤职,二十四个月。

受撤职处分的,按照规定降低级别。

2.《公务员职务、职级与级别管理办法》

第 16 条 公务员受到诫勉、组织调整或者组织处理、处分等,遇有影响期且影响期未满或者期满影响使用的,以及有法律法规规定的其他影响晋升的情形的,不晋升领导职务、职级与级别。

3.《人民警察警衔条例》

第 21 条 人民警察违犯警纪的,可以给予警衔降级的处分。警衔降级的批准权限与原警衔的批准权限相同。人民警察受警衔降级处分后,其警衔晋级的期限按照降级后的警衔等级重新计算。

人民警察警衔降级不适用于二级警员。

4.《消防救援衔条例》

第 25 条　消防救援人员受到降级、撤职处分的，应当相应降低消防救援衔，降级的批准权限与原衔级的批准权限相同。

消防救援衔降级不适用于四级指挥员和预备消防士。

5.《海关关衔条例》

第 20 条　海关工作人员受到降级、撤职行政处分的，应当相应降低关衔。关衔降级的批准权限与原关衔的批准权限相同。关衔降级后，其关衔晋级的期限按照降级后的关衔等级重新计算。

关衔降级不适用于二级关务员。

6.《驻外外交人员法》

第 19 条　驻外外交人员在受处分期间，其职务和衔级不予晋升。

第 20 条　驻外外交人员受到降级、撤职处分的，应当按照规定降低衔级。降低衔级不适用于随员衔。

驻外外交人员离任回国，其衔级相应终止。从事外交工作确有需要的，可以保留。具体办法由外交部会同国务院有关部门另行规定。

典型案例

2017 年 2 月，湖北省武汉市纪委通报了江夏区发改委原党组书记姚某喜等人因执行党纪政纪处分决定不到位，致使受处分人员长期“吃空饷”问题。2013 年 11 月，江夏区发改委原主任王某某因违纪问题受到开除党籍、行政撤职处分，职务层次降为主任科员，但该委没有按照《湖北省党纪政纪处分决定执行工作办法》对王某某的津贴补贴调整执行到位；且在王某某长达两年四个月不到岗的情况下，照常发放其工资和津贴补贴。2014 年 7 月，江夏区对“吃空饷”行为进行清查时，区发改委没有如实向上级报告王某某“吃空饷”行为，造成不良影响。2016 年 6 月，姚某喜因履行主体责任不力，不按规定落实处分决定，不对受处分党员开展日常教育、管理和监督工作，不如实向上级报告有关情况，受到党内警告处分；区发改委纪检组组长李某因履行监督责任不力，虽对王某某执纪不到位问题提出异议，但未坚持且未向上级组织报告，受到诫勉谈话处理。①

---

① 参见蒋太旭、段晨晨：《城建局党委书记衔纪工委书记　落实“两个责任”不力被免职》，载《长江日报》2017 年 2 月 8 日，第 3 版。

第二十条　法律、法规授权或者受国家机关依法委托管理公共事务的组织中从事公务的人员，以及公办的教育、科研、文化、医疗卫生、体育等单位中从事管理的人员，在政务处分期内，不得晋升职务、岗位和职员等级、职称；其中，被记过、记大过、降级、撤职的，不得晋升薪酬待遇等级。被撤职的，降低职务、岗位或者职员等级，同时降低薪酬待遇。

条文主旨

本条是关于法律、法规授权或者受国家机关依法委托管理公共事务的组织中从事公务的人员，以及公办的教育、科研、文化、医疗卫生、体育等单位中从事管理的人员政务处分的规定。

条文解读

本条适用的对象是《监察法》第15条第2项和第4项所列举的公职人员。(1)法律、法规授权或者受国家机关依法委托管理公共事务的组织中从事公务的人员，主要是指除参公管理以外的其他管理公共事务的事业单位中从事公务的人员，比如注册会计师协会、医师协会等具有公共事务管理职能的行业协会的工作人员，法定检验检测检疫鉴定机构的工作人员等。(2)公办的教育、科研、文化、医疗卫生、体育等单位中从事管理的人员，包括这类单位及其分支机构中从事领导、组织、管理、监督等活动的人员。具体包括：①领导成员，如公办学校的校长、副校长，科研院所的院长、所长，公立医院的院长、副院长等；②中层和基层管理人员，包括管理岗位六级以上职员，从事与职权相联系的管理事务的其他职员；③在管理、监督国有财产等重要岗位上工作的人员，包括会计、出纳人员，采购、基建部门人员；④在这些单位中临时从事与职权相联系的管理事务的人员，包括依法组建的评标委员会、竞争性谈判采购中谈判小组、询价采购中询价小组的组成人员。

与本法第19条的规定类似，本条适用的公职人员，受警告处分的，在政务处分期内，不得晋升职务、岗位和职员等级、职称，但可以晋升薪酬待遇等级。受记过、记大过、降级、撤职处分的，在政务处分期内，不仅不得晋升职务、岗位和职员等级、职称，也不得晋升薪酬待遇等级。受撤职处分的，降低职务、岗位或者职员等级，同时降低薪酬待遇。

需要注意的是，人力资源和社会保障部、监察部2012年颁布的《事业单位工作人员处分暂行规定》和国务院2014年颁布的《事业单位人事管理条例》，对违法违纪事业单位工作人员的处分作出规定，其处分种类与政务处分略有不同，包括警告、记过、降低岗位等级或者撤职、开除四种，处分的影响也与政务处分略有不同，有关规定可能需要对此作出适当调整，以确保与本法的衔接。

实务难点指引

对于事业单位工作人员和机关工人受处分的工资待遇处理，可以参照中共中央组织部、人力资源社会保障部、监察部发布的《关于事业单位工作人员和机关工人受处分工资待遇处理有关问题的通知》的有关规定执行，但需要注意事业单位工作人员四种处分与六种政务处分的区别与衔接。

（1）事业单位工作人员受警告处分的，不降低岗位工资、薪级工资和津贴补贴，绩效工资按本单位有关规定发放。受处分期间符合正常增加薪级工资条件的，从次年1月1日起增加薪级工资。

机关技术工人受警告处分的，不降低岗位工资、技术等级工资和津贴补贴；机关普通工人受警告处分的，不降低岗位工资和津贴补贴。受处分期间符合正常晋升岗位工资档次条件的，从次年1月1日起晋升岗位工资档次。

（2）事业单位工作人员受记过处分的，不降低岗位工资、薪级工资和津贴补贴，绩效工资按本单位有关规定发放。受处分期间，不得增加薪级工资。处分期满解除处分的当年，符合正常增加薪级工资条件的，从次年1月1日起增加薪级工资。

机关技术工人受记过处分的，不降低岗位工资、技术等级工资和津贴补贴；机关普通工人受记过处分的，不降低岗位工资和津贴补贴。受处分期间，不得晋升岗位工资档次。处分期满解除处分的当年，符合正常晋升岗位工资档次条件的，从次年1月1日起晋升岗位工资档次。

（3）事业单位工作人员受降低岗位等级或者撤职处分的，从作出处分决定的次月起，岗位工资、绩效工资、津贴补贴按新聘（任）岗位确定，薪级工资按每降低一个岗位等级相应降低两级薪级工资确定，最低降至新聘（任）岗位的起点薪级。无岗位等级可降的，不降低岗位工资，薪级工资按降低两级确定，最低降至薪级工资1级。未明确新聘（任）岗位的，停发工资待遇，暂按本人原岗位工资、薪级工资和津贴补贴之和的70%计发临时工资，绩效工资按本单位有关规定发放。明确新聘（任）岗位后，被多减发或少减发的工资予以补发或扣发。受处分期间，不得增加薪级工资。处分期满解除处分的当年,符合正常增加薪级工资条件的,从次年1月1日起增加薪级工资。

机关技术工人受降低岗位等级处分的,从作出处分决定的次月起,技术等级工资按新岗位技术等级确定,岗位工资逐级就近就低套入新岗位技术等级相应岗位工资档次,受处分前技术等级为初级工的,不降低技术等级工资,岗位工资按降低两个档次确定,最低降为初级工1档;津贴补贴按新岗位技术等级确定。机关普通工人受降低岗位等级处分的,从作出处分决定的次月起,岗位工资按降低两个档次确定,最低降至1档;不降低津贴补贴。受处分期间,不得晋升岗位工资档次。处分期满解除处分的当年,符合正常晋升岗位工资档次条件的,从次年1月1日起晋升岗位工资档次。

解除受降低岗位等级或者撤职处分,不视为恢复受处分前的岗位等级和工资待遇。

(4)事业单位工作人员和机关工人受开除处分的,从作出处分决定的次月起,取消原工资待遇。

(5)事业单位工作人员和机关工人处分决定被变更,需要调整工资待遇的,从处分决定被变更的次月起执行。处分被减轻或撤销的,多减发或停发的工资予以补发。处分被加重的,少减发的工资予以扣发。

关联法条

1.《事业单位人事管理条例》

第29条 处分分为警告、记过、降低岗位等级或者撤职、开除。

受处分的期间为:警告,6个月;记过,12个月;降低岗位等级或者撤职,24个月。

2.《事业单位工作人员处分暂行规定》

第7条 事业单位工作人员受到警告处分的,在受处分期间,不得聘用到高于现聘岗位等级的岗位;在作出处分决定的当年,年度考核不能确定为优秀等次。

事业单位工作人员受到记过处分的,在受处分期间,不得聘用到高于现聘岗位等级的岗位,年度考核不得确定为合格及以上等次。

事业单位工作人员受到降低岗位等级处分的,自处分决定生效之日起降低一个以上岗位等级聘用,按照事业单位收入分配有关规定确定其工资待遇;在受处分期间,不得聘用到高于受处分后所聘岗位等级的岗位,年度考核不得确定为基本合格及以上等次。

行政机关任命的事业单位工作人员在受处分期间的任命、考核、工资待遇按照干部人事管理权限,参照本条第一款、第二款、第三款规定执行。

事业单位工作人员受到开除处分的，自处分决定生效之日起，终止其与事业单位的人事关系。

典型案例

2019 年，吉林省林业和草原局党组对省林业科学研究院进行巡察后发现，省林业科学研究院干部李某某，在试用期内因违法犯罪情节轻微，被免予追究刑事责任，受到党纪政纪处分，但仍然按期转正，违反了组织纪律。局党组将问题线索交由驻局纪检监察组进行核实。

经查，李某某 2007 年 7 月至 2016 年 3 月任吉林省林业科学研究院森林保护研究所科员，2016 年 3 月起被任命为省林业有害生物天敌繁育示范基地副主任（试用期一年）。2016 年 4 月，检察机关调查该研究院森保所所长张某贪污案件时，发现李某某涉及有关问题，于是进行了立案调查。2017 年 1 月，长春林区检察院决定对李某某不予起诉。1 个月后，经研究院党委研究决定，给予李某某留党察看一年和行政记过处分。

按照规定，对于担任党外职务的党员受到留党察看处分的，应当建议党外组织撤销其党外职务。受到留党察看处分的党员，恢复党员权利后两年内，不得在党内担任和向党外组织推荐担任与其原任职务相当或者高于其原任职务的职务。但是，李某某受到留党察看处分后，研究院并未撤销试用期任职决定，在李某某任职试用期满时，研究院虽然未按时下达正式任职文件，但仍继续让其履行副主任职责。

驻局纪检监察组在向林草局党组汇报后，对负有领导责任的研究院党委书记、院长张某某，党委副书记、纪委书记侯某某及人事处处长进行批评教育。同时，向该研究院下发纪检监察建议，要求限期整改、堵塞漏洞。2019 年 9 月，研究院对李某某违纪违法问题重新进行认真梳理，依据有关规定，经院党委研究决定，撤销之前作出的关于李某某基地副主任职务试用期满正式任命的决定；撤销对李某某作出的行政记过处分决定，对李某某作出降低岗位等级、降低两级薪级工资处分。①

---

① 参见李钦振：《非正常转正》，载《中国纪检监察报》2019 年 10 月 23 日，第 6 版。

第二十一条　国有企业管理人员在政务处分期内，不得晋升职务、岗位等级和职称；其中，被记过、记大过、降级、撤职的，不得晋升薪酬待遇等级。被撤职的，降低职务或者岗位等级，同时降低薪酬待遇。

条文主旨

本条是关于国有企业管理人员政务处分的规定。

条文解读

本条适用的对象是《监察法》第15条第3项所列举的国有企业管理人员。这是指国有独资、控股、参股企业及其分支机构等国家出资企业中，由党组织或者国家机关、国有公司、企业、事业单位提名、推荐、任命、批准等，从事领导、组织、管理、监督等活动的人员。具体包括：(1)国有独资企业、国有控股企业（含国有独资金融企业和国有控股金融企业）及其分支机构的领导班子成员。包括设董事会的企业中由国有股权代表出任的董事长、副董事长、董事，总经理、副总经理，党委书记、副书记、纪委书记，工会主席等；未设董事会的企业的总经理（总裁）、副总经理（副总裁），党委书记、副书记、纪委书记，工会主席等。(2)对国有资产负有经营管理责任的国有企业中层和基层管理人员，包括部门经理、部门副经理、总监、副总监、车间负责人等。(3)在管理、监督国有财产等重要岗位上工作的人员，包括会计、出纳人员等。(4)国有企业所属事业单位领导人员，国有资本参股企业和金融机构中对国有资产负有经营管理责任的人员。

与本法第19条的规定类似，国有企业管理人员受警告处分的，在政务处分期内，不得晋升职务、岗位等级和职称，但可以晋升薪酬待遇等级。受记过、记大过、降级、撤职处分的，在政务处分期内，不仅不得晋升职务、岗位等级和职称，也不得晋升薪酬待遇等级。受撤职处分的，降低职务或者岗位等级，同时降低薪酬待遇。

需要注意的是，正如第18条“实务难点指引”中所述，监察机关对国有企业管理人员予以撤职、开除的，应当根据《公司法》、《企业国有资产法》和《中央企业领导人员管理规定》等规定的任免程序免去其职务后，再依法作出政务处分决定。

关联法条

《国有企业领导人员廉洁从业若干规定》

第25条　国有企业领导人员违反本规定受到降职处理的，两年内不得担任与其原任职务相当或者高于其原任职务的职务。

受到免职处理的，两年内不得担任国有企业的领导职务；因违反国家法律，造成国有资产重大损失被免职的，五年内不得担任国有企业的领导职务。

构成犯罪被判处刑罚的，终身不得担任国有企业的领导职务。

第二十二条　基层群众性自治组织中从事管理的人员有违法行为的，监察机关可以予以警告、记过、记大过。

基层群众性自治组织中从事管理的人员受到政务处分的，应当由县级或者乡镇人民政府根据具体情况减发或者扣发补贴、奖金。

条文主旨

本条是关于基层群众性自治组织中从事管理的人员政务处分的规定。

条文解读

本条适用的对象是《监察法》第15条第5项所列举的基层群众性自治组织中从事管理的人员，包括村民委员会、居民委员会的主任、副主任和委员，以及其他受委托从事管理的人员。根据有关法律和立法解释（主要是《全国人民代表大会常务委员会关于〈中华人民共和国刑法〉第九十三条第二款的解释》），这里的“从事管理”包括下列行为：(1)救灾、抢险、防汛、优抚、扶贫、移民、救济款物的管理；(2)社会捐助公益事业款物的管理；(3)国有土地的经营和管理；(4)土地征收、征用补偿费用的管理；(5)代征、代缴税款；(6)有关计划生育、户籍、征兵工作；(7)协助人民政府从事的其他行政管理工作。①

对本条适用对象的政务处分，与其他公职人员有所不同，主要是监察机关对其处分，且处分的种类限于警告、记过、记大过三种精神性惩罚，而不含降级、撤

① 参见中共中央纪律检查委员会、中华人民共和国国家监察委员会法规室编写：《〈中华人民共和国监察法〉释义》，中国方正出版社2018年版，第113～114页。

职、开除等实质性惩罚。原因在于,这些公职人员不是公务员、参公人员或事业单位工作人员,没有相应的职业等级,降级处分对之没有价值,而且这些公职人员的任免权属于所在基层的选民,监察机关无权进行撤换,撤职和开除处分也就失去其意义。根据《村民委员会组织法》第16条的规定,村民委员会成员的罢免权属于本村有选举权的村民,罢免村民委员会成员,须有登记参加选举的村民过半数投票,并须经投票的村民过半数通过。根据《城市居民委员会组织法》第10条第3款的规定,撤换和补选居民委员会成员的权力属于居民会议。

不过,监察机关仍可以通过一些经济手段给这些违法公职人员造成实质性损失。由于基层群众性自治组织中从事管理的人员接受县级或者乡镇人民政府的补贴、奖金支持,因此本条规定,这些公职人员受到政务处分的,应当由县级或者乡镇人民政府根据具体情况减发或者扣发补贴、奖金。

关联法条

1.《村民委员会组织法》

第37条 人民政府对村民委员会协助政府开展工作应当提供必要的条件;人民政府有关部门委托村民委员会开展工作需要经费的,由委托部门承担。

村民委员会办理本村公益事业所需的经费,由村民会议通过筹资筹劳解决;经费确有困难的,由地方人民政府给予适当支持。

2.《城市居民委员会组织法》

第17条 居民委员会的工作经费和来源,居民委员会成员的生活补贴费的范围、标准和来源,由不设区的市、市辖区的人民政府或者上级人民政府规定并拨付;经居民会议同意,可以从居民委员会的经济收入中给予适当补助。

居民委员会的办公用房,由当地人民政府统筹解决。

典型案例

2015年7月,有群众向湖南省宁远县太平镇纪委实名举报九十四村存在向扶贫对象违规收取公益款问题。太平镇纪委高度重视,由镇纪委书记带队进村入户开展调查。

经查,2014年7月,九十四村对扶贫对象建档立卡,每年户均发放政府补助1200元。村"两委"干部想起村里安装路灯的费用还没有着落,于是就打起了这些扶贫对象的主意,他们集体商议决定向村里的扶贫对象收取每户600元的公益事业款,用于村道路的路灯安装。为了减少收费阻力,也为了逃避责任,村"两委"

还组织召开村民代表会，表决通过向扶贫对象收取公益事业款，用于办理村集体公益事业。有了村民代表的支持，村“两委”干部“名正言顺”地向全村120户扶贫对象收取每户600元的公益事业款共计7.2万元。

最终，太平镇党委决定免去对该事件负主要责任的唐某福村党支部书记职务，责令其与村委会主任唐某生、村会计唐某旭、计生专干陈某翠、综治专干唐某斌向镇党委作出深刻检讨并扣发绩效工资每人400元，所收取的公益事业款7.2万元全部予以退还。①

第二十三条　《中华人民共和国监察法》第十五条第六项规定的人员有违法行为的，监察机关可以予以警告、记过、记大过。情节严重的，由所在单位直接给予或者监察机关建议有关机关、单位给予降低薪酬待遇、调离岗位、解除人事关系或者劳动关系等处理。

《中华人民共和国监察法》第十五条第二项规定的人员，未担任公务员、参照《中华人民共和国公务员法》管理的人员、事业单位工作人员或者国有企业人员职务的，对其违法行为依照前款规定处理。

条文主旨

本条是关于其他依法履行公职的人员政务处分的规定。

条文解读

本条适用的对象是《监察法》第15条第6项列举的其他依法履行公职的人员，以及第2项中未担任公务员、参照《公务员法》管理的人员、事业单位工作人员或者国有企业人员职务的人员。“其他依法履行公职的人员”具有兜底性质，是《监察法》为防止对监察对象列举不全、出现漏网之鱼而设置的。判断是否属于依法履行公职的人员，主要在于其是否行使公权力、履行公务，是否对公共事务管理施展强制性的支配力量，比如不具有人民警察身份的警务辅助人员如果是在履行公职，那么就属于监察对象和政务处分对象。此外，对于《监察法》第15条第2项

① 参见唐振军、刘佳宾：《精准扶贫成“精准收费”——宁远一村“两委”克扣扶贫款被查处》，载《中国纪检监察报》2016年4月20日，第2版。

规定的人员，即法律、法规授权或者受国家机关依法委托管理公共事务的组织中从事公务的人员，本法第 20 条已作了相应的规定。但为堵塞漏洞，解决对某些人员无法给予降级、撤职、开除处分的问题，本条再作适当的补充，对于这些人员，即便不是公务员、参公人员、事业单位工作人员或者国有企业人员，只要其从事公务活动，亦需要接受监察机关的监督。

对本条适用对象的政务处分，与基层群众性自治组织中从事管理的人员政务处分类似，监察机关有权直接实施的政务处分限于警告、记过、记大过三种精神性惩罚，而不含降级、撤职、开除等实质性惩罚。原因在于，这些公职人员不是公务员、参公人员、事业单位工作人员、国有企业人员或者其他有职业等级的人员，降级处分对之没有作用，而且这些公职人员一般由其所在单位任免、管理，监察机关无权给予撤职或开除处分。不过，对于违法行为情节严重，本应给予降级、撤职、开除处分的，本法授权违法人员所在单位直接给予，或者由监察机关建议有管理权限的机关、单位，给予其降低薪酬待遇、调离岗位、解除人事关系或者劳动关系等处理。需要注意的是，监察建议不是一般的工作建议，监察建议的对象除有正当理由外，负有必须履行监察建议要求的义务。根据本法第 61 条的规定，有关机关、单位无正当理由拒不采纳监察建议的，由其上级机关、主管部门责令改正，对该机关、单位给予通报批评，对负有责任的领导人员和直接责任人员依法给予处理。因此，即便监察机关无权给予某些公职人员降级、撤职、开除处分，也能通过监察建议对违法人员施加实质性惩罚。

关联法条

《劳动合同法》

第 39 条 劳动者有下列情形之一的，用人单位可以解除劳动合同：

（一）在试用期间被证明不符合录用条件的；

（二）严重违反用人单位的规章制度的；

（三）严重失职，营私舞弊，给用人单位造成重大损害的；

（四）劳动者同时与其他用人单位建立劳动关系，对完成本单位的工作任务造成严重影响，或者经用人单位提出，拒不改正的；

（五）因本法第二十六条第一款第一项规定的情形致使劳动合同无效的；

（六）被依法追究刑事责任的。

典型案例

2016 年，广东省纪委暗访组春节后到该省阳江市进行专题暗访，暗访设备被当地一名派出所工作人员抢夺。这一问题被新闻媒体曝光后，该市迅速组织调查处理，对涉事单位红丰派出所领导班子成员进行了集体诫勉谈话。目前，该派出所三名当事人均被辞退，所长、副所长因负有领导责任分别被停职、免职。

经查，2月16日，阳江市公安局阳东分局红丰派出所工作人员黄某杰、谢某荣、林某挺上班时间在派出所接警处玩手机。面对省纪委暗访组的质疑，他们在回答时言语欠妥，其中一人还冲了上来，粗暴抢夺暗访人员的拍摄设备。

事发后，阳江市、阳东区两级纪委立即对红丰派出所工作人员作风粗暴、上班玩手机问题进行了严肃查处。由于黄某杰、谢某荣、林某挺是红丰镇政府聘请的治安队员，镇政府对他们进行了辞退处理。阳江市公安局阳东分局对红丰派出所领导班子成员进行了集体诫勉谈话，对负有领导责任的红丰派出所所长刘某派和副所长阮某尚分别作出停职和免职处理。①

第二十四条　公职人员被开除，或者依照本法第二十三条规定，受到解除人事关系或者劳动关系处理的，不得录用为公务员以及参照《中华人民共和国公务员法》管理的人员。

条文主旨

本条是关于被开除或被解除人事、劳动关系的公职人员不得被录用为公务员及参公管理人员的规定。

条文解读

根据《公务员法》第26条的规定，被开除公职的人员不得录用为公务员。公职人员被开除公职，或者依照本法第23条规定，受到解除人事关系或者劳动关系处理的，说明其违反公职人员必须遵守的纪律或行为守则，不再具备公务员应有的高素质，不再适合从事公务员的工作。这种效果是永久性的，公职人员一旦被开除或者受到解除人事关系、劳动关系处理，便被永远剥夺了担任公务员的资格，一律不得被录用为公务员以及参照《公务员法》管理的人员。另外，《检察官法》

① 参见梁哲毓、林良康：《阳江处理"抢夺省纪委暗访组设备"问题——辞退3人问责2人》，载《中国纪检监察报》2016年3月10日，第2版。

《法官法》《人民警察法》也都规定，被开除公职的人员不得担任检察官、法官和人民警察。需要注意的是，本条仅适用于禁止将被开除的公职人员录用为公务员以及参照《公务员法》管理的人员的情形，被开除的公职人员是否可以在法律、法规授权或者受国家机关依法委托管理公共事务的组织中从事公务，做国有企业管理人员，在公办的教育、科研、文化、医疗卫生、体育等单位中从事管理，在基层群众性自治组织中从事管理，或者从事其他公职活动，应按其他有关法律法规办理。

关联法条

1.《公务员法》

第26条 下列人员不得录用为公务员：

(一)因犯罪受过刑事处罚的；

(二)被开除中国共产党党籍的；

(三)被开除公职的；

(四)被依法列为失信联合惩戒对象的；

(五)有法律规定不得录用为公务员的其他情形的。

2.《法官法》

第13条 下列人员不得担任法官：

(一)因犯罪受过刑事处罚的；

(二)被开除公职的；

(三)被吊销律师、公证员执业证书或者被仲裁委员会除名的；

(四)有法律规定的其他情形的。

3.《检察官法》

第13条 下列人员不得担任检察官：

(一)因犯罪受过刑事处罚的；

(二)被开除公职的；

(三)被吊销律师、公证员执业证书或者被仲裁委员会除名的；

(四)有法律规定的其他情形的。

4.《人民警察法》

第26条 担任人民警察应当具备下列条件：

(一)年满十八岁的公民；

(二)拥护中华人民共和国宪法；

(三)有良好的政治、业务素质和良好的品行；

(四)身体健康；

（五）具有高中毕业以上文化程度；

（六）自愿从事人民警察工作。

有下列情形之一的，不得担任人民警察：

（一）曾因犯罪受过刑事处罚的；

（二）曾被开除公职的。

第二十五条　公职人员违法取得的财物和用于违法行为的本人财物，除依法应当由其他机关没收、追缴或者责令退赔的，由监察机关没收、追缴或者责令退赔；应当退还原所有人或者原持有人的，依法予以退还；属于国家财产或者不应当退还以及无法退还的，上缴国库。

公职人员因违法行为获得的职务、职级、衔级、级别、岗位和职员等级、职称、待遇、资格、学历、学位、荣誉、奖励等其他利益，监察机关应当建议有关机关、单位、组织按规定予以纠正。

条文主旨

本条是关于处理涉案财物和公职人员违法取得的其他利益的规定。

条文解读

1. 涉案财物的分类及其处理方式

与公职人员违法行为有关的涉案财物分为两种：一是公职人员违法取得的财物，是指公职人员通过违法行为所获得的赃款赃物以及其他可用货币计量的财产性利益；二是公职人员用于违法行为的本人财物，是指所有权属于公职人员本人但被其用于实施违法行为的财产、物品等。这里强调用于违法行为的财物的所有权，是为防止公职人员因违法行为而给善意第三人带来损失。此前《公职人员政务处分暂行规定》未对用于违法行为的财物的所有权作出区分，公职人员利用他人财物实施违法行为的，他人财物可能会被没收处理。因此，本法将用于实施违法行为的财物限定在本人所有的范围内。

处理涉案财物的主要目的，就公职人员违法取得的财物而言，是防止公职人员通过违法行为获得不正当的经济利益，填补违法行为给国家财产、集体财产和公民个人财产造成的损失；就用于违法行为的本人财物而言，是杜绝公职人员利用这些财物再次实施违法行为的可能,并予以警示。因此,对上述涉案财物的处理方式,是予以没收、追缴或者责令退赔。其中,没收是指将涉案财物强制收归国有、上缴国库的行为;追缴是指将涉案财物予以追回、收缴的行为,这不是一种最终处理方式,而是对财物暂时性的扣押行为,等到案件办结或者弄清涉案财物权属后,再根据不同情况分别予以处理;责令退赔是指责令违法公职人员将违法取得的财物直接予以归还,如果这些财物已经被消耗、毁损而无法恢复原状,则要用与之等价的金钱或者实物予以赔偿。

对涉案财物的处理,应当根据财物的不同情况选择不同的处理方式。对于违法取得的财物,存在原所有人或者原持有人的,应当在收缴后依法予以退还或责令公职人员直接退赔;属于国家财产的,或是原所有人或者持有人也参与了违法行为、依法不应当退还的(如贿赂款物),或是找不到原所有人或者原持有人、无法退还的,应当予以没收,或者在追缴后上缴国库。用于违法行为的本人财物,属于依法不应当退还的财物,应当予以没收,或者在追缴后上缴国库。

另外,公职人员用于违法行为的财物如属他人所有,可以按“违法取得的财物”进行处理。这一他人财物属于共同违法人的,按不应当退还的情况,依法予以没收;属于善意第三人的,按应当退还原所有人的情况,依法予以退还。

2. 处理涉案财物的主体

公职人员的违法行为不一定是职务违法行为,也有可能是与职务行为无关的其他违法行为,比如赌博、走私等活动。所以,对公职人员违法行为有管辖权的不只是监察机关,还可能有公安机关、海关、税务机关等其他机关,相应地,这些机关也有权对涉案财物进行处理。比如,根据《海关法》第 82 条第 2 款的规定,走私行为尚不构成犯罪的,由海关没收走私货物、物品及违法所得,可以并处罚款;专门或者多次用于掩护走私的货物、物品,专门或者多次用于走私的运输工具,予以没收,藏匿走私货物、物品的特制设备,责令拆毁或者没收。又如,《税收征收管理法》第 63 条第 1 款规定,对纳税人偷税的,由税务机关追缴其不缴或者少缴的税款、滞纳金。

因此,本法规定“除依法应当由其他机关没收、追缴或者责令退赔的,由监察机关没收、追缴或者责令退赔”,是指有关法律法规规定了由其他机关对涉案财物予以没收、追缴或者责令退赔的,应当由其他机关进行处理,没有规定由其他机关处理的,才由监察机关予以没收、追缴或者责令退赔。

需要注意的是,监察机关对涉案财物的没收与行政机关在实施行政处罚时对涉案财物的没收可能互有交叉，但两者存在以下不同之处：一是性质不同。前者是对公职人员违法取得的财物和用于违法行为的本人财物采取的处理措施，不是对违法行为的制裁措施；后者是一种行政处罚行为，是对违法行为采取的制裁措施，属于《行政处罚法》第 8 条所规定的行政处罚种类之一，即没收违法所得、没收非法财物。二是对象不同。前者针对的是违法的公职人员，具有身份特定性；后者针对的是违法的行政相对人，具有普遍性。三是法律依据不同。前者依据的是《监察法》和《公职人员政务处分法》等监察法律法规，后者依据的是《行政处罚法》、《治安管理处罚法》和《海关法》等行政管理法律法规。四是当事人的救济途径不同。对监察机关的没收决定不服的，应当按照本法规定的复审、复核程序寻求救济；对行政机关的没收处罚不服的，可以通过行政复议、行政诉讼等方式解决。总的来说，当法律法规规定行政机关对某些违法行为拥有行政处罚权，有权对涉案财物作出没收处罚时，监察机关应当尊重行政机关的权力，及时将公职人员违法活动中的涉案财物移送给有行政处罚权的行政机关进行处置，或同时向行政机关提出依法给予行政处罚的监察建议。

3. 对公职人员因违法行为获得的其他利益的处理

本条第 2 款规定："公职人员因违法行为获得的职务、职级、衔级、级别、岗位和职员等级、职称、待遇、资格、学历、学位、荣誉、奖励等其他利益，监察机关应当建议有关机关、单位、组织按规定予以纠正。"这类利益一般很难用货币进行计量，但仍然可以给获得者带来一定的地位、荣誉等精神性利益以及潜在的经济价值。这类利益是由公职人员通过实施违法行为获得的，违反了相关的法律法规规章，应当予以纠正。不过，这类利益具有无形性，不同于财物，监察机关无法通过没收、追缴或者责令退赔的方式予以处理，而且监察机关一般不是这类利益的授予机关，无权直接进行处置。因此，监察机关应当通过监察建议的方式，敦促有权取消这些利益的组织、部门、单位，例如组织人事部门、科研机构、学校等，按规定予以纠正。

需要注意的是，公职人员因违法行为获得了职务、职级、衔级、级别、岗位和职员等级，应当予以降级、撤职处分的，监察机关应先建议有关部门按规定予以纠正，在纠正后的职务、职级、衔级、级别、岗位和职员等级基础上，再作出降级、撤职处分。这是因为公职人员所获得的这些利益是违法的，如果不予以纠正而直接予以降级、撤职处分，形同承认其获得这些利益的合法性。

关联法条

1.《监察法》

第46条 监察机关经调查,对违法取得的财物,依法予以没收、追缴或者责令退赔;对涉嫌犯罪取得的财物,应当随案移送人民检察院。

2.《中国共产党纪律处分条例》

第40条 对于违纪行为所获得的经济利益,应当收缴或者责令退赔。

对于违纪行为所获得的职务、职称、学历、学位、奖励、资格等其他利益,应当由承办案件的纪检机关或者由其上级纪检机关建议有关组织、部门、单位按照规定予以纠正。

对于依照本条例第三十五条、第三十六条规定处理的党员,经调查确属其实施违纪行为获得的利益,依照本条规定处理。

典型案例

2018年9月,中央纪委公开曝光了中国航空工业集团成飞公司原副总经理、总会计师常某平违规收受礼品礼金等问题。2017年春节、端午节、中秋节、国庆节等节假日前后,常某平多次违规收受多家与成飞公司有业务合作关系的单位人员所送的礼品、购物卡、购物券,折合人民币7200元。常某平还收受下属工作人员所送的价值4000元的贵重礼品。2017年3月至5月,常某平在北京培训学习期间,数次违规使用其业务合作单位某保险公司的公车。此外,常某平还存在其他违纪问题。常某平受到留党察看两年、政务撤职处分,并被收缴违规收受的礼品、购物卡券,责令退赔相关费用。①

第二十六条　公职人员被开除的,自政务处分决定生效之日起,应当解除其与所在机关、单位的人事关系或者劳动关系。

公职人员受到开除以外的政务处分,在政务处分期内有悔改表现,并且没有再发生应当给予政务处分的违法行为的,政务处分期满后自动解除,晋升职务、职级、衔级、级别、岗位和职员等级、职称、薪酬待遇不再受原政务处分影响。但是,解除降级、撤职的,不恢复原职务、职级、衔级、级别、岗位和职员等级、职称、薪酬待遇。

---

① 参见《中央纪委公开曝光八起违反中央八项规定精神问题》,载《中国纪检监察报》2018年9月20日,第1版。

条文主旨

本条是关于开除处分的法律后果和解除政务处分的规定。

条文解读

1. 开除处分的法律后果

公职人员被开除的，应当解除其与所在机关、单位的人事关系或者劳动关系。其生效之日，根据本法第 8 条第 2 款的规定，是政务处分决定作出之日。被开除的公职人员自此被剥夺公职人员的身份，根据本法第 24 条的规定，不得再被录用为公务员以及参照《公务员法》管理的人员。

2. 解除处分的目的与制度变迁

除开除以外，公职人员受到的政务处分都有一定的期间限制，在满足一定的条件后可以得到解除。这主要是为受处分的公职人员改正错误而提供的激励机制，体现了中国共产党对犯错误的同志"惩前毖后，治病救人"的一贯方针，帮助受处分的公职人员正确认识错误、努力改正错误，放下包袱、积极工作，更好地为人民服务。

1954 年颁布的《关于撤销国家机关工作人员行政处分暂行办法》（已废止）曾规定，受行政处分的工作人员如在工作中有显著成绩，经过一段时间的考验后证明确已改正错误的，应予以撤销处分。这一规定的本意是好的，但"撤销处分"的表述并不科学，因为这容易被理解为原先所作的处分是错误的，有关单位通过撤销处分来纠正错误。因此，1993 年《国家公务员暂行条例》（已废止）将有关表述更正为"解除行政处分"，明确了处分期间、解除处分的条件和效果。2005 年通过的《公务员法》也对解除处分作了规定。

3. 解除处分的条件

2018 年修订《公务员法》，对解除处分的条件作了变更。2017 年《公务员法》第 59 条第 1 款规定："公务员受开除以外的处分，在受处分期间有悔改表现，并且没有再发生违纪行为的，处分期满后，由处分决定机关解除处分并以书面形式通知本人。"2018 年《公务员法》剔除了"由处分决定机关解除处分并以书面形式通知本人"的规定，第 65 条第 1 款规定："公务员受开除以外的处分，在受处分期间有悔改表现，并且没有再发生违纪违法行为的，处分期满后自动解除。"本法对处分解除的规定与 2018 年修订的《公务员法》基本保持一致，并作了进一步完善。

具体来说，解除处分必须同时满足以下四个条件：第一，公职人员受到的是开除以外的政务处分。因为公职人员被开除后，与单位的劳动人事关系随之解除，不再具有公职人员身份，也就不存在处分解除的问题。第二，在政务处分期内有悔改表现。这是一项针对受处分者的积极条件，要求其能够正确认识并改正自身的错误。需要注意的是，公职人员对政务处分决定不服而申请复审、复核的，不能成为其没有悔改表现的依据。申请复审、复核是公职人员的合法权利，为保障这一权利，本法第56条第2款规定"公职人员不因提出复审、复核而被加重政务处分"，公职人员自然也不会因此而承担其他不利后果。对公职人员是否有悔改表现的评价，应当从公职人员在受处分后，平时工作的态度、成果等多方面进行考察。第三，在政务处分期内没有再发生应当给予政务处分的违法行为。这是一项针对受处分者的消极条件。本法对《公务员法》规定的"没有再发生违纪违法行为"予以进一步明确，提高了本条文的可操作性。如果公职人员在政务处分期内再发生应当给予政务处分的违法行为，监察机关依法再次进行政务处分，原政务处分期满后不能自动解除。需要注意的是，这里强调的是"应当给予政务处分的违法行为"而非"可以给予政务处分的违法行为"，并不是指对所有再次发生的违法行为都要予以政务处分、都会影响政务处分的解除。第四，政务处分期满。

满足上述四个条件后，政务处分自动解除，不再需要由处分决定机关解除处分并以书面形式通知本人。

4. 解除处分的效果

政务处分解除后，公职人员晋升职务、职级、衔级、级别、岗位和职员等级、职称、薪酬待遇不再受原政务处分影响，即晋升依照有关规定正常办理。但是受到降级、撤职处分的公职人员在解除处分后，不能自动恢复其受处分前的职务、职级、衔级、级别、岗位和职员等级、职称、薪酬待遇，今后的晋升必须在受处分后重新确定的职务、职级、衔级、级别、岗位和职员等级、职称、薪酬待遇的基础上进行。这是因为降级、撤职处分本身就是对严重违法的公职人员的严厉惩罚，如果处分解除后自动恢复公职人员在处分前的地位与待遇，将使这两种政务处分大打折扣，难以发挥应有的惩治效果。

实务难点指引

关于解除处分的具体操作，中共中央纪律检查委员会、中共中央组织部、人力资源和社会保障部、监察部、国家公务员局发布的《关于公务员纪律惩戒有关问题的通知》曾作出较为详细的规定。但需要注意的是，在 2018 年《公务员法》修订之后，符合解除条件的处分自动解除，不再涉及处分决定机关解除处分或者有关机关按照任免权限解除处分的情况。不符合解除条件主要是指公职人员在政务处分期内没有悔改表现，再发生应当给予政务处分的违法行为（监察机关应当依法再次进行政务处分，原政务处分期满后不解除，继续执行新的政务处分）。其中，对于在政务处分期内再次故意违法，应当受到政务处分的，应当按照本法第 13 条规定，从重给予政务处分。如果公职人员的违法行为情节轻微，且具有本法第 11 条规定的情形之一的，可以对其进行谈话提醒、批评教育、责令检查或者予以诫勉，免予或者不予政务处分，不影响原政务处分的解除。

另外，公职人员在政务处分期内退休的，根据本法第 27 条第 1 款的规定，退休前或者退休后有违法行为的，不再给予政务处分，故不存在“再发生应当给予政务处分的违法行为”的情况，处分期满自动解除处分。

关联法条

《公务员法》

第 65 条　公务员受开除以外的处分，在受处分期间有悔改表现，并且没有再发生违纪违法行为的，处分期满后自动解除。

解除处分后，晋升工资档次、级别和职务、职级不再受原处分的影响。但是，解除降级、撤职处分的，不视为恢复原级别、原职务、原职级。

第二十七条　已经退休的公职人员退休前或者退休后有违法行为的，不再给予政务处分，但是可以对其立案调查；依法应当予以降级、撤职、开除的，应当按照规定相应调整其享受的待遇，对其违法取得的财物和用于违法行为的本人财物依照本法第二十五条的规定处理。

已经离职或者死亡的公职人员在履职期间有违法行为的，依照前款规定处理。

条文主旨

本条是关于处理违法但已经退休、离职或者死亡的公职人员的规定。

条文解读

1. 本条适用的对象、范围与时间

(1)本条适用的对象是已经退休、离职或者死亡的公职人员。公职人员在退休、离职或者死亡之后,不再具有国家公职人员的身份,正式退出了公职系统。因为国家对公职人员的监督和管理主要针对的是在职公职人员,对于公职人员退出公职系统后,其涉及的某些违法行为应当如何处理、是否还能适用政务处分,就需要作出特别的规定。

(2)本条适用的范围包括两方面。

一是已经退休、离职或者死亡的公职人员,在退休、离职或者死亡前的履职期间有违法行为的情况。这是因为公职人员在履职期间的行为仍然受到公职系统纪律的约束,不能因为公职人员退出公职系统,就不再对之前履职期间所作的行为承担相应的责任。对公职人员在履职期间的违法行为进行处理,不因公职人员身份的结束而结束,必须堵塞漏洞,防止违法公职人员利用退休、离职等途径,逃避国家的监管和法律的制裁。

二是已经退休的公职人员在退休后有违法行为的情况。退休公职人员的所有违法行为皆应受到监察机关的监督,不管是否与其原职务有关。公职人员退休后不再是国家公职人员,不再履行公职,其后的行为都是个人行为,与公职行为无关。但是公职人员在退休后享受国家规定的退休金和其他待遇,国家为其生活和健康提供必要的服务和帮助,退休公职人员仍然与公职系统息息相关。同时,遵守法律既是每个公民的基本义务,也是公职人员在退休后必须遵循的底线,体现着退休人员对国家法律的支持与认同。因此,国家可以要求公职人员在退休后严格约束自己的行为,避免违法。反之,如果放任对退休人员的管理,极有可能影响公职人员的形象,损害国家和人民利益,不利于对在职公职人员的教育与管理。有鉴于此,国家历来重视对公职人员退休后行为的管理。1982 年劳动人事部在《〈关于国家行政机关工作人员的奖惩暂行规定〉中几个问题的解答》(已废止)中规定,退职、退休干部犯了错误,按退职、退休干部管理范围处理,其中属于原单位管理的,由原单位负责查处。2001 年《监察部关于对犯错误的已退休国家公务员追究行政纪律责任若干问题的通知》对监察机关办理行政违纪案件,涉及已退休国家公务员违反行政纪律需要追究行政纪律责任的问题作了规定,明确公务员在退休后有违纪违法行为的仍要追究相应的责任。必须指出的是,此前对公职人员退休后行为的管理主要见于党内法规和部门规章之中，法律尚未对此问题予以明确。《监察法》第 11 条和第 15 条规定，监察机关对公职人员进行监察，对违法的公职人员依法作出政务处分决定，但该法并没有明确是否对公职人员退休后行为进行监察。所以，本法对此进行补充，明确监察机关有权就已经退休的公职人员在退休后的违法行为进行立案调查，并作出相应的处理。另外，已经离职的公职人员不享受国家规定的退休金和其他待遇，与公职系统不再关联，其离职后的行为与公职行为无关，也就不属于监察监督的范围，但其要遵守《公务员法》第 107 条第 1 款规定的竞业限制。

（3）本条适用的时间是在公职人员退休、离职或者死亡后。需要注意的是，2007 年《行政机关公务员处分条例》第 52 条以及中共中央纪律检查委员会、中共中央组织部、人力资源和社会保障部、监察部、国家公务员局发布的《关于公务员纪律惩戒有关问题的通知》在适用时间上的有关表述都是：有违法违纪行为应当受到处分的公务员，“在处分决定机关作出处分决定前已经退休的”。强调的是处分决定机关作出处分决定的时间点，故而会区分出有关违法行为在公务员退休前已经被发现、处分决定在其退休后作出的情况，以及有关违法行为在公务员退休后被发现并作出处理的情况。事实上这种区分的意义不大，两种情况对应的处理方式仍然相同，因此本法不再强调监察机关作出政务处分决定的时间点，而把条文的适用时间统一定为公职人员退休、离职或者死亡之后。

2. 对违法但已经退休、离职或者死亡的公职人员的处理

一是不再给予政务处分。政务处分是对在职公职人员实施的惩罚，公职人员退休、离职或者死亡后便不再是公职人员，不再是政务处分适格的适用对象。

二是可以对其立案调查。监察机关经过初步核实，对已经退休、离职或者死亡的公职人员涉嫌违法，需要追究法律责任的，可以按照规定的权限和程序办理立案手续，采取相应的调查措施。需要注意的是，本条规定的是监察机关可以调查而不是应当调查。鉴于违法人员已退出公职系统的特殊性，一般是在有关违法行为情节比较严重、可能需要按照规定相应调整其享受的待遇的；或是存在违法财物需要进行处理等情况下，监察机关不进行调查便无法作出相应的处理时，才需要启动调查。

三是按照规定相应调整其享受的待遇。虽然政务处分已经没有意义，但由于退休人员依法享受国家给予的退休待遇，离职或者死亡人员可能享受辞退费、抚恤金等待遇，监察机关可以通过降低或取消其待遇的方法实施惩罚。与调整待遇

相对应的政务处分是降级、撤职、开除这三种实质性惩罚，所以本法规定，依法应当予以降级、撤职、开除的，应当按照规定相应调整其享受的待遇。警告、记过、记大过属于精神性惩罚，不对受处分者造成实质性损失，仅限制受处分者在受处分期间的晋升活动。由于已经退休、离职或者死亡的人员不存在晋升的可能，依法应当予以警告、记过、记大过的，没有相应的实际惩罚措施，故不再作出处理。

四是对涉案违法财物进行处理。对违法人员违法取得的财物和用于违法行为的本人财物，依照本法第 25 条第 1 款的规定处理，即除依法应当由其他机关没收、追缴或者责令退赔的，由监察机关没收、追缴或者责令退赔；应当退还原所有人或者原持有人的，依法予以退还；属于国家财产或者不应当退还以及无法退还的，上缴国库。

实务难点指引

1. 公务员退休后被追究政纪责任的退休费待遇处理

对于公务员退休后被追究政纪责任的退休费待遇处理，应当按照中共中央组织部、人力资源和社会保障部、监察部、国家公务员局发布的《关于公务员受处分工资待遇处理有关问题的通知》中的有关规定执行。

具体来说，公务员在处分决定机关作出处分决定前已经退休或退休后有违法违纪行为的，根据应当给予的政务处分的不同而作出不同的处理。(1)依法应给予警告、记过、记大过处分的，不降低退休费待遇。(2)依法应给予降级处分的，从应受处分的次月起，按 2% 降低基本退休费。今后国家调整退休费时，不受应给予处分的影响。(3)依法应给予撤职处分的，从应受处分的次月起调整退休费待遇。未重新明确执行退休待遇职务层次的，按 12% 降低基本退休费，补贴按降低一个职务层次确定，今后国家调整退休费时，按原执行退休待遇职务低一个职务层次的标准执行。重新明确执行退休待遇职务层次的，按降低后的职务层次确定基本退休费和补贴，今后国家调整退休费时，按降低后职务层次的标准执行。(4)依法应给予开除处分但未被判处刑罚的，从应受处分的次月起，按 25% 降低基本退休费，补贴按办事员确定。今后国家调整退休费时，按二级科员(原办事员)的标准执行。

公务员退休后被追究政纪责任，原应给予的处分被变更，需要调整退休费待遇的，从审查结论作出的次月起执行。原应给予的处分被减轻或撤销的，多减发或停发的退休费予以补发。原应给予的处分被加重的，少减发的退休费予以扣发。

2. 事业单位工作人员和机关工人退休后被追究违纪责任的退休费待遇处理

对于事业单位工作人员和机关工人退休后被追究政纪责任的退休费待遇处理,可以参照中共中央组织部、人力资源社会保障部、监察部发布的《关于事业单位工作人员和机关工人受处分工资待遇处理有关问题的通知》中的有关规定执行,但需要注意事业单位工作人员四种处分与六种政务处分的区别与衔接。

具体来说,事业单位工作人员和机关工人在处分决定机关作出处分决定前已经退休或退休后有违法违纪行为,根据应当给予的政务处分的不同而作出不同的处理。(1)应当给予警告、记过处分的,不降低退休费待遇。(2)应当给予降低岗位等级或者撤职处分,未重新明确执行退休待遇职务层次(技术等级)的,从审查结论作出的次月起,按12%降低基本退休费,补贴按低一个职务层次(技术等级)确定,今后调整退休费时,按原执行退休待遇职务层次(技术等级)低一个职务层次(技术等级)的标准执行;重新明确执行退休待遇职务层次(技术等级)的,按降低后的职务层次(技术等级)确定基本退休费和补贴,今后调整退休费时,按降低后职务层次(技术等级)的标准执行。(3)应给予开除处分但未被判处刑罚的,从审查结论作出的次月起,按25%降低基本退休费,补贴按最低职务层次(技术等级)确定。今后调整退休费时,按最低职务层次(技术等级)的标准执行。(4)应当给予处分的,如已参加养老保险并按养老保险有关规定计发养老金,其待遇处理办法按国家有关养老保险的规定执行。

事业单位工作人员和机关工人退休后被追究违纪责任,原应给予的处分被变更,需要调整退休费待遇的,从审查结论作出的次月起执行。原应给予的处分被减轻或撤销的,多减发或停发的退休费予以补发。原应给予的处分被加重的,少减发的退休费予以扣发。

关联法条

1.《行政机关公务员处分条例》

第52条　有违法违纪行为应当受到处分的行政机关公务员,在处分决定机关作出处分决定前已经退休的,不再给予处分;但是,依法应当给予降级、撤职、开除处分的,应当按照规定相应降低或者取消其享受的待遇。

2.《人民法院工作人员处分条例》

第17条　人民法院工作人员退休之后违纪违法,或者在任职期间违纪违法、在处分决定作出前已经退休的,不再给予纪律处分;但是,应当给予降级、撤职、开除处分的,应当按照规定相应降低或者取消其享受的待遇。

3.《检察人员纪律处分条例》

第35条 检察人员在纪律处分决定作出前已经退休的，不再给予纪律处分，但是依照本条例应当给予降级以上处分的，按照应当给予的纪律处分相应降低或者取消其享受的待遇。

4.《事业单位工作人员处分暂行规定》

第44条 已经退休的事业单位工作人员有违法违纪行为应当受到处分的，不再作出处分决定。但是，应当给予降低岗位等级或者撤职以上处分的，相应降低或者取消其享受的待遇。

典型案例

2020年2月，湖北省纪委监委通报，湖北省司法厅原巡视员陈某洋违反传染病防治法规和防控工作规定，在本人及其家人确诊新冠肺炎后，不服从集中隔离、入院治疗等措施，并违规出入公共场所，影响恶劣。其还存在违反廉洁纪律、违规多占政策性住房问题。陈某洋受到留党察看处分，并降为一级调研员退休待遇；对其违规多占的政策性住房，由相关主管部门依规处理。[1]

---

① 参见高萌：《湖北通报9起违反疫情防控工作纪律规定、履职履责不力典型问题》，载《长江日报》2020年2月25日，第2版。

第三章　违法行为及其适用的政务处分

第二十八条　有下列行为之一的，予以记过或者记大过；情节较重的，予以降级或者撤职；情节严重的，予以开除：

（一）散布有损宪法权威、中国共产党领导和国家声誉的言论的；

（二）参加旨在反对宪法、中国共产党领导和国家的集会、游行、示威等活动的；

（三）拒不执行或者变相不执行中国共产党和国家的路线方针政策、重大决策部署的；

（四）参加非法组织、非法活动的；

（五）挑拨、破坏民族关系，或者参加民族分裂活动的；

（六）利用宗教活动破坏民族团结和社会稳定的；

（七）在对外交往中损害国家荣誉和利益的。

有前款第二项、第四项、第五项和第六项行为之一的，对策划者、组织者和骨干分子，予以开除。

公开发表反对宪法确立的国家指导思想，反对中国共产党领导，反对社会主义制度，反对改革开放的文章、演说、宣言、声明等的，予以开除。

条文主旨

本条是关于公职人员散布非法言论，参加非法组织、活动，拒不执行路线方针政策，破坏民族关系和社会稳定，在对外交往中损害国家利益等行为及其适用处分的规定。

条文解读

公职人员应当遵守政治纪律，为公职人员划定遵守政治纪律的“政治底线”是党管干部原则的基本要求。《公务员法》要求公务员应当遵纪守法,这里的"遵纪"指的就是"遵守纪律",并列举了不得散布有损宪法权威、中国共产党和国家声誉的言论,组织或者参加旨在反对宪法、中国共产党领导和国家的集会、游行、示威等活动;不得组织或者参加非法组织,组织或者参加罢工;不得挑拨、破坏民族关系,参加民族分裂活动或者组织、利用宗教活动破坏民族团结和社会稳定;不得在对外交往中损害国家荣誉和利益等,这些都是关于政治纪律的要求。公职人员应当模范遵守宪法法律、维护宪法权威,自觉接受中国共产党的领导,认真贯彻执行落实党和国家的路线方针政策、重大决策部署,绝不允许损害党和国家安全、荣誉、利益,绝不允许破坏民族团结和社会稳定。本法共规定了公职人员违反政治纪律的八种行为及其适用的政务处分,并将其列在第 3 章的首条,同时亦规定了严厉的惩戒措施,凸显出公职人员应当遵守政治纪律的重要性。

1. 散布有损宪法权威、中国共产党领导和国家声誉的言论的行为

散布有损宪法权威、中国共产党领导和国家声誉的言论的行为,是指公职人员采取发表、发放、张贴、公布等方式到处散布有损宪法权威、中国共产党领导和国家声誉的言论的行为。所谓"散布",是指以发表、发放、张贴、公布等方式在公共场合向多人或社会公开地扩散,或者在报纸、期刊、图书、互联网媒体等载体上公开地扩散。

本行为的主体是公职人员。在主观方面表现为故意。即公职人员具有贬损宪法权威、中国共产党领导和国家声誉的目的。所侵害的客体是宪法权威、中国共产党领导和国家声誉。在客观方面表现为公职人员采取发表、发放、张贴、公布等方式到处散布有损宪法权威、中国共产党领导和国家声誉的言论的行为。散布有损宪法权威、中国共产党领导和国家声誉的言论的行为具体表现形式有很多。比如,散布有损宪法权威、中国共产党领导和国家声誉的宣传品的;公开发表有损宪法权威、中国共产党领导和国家声誉言论的;公开发表有损宪法权威、中国共产党领导和国家声誉作品的,等等。根据本条第 1 款的规定,散布有损宪法权威、中国共产党领导和国家声誉言论的,予以记过或者记大过;情节较重的,予以降级或者撤职;情节严重的,予以开除。

2. 参加旨在反对宪法、中国共产党领导和国家的集会、游行、示威等活动的行为

参加旨在反对宪法、中国共产党领导和国家的集会、游行、示威等活动的行为,是指公职人员参加、策划或者组织旨在反对宪法、中国共产党领导和国家的集

会、游行、示威等活动的行为。所谓“集会”，是指聚集于露天公共场所，发表意见、表达意愿的活动。所谓“游行”，是指在露天公共场所、公共道路列队行进、表达意愿的活动。所谓“示威”，是指在露天公共场所、公共道路以集会、游行、静坐等方式，表达请求、抗议、支持或者声援等意愿的活动。

本行为的主体是公职人员。在主观方面表现为故意。即公职人员明知集会、游行、示威等活动是反对宪法、中国共产党领导和国家的而予以参加、策划或者组织。所侵害的客体是宪法权威、中国共产党领导和国家尊严，以及有关集会、游行、示威等活动的管理制度。在客观方面表现为公职人员参加、策划或者组织旨在反对宪法、中国共产党领导和国家的集会、游行、示威等活动。根据本条第 1 款与第 2 款的规定，参加旨在反对宪法、中国共产党领导和国家的集会、游行、示威等活动的，予以记过或者记大过；情节较重的，予以降级或者撤职；情节严重的，予以开除；对上述活动中的策划者、组织者和骨干分子，予以开除。

3. 拒不执行或者变相不执行中国共产党和国家的路线方针政策、重大决策部署的行为

拒不执行或者变相不执行中国共产党和国家的路线方针政策、重大决策部署的行为，是指公职人员有能力执行而拒不执行或者变相不执行中国共产党和国家的路线方针政策、重大决策部署的行为。

本行为的主体是公职人员。在主观方面表现为故意。即公职人员明知应当认真贯彻执行中国共产党和国家的路线方针政策、重大决策部署，却拒不执行或者变相不执行。侵害的客体是以中国共产党和国家的路线方针政策、重大决策部署的权威性为内容的党的意志和国家意志。在客观方面表现为公职人员有能力执行而拒不执行或者变相不执行中国共产党和国家的路线方针政策、重大决策部署。本行为的构成不以是否造成损害结果为构成要件。根据本条第 1 款的规定，拒不执行或者变相不执行中国共产党和国家的路线方针政策、重大决策部署的，予以记过或者记大过；情节较重的，予以降级或者撤职；情节严重的，予以开除。

4. 参加非法组织、非法活动的行为

参加非法组织、非法活动的行为，是指公职人员参加、策划或者建立以危害国家安全、民族团结和社会稳定为宗旨的组织或者未经登记注册，或者被命令解散、取缔的组织或邪教组织，以及参加、策划或者组织旨在危害国家安全、民族团结和社会稳定为宗旨的活动的行为。

本行为的主体是公职人员。主观方面表现为故意。即公职人员明知是非法

组织而予以参加、策划或者建立,明知是非法活动而予以参加、策划或者组织。所侵害的客体是国家社团管理制度和国家民族社会的安全团结稳定局面。在客观方面表现为公职人员参加、策划或者建立非法组织,或者参加、策划或组织非法活动,并且该非法组织的宗旨是危害国家安全、民族团结和社会稳定,或者该非法活动旨在危害国家安全、民族团结和社会稳定。根据本条第 1 款与第 2 款的规定,参加非法组织、非法活动的,予以记过或者记大过;情节较重的,予以降级或者撤职;情节严重的,予以开除;对非法组织、非法活动中的策划者、组织者和骨干分子,予以开除。

5. 挑拨、破坏民族关系,或者参加民族分裂活动的行为

挑拨、破坏民族关系,或者参加民族分裂活动的行为,是指公职人员破坏、挑拨民族关系,制造民族矛盾,破坏民族团结,或者参加、策划、组织旨在破坏民族关系,制造民族分裂活动的行为。

本行为的主体是公职人员。本行为在主观方面表现为故意。即公职人员具有挑拨、破坏民族关系,或者破坏民族团结、社会稳定以及危害国家安全的目的。侵害的客体是国家民族社会的安全团结稳定。在客观方面表现为公职人员挑拨、破坏民族与民族之间平等、团结、互助、和谐的社会主义民族关系,或者参加、策划、组织以破坏民族关系、制造民族分裂为目的的活动。根据本条第 1 款与第 2 款的规定,挑拨、破坏民族关系,或者参加民族分裂活动的,予以记过或者记大过;情节较重的,予以降级或者撤职;情节严重的,予以开除;对挑拨、破坏民族关系,或者参加民族分裂活动中的策划者、组织者和骨干分子,予以开除。

6. 利用宗教活动破坏民族团结和社会稳定的行为

利用宗教活动破坏民族团结和社会稳定的行为,是指公职人员利用宗教活动,或者以宗教活动为理由,从事破坏民族团结和社会稳定的行为。

本行为的主体是公职人员。在主观方面表现为故意。即公职人员具有明确的利用宗教活动从事破坏民族团结和社会稳定的目的。所侵害的客体是正常的宗教活动和民族团结与社会稳定。在客观方面表现为公职人员利用宗教活动,破坏民族团结和社会稳定。根据本条第 1 款与第 2 款的规定,利用宗教活动破坏民族团结和社会稳定的,予以记过或者记大过;情节较重的,予以降级或者撤职;情节严重的,予以开除;对利用宗教活动破坏民族团结和社会稳定中的策划者、组织者和骨干分子,予以开除。

7. 在对外交往中损害国家荣誉和利益的行为

在对外交往中损害国家荣誉和利益的行为，是指公职人员在对外交往中，做出损害国家荣誉、利益言行的行为。

本行为的主体是公职人员。在主观方面表现为故意或者过失。侵害的客体是国家的荣誉和利益，以及国家在国际社会上的形象。在客观方面表现为公职人员在对外交往的过程中，做出损害国家荣誉和利益的言行。根据本条第 1 款的规定，在对外交往中损害国家荣誉和利益的，予以记过或者记大过；情节较重的，予以降级或者撤职；情节严重的，予以开除。

8. 公开发表反对宪法确立的国家指导思想，反对中国共产党领导，反对社会主义制度，反对改革开放的文章、演说、宣言、声明等的行为

公开发表反对宪法确立的国家指导思想，反对中国共产党领导，反对社会主义制度，反对改革开放的文章、演说、宣言、声明等的行为，是指公职人员在公共场所，或者在报纸、期刊、图书、互联网媒体等载体上公开发表反对宪法确立的国家指导思想，反对中国共产党领导，反对社会主义制度，反对改革开放的文章、演说、宣言、声明等的行为。

本行为的主体是公职人员。在主观方面表现为故意。即公职人员具有公开发表反对宪法确立的国家指导思想，反对中国共产党领导，反对社会主义制度，反对改革开放的文章、演说、宣言、声明的目的。侵害的客体是宪法权威、中国共产党领导、社会主义制度和改革开放。在客观方面表现为公职人员公开发表旨在反对宪法确立的国家指导思想，反对中国共产党领导，反对社会主义制度，反对改革开放的文章、演说、宣言、声明。根据本条第 3 款的规定，公开发表反对宪法确立的国家指导思想，反对中国共产党领导，反对社会主义制度，反对改革开放的文章、演说、宣言、声明等的，予以开除。

实务难点指引

本条在政务处分实践中的适用，需要对纪法衔接问题认真研究并妥善解决。在坚持党管干部的原则下，政治纪律是公职人员应当遵守的最重要、最根本、最关键的纪律。同时，在我国公职人员队伍中，绝大多数公职人员具有党员身份。所以公职人员违反政治纪律的行为往往不单单是违法行为，同时也是违纪行为。在对违反政治纪律的行为进行惩戒时，通常需要同时适用政务处分与纪律处分。此时就需要注意政务处分与纪律处分之间的区别。具体而言，两者的区别主要有以

下四个方面：

其一，处分的依据不同。党纪处分的依据主要是《中国共产党纪律处分条例》等党内法规，政务处分的依据主要是《监察法》和本法等法律法规。其二，处分的主体不同。党纪处分的主体是党组织和纪检机关，政务处分的主体则为监察机关、公职人员任免机关与单位。其三，处分的对象不同。党纪处分的对象是中共党员，政务处分的对象是公职人员。其四，处分的措施不同。党纪处分措施有警告、严重警告、撤销党内职务、留党察看、开除党籍等五种，政务处分措施则是警告、记过、记大过、降级、撤职、开除等六种。在对本条规定的八种违反政治纪律的行为进行惩戒时，还要同时适用党纪处分。因而在政务处分与党纪处分的适用衔接上，应当按照《中国共产党纪律处分条例》第29条的规定进行，即"党组织在纪律审查中发现党员严重违纪涉嫌违法犯罪的，原则上先作出党纪处分决定，并按照规定给予政务处分后，再移送有关国家机关依法处理"。同时也要注意政务处分与党纪处分在处分种类与幅度之间的衔接匹配。

关联法条

1.《公务员法》

第59条第1项、第2项、第3项、第12项 公务员应当遵纪守法，不得有下列行为：

（一）散布有损宪法权威、中国共产党和国家声誉的言论，组织或者参加旨在反对宪法、中国共产党领导和国家的集会、游行、示威等活动；

（二）组织或者参加非法组织，组织或者参加罢工；

（三）挑拨、破坏民族关系，参加民族分裂活动或者组织、利用宗教活动破坏民族团结和社会稳定；

（十二）在对外交往中损害国家荣誉和利益；

2.《中国共产党纪律处分条例》

第44条 在重大原则问题上不同党中央保持一致且有实际言论、行为或者造成不良后果的，给予警告或者严重警告处分；情节较重的，给予撤销党内职务或者留党察看处分；情节严重的，给予开除党籍处分。

第45条 通过网络、广播、电视、报刊、传单、书籍等，或者利用讲座、论坛、报告会、座谈会等方式，公开发表坚持资产阶级自由化立场、反对四项基本原则，反对党的改革开放决策的文章、演说、宣言、声明等的，给予开除党籍处分。

发布、播出、刊登、出版前款所列文章、演说、宣言、声明等或者为上述行为提供方便条件的，对直接责任者和领导责任者，给予严重警告或者撤销党内职务处分；情节严重的，给予留党察看或者开除党籍处分。

第46条　通过网络、广播、电视、报刊、传单、书籍等，或者利用讲座、论坛、报告会、座谈会等方式，有下列行为之一，情节较轻的，给予警告或者严重警告处分；情节较重的，给予撤销党内职务或者留党察看处分；情节严重的，给予开除党籍处分：

（一）公开发表违背四项基本原则，违背、歪曲党的改革开放决策，或者其他有严重政治问题的文章、演说、宣言、声明等的；

（二）妄议党中央大政方针，破坏党的集中统一的；

（三）丑化党和国家形象，或者诋毁、诬蔑党和国家领导人、英雄模范，或者歪曲党的历史、中华人民共和国历史、人民军队历史的。

发布、播出、刊登、出版前款所列内容或者为上述行为提供方便条件的，对直接责任者和领导责任者，给予严重警告或者撤销党内职务处分；情节严重的，给予留党察看或者开除党籍处分。

第57条　组织、参加反对党的基本理论、基本路线、基本方略或者重大方针政策的集会、游行、示威等活动的，或者以组织讲座、论坛、报告会、座谈会等方式，反对党的基本理论、基本路线、基本方略或者重大方针政策，造成严重不良影响的，对策划者、组织者和骨干分子，给予开除党籍处分。

对其他参加人员或者以提供信息、资料、财物、场地等方式支持上述活动者，情节较轻的，给予警告或者严重警告处分；情节较重的，给予撤销党内职务或者留党察看处分；情节严重的，给予开除党籍处分。

对不明真相被裹挟参加，经批评教育后确有悔改表现的，可以免予处分或者不予处分。

未经组织批准参加其他集会、游行、示威等活动，情节较轻的，给予警告或者严重警告处分；情节较重的，给予撤销党内职务或者留党察看处分；情节严重的，给予开除党籍处分。

第58条　组织、参加旨在反对党的领导、反对社会主义制度或者敌视政府等组织的，对策划者、组织者和骨干分子，给予开除党籍处分。

对其他参加人员，情节较轻的，给予警告或者严重警告处分；情节较重的，给予撤销党内职务或者留党察看处分；情节严重的，给予开除党籍处分。

第59条　组织、参加会道门或者邪教组织的，对策划者、组织者和骨干分子，给予开除党籍处分。

对其他参加人员，情节较轻的，给予警告或者严重警告处分；情节较重的，给予撤销党内职务或者留党察看处分；情节严重的，给予开除党籍处分。

对不明真相的参加人员，经批评教育后确有悔改表现的，可以免予处分或者不予处分。

第60条　从事、参与挑拨破坏民族关系制造事端或者参加民族分裂活动的，对策划者、组织者和骨干分子，给予开除党籍处分。

对其他参加人员,情节较轻的,给予警告或者严重警告处分;情节较重的,给予撤销党内职务或者留党察看处分;情节严重的,给予开除党籍处分。

对不明真相被裹挟参加,经批评教育后确有悔改表现的,可以免予处分或者不予处分。

有其他违反党和国家民族政策的行为,情节较轻的,给予警告或者严重警告处分;情节较重的,给予撤销党内职务或者留党察看处分;情节严重的,给予开除党籍处分。

第61条 组织、利用宗教活动反对党的路线、方针、政策和决议,破坏民族团结的,对策划者、组织者和骨干分子,给予开除党籍处分。

对其他参加人员,给予撤销党内职务或者留党察看处分;情节严重的,给予开除党籍处分。

对不明真相被裹挟参加,经批评教育后确有悔改表现的,可以免予处分或者不予处分。

有其他违反党和国家宗教政策的行为,情节较轻的,给予警告或者严重警告处分;情节较重的,给予撤销党内职务或者留党察看处分;情节严重的,给予开除党籍处分。

第64条 组织、利用宗族势力对抗党和政府,妨碍党和国家的方针政策以及决策部署的实施,或者破坏党的基层组织建设的,对策划者、组织者和骨干分子,给予开除党籍处分。

对其他参加人员,给予撤销党内职务或者留党察看处分;情节严重的,给予开除党籍处分。

对不明真相被裹挟参加,经批评教育后确有悔改表现的,可以免予处分或者不予处分。

第66条 在涉外活动中,其言行在政治上造成恶劣影响,损害党和国家尊严、利益的,给予撤销党内职务或者留党察看处分;情节严重的,给予开除党籍处分。

第二十九条　不按照规定请示、报告重大事项,情节较重的,予以警告、记过或者记大过;情节严重的,予以降级或者撤职。

违反个人有关事项报告规定,隐瞒不报,情节较重的,予以警告、记过或者记大过。

篡改、伪造本人档案资料的,予以记过或者记大过;情节严重的,予以降级或者撤职。

条文主旨

本条是关于公职人员违反请示报告制度和档案管理制度等行为及其适用处分的规定。

条文解读

不按照规定请示、报告重大事项,违反个人有关事项报告规定、隐瞒不报和篡改、伪造本人档案资料的行为是公职人员违反政治纪律和组织纪律的行为,应当给予政务处分。

严格执行请示报告制度和个人事项报告制度,是公职人员必须遵守的政治纪律和组织纪律。公职人员能否及时向组织请示报告工作和生活中的重大事项、重要问题是衡量公职人员纪律性高低的重要标准,对强化公职人员纪律意识,加强对公职人员监督管理,解决干部经商、裸官等方面的问题具有重要意义。公职人员如果不按照规定向组织请示报告重大事项及个人有关事项,就会造成组织无法掌握公职人员个人情况,容易出现管理与监督漏洞。《公务员法》第 58 条要求公务员应当自觉接受监督,按照规定请示报告工作、报告个人有关事项。本条将不按照规定请示、报告重大事项和违反个人有关事项报告、隐瞒不报的情形,列为公职人员的两种违法情形,为严肃处理不按规定请示、报告重大事项,违反个人有关事项报告规定、隐瞒不报的行为划出了底线,且设置了严厉的惩戒措施。另外,党的十八大以来,一些落马党员干部违纪违法事实中的人事档案篡改、伪造等问题屡见不鲜。但对于篡改、伪造本人档案资料的惩戒只在《中国共产党纪律处分条例》第 73 条第 2 款有所涉及,且处分的对象为中共党员,而对于中共党员之外的其他对象则面临无规可依的情况。在这样的问题意识和问题导向下,将篡改、伪造本人档案资料纳入政务处分情形,体现了政务处分的针对性和实效性,同时也符合党纪与国法有效衔接的要求。

1. 不按照规定请示、报告重大事项的行为

所谓"请示",是指向组织就重大事项请求指示或者批准。所谓"报告",是指向组织呈报重要事情和重要情况。所谓"重大事项",是指超出公职人员自身职权范围,或者在自身职权范围内但关乎全局、影响广泛的重要事情和重要情况。

本行为的主体是公职人员。主观方面表现为故意。即公职人员故意不按照规定请示、报告重大事项。侵害的客体是党和国家关于请示报告的制度。客观方面表现行为人应当按照但未按照规定请示、报告重大事项的行为。根据本条第 1 款的规定,不按照规定请示、报告重大事项,情节较重的,予以警告、记过或者记大过;情节严重的,予以降级或者撤职。

2. 违反个人有关事项报告规定,隐瞒不报的行为

违反个人有关事项报告规定,隐瞒不报的行为,是指公职人员违反个人应当向组织报告有关事项的规定,隐瞒不报的行为。所谓"隐瞒",是指采取积极行为掩盖事实或者消极行为不告知事实。

本行为的主体是公职人员。主观方面是故意。即公职人员故意违反个人有关事项报告规定,隐瞒不报。侵害的客体是党和国家关于个人有关事项报告的制度。客观方面表现为公职人员应当按照个人有关事项报告规定报告个人事项,但故意隐瞒不报,违反个人有关事项报告规定。根据本条第 2 款的规定,违反个人有关事项报告规定,隐瞒不报,情节较重的,予以警告、记过或者记大过。

3. 篡改、伪造本人档案资料的行为

篡改、伪造本人档案资料的行为,是指公职人员擅自对本人档案资料进行篡改、伪造的行为。所谓"篡改",是指擅自对本人档案资料进行各种内容的修改,改变年龄、学历、工作经历或者其他内容。所谓"伪造",是指擅自制造内容虚假的本人档案资料。

本行为的主体是公职人员。主观方面是故意。即公职人员故意篡改、伪造本人档案资料。侵害的客体是党和国家有关档案管理的制度。客观方面表现为公职人员擅自对本人档案资料进行修改,或者违背事实制造内容虚假的本人档案资料。根据本条第 3 款的规定,篡改、伪造本人档案资料的,予以记过或者记大过;情节严重的,予以降级或者撤职。

实务难点指引

本条在政务处分实践中的适用,主要有以下两方面的问题需要认真研究并妥善解决:

一是对于违反规定与不按照规定之"规定"的理解。对于不按照规定请示、报告重大事项的行为,其中不按照规定之"规定",指的是党和国家有关请示报告的制度,主要包括《中国共产党重大事项请示报告条例》《领导干部报告个人有关事项规定》等。对于违反个人有关事项报告规定,隐瞒不报的行为,其中违反规定之"规定",指的是党和国家关于个人有关事项报告的制度,主要包括《中国共产党重大事项请示报告条例》《领导干部报告个人有关事项规定》等。在具体适用政务处分时,应当予以注意。

二是纪法之间的适用衔接问题。上述三种公职人员违反政治纪律、组织纪律

的行为，同属于违反《中国共产党纪律处分条例》第54条和第73条规定的行为。其中不按照规定请示、报告重大事项属于违反政治纪律的行为；违反个人有关事项报告规定，隐瞒不报与篡改、伪造本人档案资料属于违反组织纪律的行为。在惩处上述三种违法违纪行为时，应当同时适用政务处分与党纪处分，且应注意处分种类与幅度之间的衔接匹配。

关联法条

1.《公务员法》

第58条　公务员应当自觉接受监督，按照规定请示报告工作、报告个人有关事项。

2.《中国共产党纪律处分条例》

第54条　不按照有关规定向组织请示、报告重大事项，情节较重的，给予警告或者严重警告处分；情节严重的，给予撤销党内职务或者留党察看处分。

第73条　有下列行为之一，情节较重的，给予警告或者严重警告处分：

（一）违反个人有关事项报告规定，隐瞒不报的；

（二）在组织进行谈话、函询时，不如实向组织说明问题的；

（三）不按要求报告或者不如实报告个人去向的；

（四）不如实填报个人档案资料的。

篡改、伪造个人档案资料的，给予严重警告处分；情节严重的，给予撤销党内职务或者留党察看处分。

隐瞒入党前严重错误的，一般应当予以除名；对入党后表现尚好的，给予严重警告、撤销党内职务或者留党察看处分。

第三十条　有下列行为之一的，予以警告、记过或者记大过；情节严重的，予以降级或者撤职：

（一）违反民主集中制原则，个人或者少数人决定重大事项，或者拒不执行、擅自改变集体作出的重大决定的；

（二）拒不执行或者变相不执行、拖延执行上级依法作出的决定、命令的。

条文主旨

本条是关于公职人员违反民主集中制原则，以及拒不执行上级决定命令等行为及其适用处分的规定。

条文解读

组织纪律，是公职人员应当遵守的重要纪律，对于公职人员违反组织纪律的行为，必须予以严厉惩戒。对此，本条规定了两种违反组织纪律的行为：一是违反民主集中制原则，个人或者少数人决定重大事项；二是拒不执行、擅自改变集体作出的重大决定与拒不执行或者变相不执行、拖延执行上级依法作出的决定、命令的行为。

1. 违反民主集中制原则，个人或者少数人决定重大事项，或者拒不执行、擅自改变集体作出的重大决定的行为

民主集中制原则是公职人员应当遵守的重要原则。民主集中制包括民主和集中两个方面，两者互为条件、相辅相成、缺一不可。其中，充分发扬民主是坚持和健全民主集中制的基础，可以调动广大公职人员积极性与主动性。而民主基础上的集中则有利于作出科学决策，保证政令统一、行动一致。坚持民主集中制要求在决定问题时，必须切实遵从“多数决定、个人服从组织、少数服从多数、下级服从上级”等原则。对于违反民主集中制，出现个人或者少数人决定重大事项，或者拒不执行、擅自改变集体作出的重大决定的行为，必须予以严厉惩戒。

所谓“重大事项”，是指按照规定应当经组织集体讨论作出决定的事项。主要包括以下五类事项：第一，涉及路线方针政策的事项；第二，重大工作任务的事项；第三，重要干部的任免、调动和处理；第四，涉及人民群众切身利益的重要事项；第五，上级规定应当由集体讨论决定的事项。所谓“重大决定”，是指经组织集体讨论作出有关重大事项的决定。

本行为的主体是公职人员。主观方面表现为故意。即公职人员故意违反民主集中制原则，个人或者少数人决定重大事项，或者拒不执行、擅自改变集体作出的重大决定。侵害的客体是以民主集中制为内容的机关、单位内部管理秩序。在客观方面主要表现为公职人员违反了有关重大事项需要经集体研究、讨论而作出决定的民主集中制原则，对于重大事项，个人或者少数人作出了决定，或者个人拒不执行、擅自改变集体作出的有关重大事项的决定。根据本条规定，违反民主集中制原则，个人或者少数人决定重大事项，或者拒不执行、擅自改变集体作出的重大决定的，予以警告、记过或者记大过；情节严重的，予以降级或者撤职。

2. 拒不执行或者变相不执行、拖延执行上级依法作出的决定、命令的行为

拒不执行或者变相不执行、拖延执行上级依法作出的决定、命令的行为，是指公职人员应当执行且有能力执行而拒绝执行或者变相不执行、拖延执行上级依法作出的决定、命令的行为。

公职人员应当认真贯彻执行上级的决定、命令，这是保证政令畅通，维护正常工作秩序的需要。对于拒不执行或者变相不执行、拖延执行上级依法作出的决定、命令的行为必须予以查禁。《公务员法》将“忠于职守、勤勉尽责，服从和执行上级依法作出的决定和命令”明确规定为公务员应当履行的法定义务之一。因此，本条将拒不执行或者变相不执行、拖延执行上级依法作出的决定、命令的行为纳入政务处分情形，并设置了严厉的惩戒措施。所谓“上级”，是指上级机关。

本行为的主体是公职人员。主观方面表现为故意。即公职人员故意拒不执行或者变相不执行、拖延执行上级依法作出的决定、命令。侵害的客体是以上级依法作出的决定、命令的权威性为内容的机关、单位内部管理秩序。客观方面表现为公职人员应当执行且有能力执行而拒绝执行或者变相不执行、拖延执行上级依法作出的决定、命令。根据本条的规定，拒不执行或者变相不执行、拖延执行上级依法作出的决定、命令的，予以警告、记过或者记大过；情节严重的，予以降级或者撤职。

实务难点指引

本条在政务处分实践中的适用，主要有以下两方面的问题需要认真研究并妥善解决：

一是纪法衔接问题。民主集中制是中国共产党的根本组织原则和领导制度。对于违反民主集中制原则，个人或者少数人决定重大事项的行为，拒不执行、擅自改变集体作出的重大决定的行为同属于《中国共产党纪律处分条例》第 70 条关于违反民主集中制原则的违纪行为。惩处这两种违纪违法行为时，应当同时适用政务处分与党纪处分，且需要注意处分种类与幅度之间的衔接匹配。

二是本条第 2 项与《行政机关公务员处分条例》的规范冲突问题。拒不执行上级依法作出的决定、命令的行为同属于《行政机关公务员处分条例》第 19 条规定的违法违纪行为，在处分种类与幅度上与本条存在规范冲突。《行政机关公务员处分条例》是国务院制定的行政法规，现行有效。按照《立法法》规定，法律的效力高于行政法规，故应当适用本条第 2 项规定。

关联法条

1.《公务员法》

第 14 条第 4 项 公务员应当履行下列义务：

（四）忠于职守，勤勉尽责，服从和执行上级依法作出的决定和命令，按照规定的权限和程序履行职责，努力提高工作质量和效率；

2.《中国共产党纪律处分条例》

第 70 条 违反民主集中制原则，有下列行为之一的，给予警告或者严重警告处分；情节严重的，给予撤销党内职务或者留党察看处分：

（一）拒不执行或者擅自改变党组织作出的重大决定的；

（二）违反议事规则，个人或者少数人决定重大问题的；

（三）故意规避集体决策，决定重大事项、重要干部任免、重要项目安排和大额资金使用的；

（四）借集体决策名义集体违规的。

3.《行政机关公务员处分条例》

第 19 条第 1 项、第 2 项 有下列行为之一的，给予警告、记过或者记大过处分；情节较重的，给予降级或者撤职处分；情节严重的，给予开除处分：

（一）负有领导责任的公务员违反议事规则，个人或者少数人决定重大事项，或者改变集体作出的重大决定的；

（二）拒绝执行上级依法作出的决定、命令的；

第三十一条　违反规定出境或者办理因私出境证件的，予以记过或者记大过；情节严重的，予以降级或者撤职。

违反规定取得外国国籍或者获取境外永久居留资格、长期居留许可的，予以撤职或者开除。

条文主旨

本条是关于公职人员违反规定出境或办理因私出境证件，以及违反规定取得外国国籍、境外永久居留资格和长期居留许可的行为及其适用处分的规定。

条文解读

违反规定出境或者办理因私出境证件与违反规定取得外国国籍或者获取境

外永久居留资格、长期居留许可是公职人员违反政治纪律、组织纪律的行为,应当给予政务处分。

1. 违反规定出境或者办理因私出境证件的行为

公职人员出境,应当按照规定经合法途径出境,对于违反规定非法出境的行为应当给予政务处分。公职人员办理因私出境证件,应当按照规定依干部管理权限严格履行报批程序,未经批准不得办理,对于违反规定办理因私出境证件的行为应当给予政务处分。公职人员非法出境或者违规办理因私出境证件的行为,危害十分严重,有的甚至是因违法违纪欲逃脱法纪制裁。因此,本条将违反规定出境或者办理因私出境证件的行为纳入政务处分情形,在给予惩戒、警醒的同时,可以约束、教育和防范公职人员犯更大的错误。所谓"因私出境证件",是指因私普通护照、内地居民往来港澳通行证、大陆居民往来台湾通行证等。

本行为的主体是公职人员。在主观方面表现为故意。即公职人员故意违反规定出境或者办理因私出境证件。所侵害的客体是公职人员对国家的忠诚义务、国家进出境管理制度、党和国家因私出境证件管理制度。在客观方面表现为公职人员违反党和国家有关进出境管理制度、因私出境证件管理制度,出境或者办理因私出境证件。根据本条第 1 款的规定,违反规定出境或者办理因私出境证件的,予以记过或者记大过;情节严重的,予以降级或者撤职。

2. 违反规定取得外国国籍或者获取境外永久居留资格、长期居留许可的行为

我国法律禁止双重国籍,《国籍法》第 9 条规定:"定居外国的中国公民,自愿加入或取得外国国籍的,即自动丧失中国国籍。"但由于各种原因,一些公职人员通过各种违法手段私自取得外国国籍,其中国国籍并没有注销,成为拥有双重国籍的人。国籍的意义包含了一个人对国家的忠诚义务,持有双重国籍的公职人员,潜藏着较大的"忠诚风险"。同时,公职人员违反规定获取境外永久居留资格、长期居留许可的,同样潜藏着较大的"忠诚风险"。因此,本条将违反规定取得外国国籍或者获取境外永久居留资格、长期居留许可的行为纳入政务处分情形。

所谓"永久居留资格",是指一国政府依据本国法律规定允许符合一定条件的外国人在本国永久居留,而不受居留期限限制的一种资格。所谓"长期居留许可",是指一国政府根据本国法律规定允许符合一定条件的外国人在本国较长期限内居留的一种资格。

本行为的主体是公职人员。主观方面表现为故意。即公职人员故意违反规定取得外国国籍或者获取境外永久居留资格、长期居留许可。所侵害的客体是国

家对国籍的管理制度、党和国家关于获取境外永久居留资格、长期居留许可的管理制度。客观方面表现为公职人员违反规定取得外国国籍,或者违反规定获取境外永久居留资格、长期居留许可。根据本条第 2 款的规定,违反规定取得外国国籍或者获取境外永久居留资格、长期居留许可的,予以撤职或者开除。

实务难点指引

本条在政务处分实践中的适用,主要有以下三方面的问题需要认真研究并妥善解决:

一是对于违反规定之"规定"的理解。对违反规定之"规定"的理解,应以国家法律与党内法规相关管理制度为依据,主要包括《国籍法》、《出境入境管理法》和《关于加强国家工作人员因私事出国(境)管理的暂行规定》、《中央纪委、中组部、外交部、公安部、国家安全部、监察部、人事部、商务部关于进一步加强党员干部出国(境)管理的通知》等。一般认为,对于违反规定出境的行为,是指未经审批私自出境行为;对于违反规定办理因私出境证件的行为,是指未经报批手续或程序私自办理因私出境证件的行为;对于违反规定取得外国国籍的行为,是指私自取得外国国籍的行为;对于违反规定获取境外永久居留资格、长期居留许可的行为,是指未经审批私自获取境外永久居留资格、长期居留许可的行为。

二是纪法之间的适用衔接问题。违反规定出境或者办理因私出境证件的行为与违反规定取得外国国籍或者获取境外永久居留资格、长期居留许可的行为同属《中国共产党纪律处分条例》第 81 条、第 82 条规定的违纪行为。应当同时适用政务处分和党纪处分,在具体适用时,需要注意处分种类与幅度之间的衔接匹配。

三是与《行政机关公务员处分条例》的规范冲突问题。非法出境、未经批准获取境外永久居留资格,或者取得外国国籍的是《行政机关公务员处分条例》第 18 条规定的违法违纪行为,在处分种类与幅度上与本条存在规范冲突。《行政机关公务员处分条例》是国务院制定的行政法规,现行有效。按照《立法法》的规定,法律的效力高于行政法规,故应当适用本条的规定。

关联法条

1.《国籍法》

第 9 条 定居外国的中国公民,自愿加入或者取得外国国籍的,即自动丧失中国国籍。

2.《中国共产党纪律处分条例》

第 81 条 违反有关规定取得外国国籍或者获取国(境)外永久居留资格、长期居留许可的,给予撤销党内职务、留党察看或者开除党籍处分。

第 82 条 违反有关规定办理因私出国(境)证件、前往港澳通行证,或者未经批准出入国(边)境,情节较轻的,给予警告或者严重警告处分;情节较重的,给予撤销党内职务处分;情节严重的,给予留党察看处分。

第三十二条 有下列行为之一的,予以警告、记过或者记大过;情节较重的,予以降级或者撤职;情节严重的,予以开除:

(一)在选拔任用、录用、聘用、考核、晋升、评选等干部人事工作中违反有关规定的;

(二)弄虚作假,骗取职务、职级、衔级、级别、岗位和职员等级、职称、待遇、资格、学历、学位、荣誉、奖励或者其他利益的;

(三)对依法行使批评、申诉、控告、检举等权利的行为进行压制或者打击报复的;

(四)诬告陷害,意图使他人受到名誉损害或者责任追究等不良影响的;

(五)以暴力、威胁、贿赂、欺骗等手段破坏选举的。

条文主旨

本条是关于公职人员在干部人事工作、选举工作中的违法行为,弄虚作假、骗取个人利益,侵犯他人合法监督权利以及人身权利等行为及其适用处分的规定。

条文解读

1. 在选拔任用、录用、聘用、考核、晋升、评选等干部人事工作中违反有关规定的行为

干部人事工作是一项全方位的系统工作,涉及干部的选拔任用、录用、聘用、考核、晋升、评选等各个环节。严格执行干部人事工作制度,是打造一支忠诚干净担当的高素质干部队伍的重要保障。对此,本条将在选拔任用、录用、聘用、考核、晋升、评选等干部人事工作中违反有关规定的行为纳入政务处分情形,并设置了严厉的惩戒措施。所谓“有关规定”,是指党和国家有关干部人事工作管理制度,

如《党政领导干部选拔任用工作条例》《公务员职务任免与职务升降规定(试行)》《党政领导干部考核工作条例》等。

本行为的主体是公职人员。在主观方面表现为故意。即公职人员故意违反选拔任用、录用、聘用、考核、晋升、评选等干部人事工作规定。所侵害的客体是党和国家有关干部人事工作管理制度。在客观方面表现为公职人员违反了党和国家在选拔任用、录用、聘用、考核、晋升、评选等干部人事工作方面的有关规定。根据本条第1项的规定,在选拔任用、录用、聘用、考核、晋升、评选等干部人事工作中违反有关规定的,予以警告、记过或者记大过;情节较重的,予以降级或者撤职;情节严重的,予以开除。

2. 弄虚作假,骗取职务、职级、衔级、级别、岗位和职员等级、职称、待遇、资格、学历、学位、荣誉、奖励或者其他利益的行为

所谓"弄虚作假",是指采用虚构、谎报、瞒报、伪造事实等欺骗手段,骗取不正当的职务、职级、衔级、级别、岗位和职员等级、职称、待遇、资格、学历、学位、荣誉、奖励或者其他利益,以及由此带来的各种待遇和其他利益。

本行为的主体是公职人员。在主观方面表现为故意。即公职人员具有骗取职务、职级、衔级、级别、岗位和职员等级、职称、待遇、资格、学历、学位、荣誉、奖励或者其他利益的目的。所侵害的客体是党和国家关于职务、职级、衔级、级别、岗位和职员等级、职称、待遇、资格、学历、学位、荣誉、奖励等正常管理秩序。在客观方面表现为公职人员通过虚构、谎报、瞒报、伪造事实等欺骗手段,骗取不正当的职务、职级、衔级、级别、岗位和职员等级、职称、待遇、资格、学历、学位、荣誉、奖励或者其他利益。根据本条第2项的规定,弄虚作假,骗取职务、职级、衔级、级别、岗位和职员等级、职称、待遇、资格、学历、学位、荣誉、奖励或者其他利益的,予以警告、记过或者记大过;情节较重的,予以降级或者撤职;情节严重的,予以开除。

3. 对依法行使批评、申诉、控告、检举等权利的行为进行压制或者打击报复的行为

批评、申诉、控告、检举等权利是《宪法》赋予公民的基本权利,也是每个公民所享有的监督国家机关及其工作人员的权利。对于对依法行使批评、申诉、控告、检举等权利的行为进行压制或者打击报复的行为,本条将其纳入政务处分情形,并设置了严厉的惩戒措施。所谓"压制",是指利用职权对批评、申诉、控告、检举等进行各种形式的刁难、扣押或者搁置的行为。所谓"打击报复",是指利用职权直接或者间接损害批评人、申诉人、控告人、检举人的监督权利的行为,或者没有

利用职权而是出于打击报复的目的,对批评人、申诉人、控告人、检举人采取恐吓、行凶、伤害等手段进行报复。

本行为的主体是公职人员。在主观方面表现为故意。即公职人员故意压制或者打击报复权利人依法行使批评、申诉、控告、检举等权利。所侵害的客体是他人的监督权益。在客观方面表现为公职人员利用职权或者未利用职权对他人依法行使批评、申诉、控告、检举等权利进行压制或者打击报复。根据本条第3项的规定,对依法行使批评、申诉、控告、检举等权利的行为进行压制或者打击报复的,予以警告、记过或者记大过;情节较重的,予以降级或者撤职;情节严重的,予以开除。

4. 诬告陷害,意图使他人受到名誉损害或者责任追究等不良影响的行为

诬告陷害,意图使他人受到名誉损害或者责任追究等不良影响的行为,是指公职人员通过捏造虚假事实,意图使他人受到名誉损害或者责任追究等不良影响的行为。所谓"诬告陷害",是指捏造虚假事实,向国家机关或者有关单位作虚假告发,意图使他人受到名誉损失或者责任追究等不良影响的行为。

本行为的主体是公职人员。在主观方面表现为故意。即公职人员故意捏造虚假事实,并且有陷害他人、使他人受到名誉损害或者责任追究等不良影响的目的。所侵害的客体是他人的人身权利和国家机关或者有关单位的正常活动。在客观方面表现为公职人员捏造虚假事实,并向国家机关或者有关单位作虚假告发,意图使他人受到名誉损害或者责任追究等不良影响。根据本条第4项的规定,诬告陷害,意图使他人受到名誉损害或者责任追究等不良影响的,予以警告、记过或者记大过;情节较重的,予以降级或者撤职;情节严重的,予以开除。

5. 以暴力、威胁、贿赂、欺骗等手段破坏选举的行为

以暴力、威胁、贿赂、欺骗等手段破坏选举的行为,是指公职人员采取威胁、贿赂、欺骗等手段破坏各级人民代表大会代表、国家机关领导人员、基层组织人员选举,或者妨碍选民和代表自由行使选举权和被选举权的行为。所谓"暴力",是指对选民、代表、候选人、选举工作人员进行殴打、身体强制等。所谓"威胁",是指以可能使用暴力或可能破坏名誉等相胁迫,对选民、代表、候选人、选举工作人员进行精神强制。所谓"贿赂",是指给选民、代表、候选人、选举工作人员财物,以谋取选举中的不正当利益。所谓"欺骗",是指以虚假介绍、隐瞒、歪曲事实等方式误导选民选举意向,或者拟制虚假选举材料,采用涂改、拼接等方式对真实选举材料进行改制。

本行为的主体是公职人员。在主观方面表现为故意。即公职人员故意以暴力、威胁、贿赂、欺骗等手段破坏选举。所侵害的客体是国家的选举制度和他人的选举权与被选举权。在客观方面表现为公职人员在选举各级人民代表大会代表、国家机关领导人员的选举或者其他依法进行的选举活动中采用暴力、威胁、贿赂、欺骗等手段破坏选举。根据本条第 5 项的规定,以暴力、威胁、贿赂、欺骗等手段破坏选举的,予以警告、记过或者记大过;情节较重的,予以降级或者撤职;情节严重的,予以开除。

实务难点指引

本条在政务处分实践中的适用,主要有以下两方面的问题需要认真研究并妥善解决:

一是纪法之间的适用衔接问题。本条第 2 项、第 4 项、第 5 项的规定(即弄虚作假,骗取职务、职级、衔级、级别、岗位和职员等级、职称、待遇、资格、学历、学位、荣誉、奖励或者其他利益的行为;诬告陷害,意图使他人受到名誉损害或者责任追究等不良影响的行为;以暴力、威胁、贿赂、欺骗等手段破坏选举的行为)同属于《中国共产党纪律处分条例》第 52 条、第 75 条、第 77 条、第 78 条、第 79 条规定的违纪行为。在惩处上述三种违法违纪行为时,应当同时适用政务处分与党纪处分,且应注意处分种类与幅度之间的衔接匹配。

二是法法之间的适用衔接问题。《刑法》第 243 条规定了诬告陷害罪。本条第 4 项规定的情形(即诬告陷害,意图使他人受到名誉损害或者责任追究等不良影响的行为),在适用政务处分的同时,构成犯罪的,应当移送司法机关处理。

关联法条

1.《宪法》

第 41 条 中华人民共和国公民对于任何国家机关和国家工作人员,有提出批评和建议的权利;对于任何国家机关和国家工作人员的违法失职行为,有向有关国家机关提出申诉、控告或者检举的权利,但是不得捏造或者歪曲事实进行诬告陷害。

对于公民的申诉、控告或者检举,有关国家机关必须查清事实,负责处理。任何人不得压制和打击报复。

由于国家机关和国家工作人员侵犯公民权利而受到损失的人,有依照法律规定取得赔偿的权利。

2.《全国人民代表大会和地方各级人民代表大会选举法》

第57条　为保障选民和代表自由行使选举权和被选举权，对有下列行为之一，破坏选举，违反治安管理规定的，依法给予治安管理处罚；构成犯罪的，依法追究刑事责任：

（一）以金钱或者其他财物贿赂选民或者代表，妨害选民和代表自由行使选举权和被选举权的；

（二）以暴力、威胁、欺骗或者其他非法手段妨害选民和代表自由行使选举权和被选举权的；

（三）伪造选举文件、虚报选举票数或者有其他违法行为的；

（四）对于控告、检举选举中违法行为的人，或者对于提出要求罢免代表的人进行压制、报复的。

国家工作人员有前款所列行为的，还应当依法给予行政处分。

以本条第一款所列违法行为当选的，其当选无效。

3.《刑法》

第243条　捏造事实诬告陷害他人，意图使他人受刑事追究，情节严重的，处三年以下有期徒刑、拘役或者管制；造成严重后果的，处三年以上十年以下有期徒刑。

国家机关工作人员犯前款罪的，从重处罚。

不是有意诬陷，而是错告，或者检举失实的，不适用前两款的规定。

第三十三条　有下列行为之一的，予以警告、记过或者记大过；情节较重的，予以降级或者撤职；情节严重的，予以开除：

（一）贪污贿赂的；

（二）利用职权或者职务上的影响为本人或者他人谋取私利的；

（三）纵容、默许特定关系人利用本人职权或者职务上的影响谋取私利的。

拒不按照规定纠正特定关系人违规任职、兼职或者从事经营活动，且不服从职务调整的，予以撤职。

条文主旨

本条是关于公职人员贪污贿赂，利用职权或影响谋利，以及纵容、默许特定关系人利用本人职权或影响谋利等行为及其适用处分的规定。

条文解读

廉政纪律,是指以党纪国法的形式规定的指导、调整、约束、规范公职人员廉洁从政行为的纪律规范,目的是保证公职人员按其职责履行公务,廉洁从政。

1. 贪污贿赂的行为

所谓"贪污",是指利用主管、经手公共财物等职务便利,采取侵吞、窃取、骗取等非法手段将公共财物据为己有的行为。所谓"贿赂",是指利用金钱、财物等收买其他公职人员或者依法从事公务的人员以谋取不正当利益。

本行为的主体是公职人员,在主观方面表现为故意。即公职人员故意贪污或者贿赂。所侵害的客体是公职人员职务行为的廉洁性和公共财物的所有权。在客观方面表现为公职人员将自己合法管理、使用的公共财物,通过侵吞、窃取、骗取等手段非法占为己有;或者利用金钱、财物等贿赂其他公职人员或依法从事公务的人员谋取不正当利益。根据本条第 1 款规定,贪污贿赂的,予以警告、记过或者记大过;情节较重的,予以降级或者撤职;情节严重的,予以开除。

2. 利用职权或者职务上的影响为本人或者他人谋取私利的行为

公职人员利用职权或者职务上的影响为本人或者他人谋取私利的行为,也就是以权谋私行为。所谓"利用",是指凭借或者使用。所谓"职权",是指从事公务的人员在其职务范围内所享有的职能权力。所谓"职务",是指从事公务的人员享有的职能权力与负有的职责义务。所谓"他人",是指个人或者单位。

本行为的主体是公职人员。在主观方面表现为故意。即公职人员具有利用职权或者职务上的影响为本人或者他人谋取私利的目的。所侵害的客体是公职人员职务行为的廉洁性和国家或集体的财产所有权。在客观方面表现为公职人员利用自身所享有的职能权力或者职务上的影响力为本人或者他人谋取私利。根据本条第 1 款规定,利用职权或者职务上的影响为本人或者他人谋取私利的,予以警告、记过或者记大过;情节较重的,予以降级或者撤职;情节严重的,予以开除。

3. 纵容、默许特定关系人利用本人职权或者职务上的影响谋取私利的行为

纵容、默许特定关系人利用本人职权或者职务上的影响谋取私利的行为,是指公职人员对特定关系人利用本人职权和职务上的影响谋取私利的行为不加制止,放任不管。所谓"特定关系人",是指与本人有近亲属、其他共同利益关系的人或者身边工作人员。所谓"纵容",是指对其父母、子女及其配偶等近亲属,身边工

作人员或者其他有共同利益关系的人利用本人职权或者职务上的影响谋取私利的行为,不管不问,不予纠正,放任实施的行为。所谓"默许",是指已经了解到父母、子女及其配偶等近亲属,身边工作人员或者其他有共同利益关系的人利用本人职权或者职务上的影响谋取私利,但不予约束和制止的行为。

本行为的主体是公职人员。在主观方面表现为故意或者过失。故意指公职人员故意纵容、默许特定关系人利用本人职权或者职务上的影响谋取私利。过失是指公职人员应当预见,但由于疏忽大意或者过于自信而纵容、默许特定关系人利用本人职权或者职务上的影响谋取私利。所侵害的客体是公职人员职务行为的廉洁性。在客观方面表现为公职人员采取纵容、默许的态度,对与本人有近亲属、身边工作人员或者其他共同利益关系的人利用本人职权或者职务上的影响谋取私利的行为,放任实施,不予约束和制止。根据本条第 1 款规定,纵容、默许特定关系人利用本人职权或者职务上的影响谋取私利的,予以警告、记过或者记大过;情节较重的,予以降级或者撤职;情节严重的,予以开除。

4. 拒不按照规定纠正特定关系人违规任职、兼职或者从事经营活动,且不服从职务调整的行为

所谓"特定关系人",是指与本人有近亲属、其他共同利益关系的人或者身边工作人员。

本行为的主体是公职人员。在主观方面表现为故意。即公职人员故意拒不按照规定纠正特定关系人违规任职、兼职或者从事经营活动,且不服从职务调整。侵犯的客体是公职人员职务行为的廉洁性。在客观方面表现为公职人员有能力纠正但拒不纠正特定关系人违反有关规定在本人管辖地区或职务范围内担任、兼任或者从事可能影响其公正执行公务的职务或经营活动;按照规定,其本人应当服从组织给予的调整职务,但不服从组织调整职务。根据本条第 2 款的规定,拒不按照规定纠正特定关系人违规任职、兼职或者从事经营活动,且不服从职务调整的,予以撤职。

实务难点指引

本条在政务处分实践中的适用,主要有以下两方面的问题需要认真研究并妥善解决:

一是纪法之间的适用衔接问题。本条第 1 款与第 2 款的规定,即贪污贿赂的行为,利用职权或者职务上的影响为本人或者他人谋取私利的行为,纵容、默许特

定关系人利用本人职权或者职务上的影响谋取私利的行为，拒不按照规定纠正特定关系人违规任职、兼职或者从事经营活动且不服从职务调整的行为同属于《中国共产党纪律处分条例》第 27 条、第 86 条、第 87 条、第 97 条规定的违纪行为。在惩处上述四种违法违纪行为时，应当同时适用政务处分与党纪处分，且应注意处分种类与幅度之间的衔接匹配。

二是法法之间的适用衔接问题。《刑法》分则第 8 章规定了贪污贿赂罪。公职人员出现本条第 1 款第 1 项规定的贪污贿赂行为，在适用政务处分的同时，构成犯罪的，应当移送司法机关处理。

关联法条

《中国共产党纪律处分条例》

第 27 条 党组织在纪律审查中发现党员有贪污贿赂、滥用职权、玩忽职守、权力寻租、利益输送、徇私舞弊、浪费国家资财等违反法律涉嫌犯罪行为的，应当给予撤销党内职务、留党察看或者开除党籍处分。

第 86 条 相互利用职权或者职务上的影响为对方及其配偶、子女及其配偶等亲属、身边工作人员和其他特定关系人谋取利益搞权权交易的，给予警告或者严重警告处分；情节较重的，给予撤销党内职务或者留党察看处分；情节严重的，给予开除党籍处分。

第 87 条 纵容、默许配偶、子女及其配偶等亲属、身边工作人员和其他特定关系人利用党员干部本人职权或者职务上的影响谋取私利，情节较轻的，给予警告或者严重警告处分；情节较重的，给予撤销党内职务或者留党察看处分；情节严重的，给予开除党籍处分。

党员干部的配偶、子女及其配偶等亲属和其他特定关系人不实际工作而获取薪酬或者虽实际工作但领取明显超出同职级标准薪酬，党员干部知情未予纠正的，依照前款规定处理。

第 97 条 党员领导干部的配偶、子女及其配偶，违反有关规定在该党员领导干部管辖的地区和业务范围内从事可能影响其公正执行公务的经营活动，或者在该党员领导干部管辖的地区和业务范围内的外商独资企业、中外合资企业中担任由外方委派、聘任的高级职务或者违规任职、兼职取酬的，该党员领导干部应当按照规定予以纠正；拒不纠正的，其本人应当辞去现任职务或者由组织予以调整职务；不辞去现任职务或者不服从组织调整职务的，给予撤销党内职务处分。

第三十四条 收受可能影响公正行使公权力的礼品、礼金、有价证券等财物的，予以警告、记过或者记大过；情节较重的，予以降级或者撤职；情节严重的，予以开除。

向公职人员及其特定关系人赠送可能影响公正行使公权力的礼品、礼金、有价证券等财物，或者接受、提供可能影响公正行使公权力的宴请、旅游、健身、娱乐等活动安排，情节较重的，予以警告、记过或者记大过；情节严重的，予以降级或者撤职。

条文主旨

本条是关于公职人员收受可能影响公正行使公权力的财物，以及向公职人员及其特定关系人赠送可能影响公正行使公权力的财物等行为及其适用处分的规定。

条文解读

公职人员应当遵守廉政纪律。恪尽职守、廉洁奉公是公职人员职务行为的根本性准则，它要求依法行使公权力的公职人员在行使公权力时要客观公正，严格按照职责履行公务，廉洁从政。因此，本条将收受可能影响公正行使公权力的礼品、礼金、有价证券等财物的行为，向公职人员及其特定关系人赠送可能影响公正行使公权力的礼品、礼金、有价证券等财物的行为，或者接受、提供可能影响公正行使公权力的宴请、旅游、健身、娱乐等活动安排的行为，作为可能影响公职人员公正行使公权力的违法行为纳入政务处分情形，并设置了严厉的惩戒措施。

1. 收受可能影响公正行使公权力的礼品、礼金、有价证券等财物的行为

本条所谓“可能影响公正行使公权力”，是因为收受了可能与公职相关的、与公正行使公权力相冲突的礼品、礼金、有价证券等财物，既包括管理和服务对象所赠，又包括主管范围内的下属单位和个人所赠，以及其他与行使公权力有关系的单位和个人所赠。所谓“礼品、礼金、有价证券等财物”，是指实物、现金和购物消费券、债券、股票及其他有价证券、支票、本票、汇票等支付凭证。

本行为的主体是公职人员。在主观方面表现为故意。即公职人员明知道收受礼品、礼金、有价证券等财物可能影响其公正行使公权力，仍故意为之。所侵害的客体是公职人员职务行为的廉洁性。在客观方面表现为公职人员收受礼品、礼

金、有价证券等财物,并影响其公正行使公权力。根据本条第1款的规定,收受可能影响公正行使公权力的礼品、礼金、有价证券等财物的,予以警告、记过或者记大过;情节较重的,予以降级或者撤职;情节严重的,予以开除。

2. 向公职人员及其特定关系人赠送可能影响公正行使公权力的礼品、礼金、有价证券等财物的行为

本行为的主体是公职人员。在主观方面表现为故意。即公职人员明知道向公职人员及其特定关系人赠送礼品、礼金、有价证券等财物,可能影响其公正行使公权力,仍故意为之。所侵害的客体是公职人员职务行为的廉洁性。在客观方面表现为公职人员向其他公职人员及其特定关系人赠送礼品、礼金、有价证券等财物,并影响其公正行使公权力。根据本条第2款的规定,向公职人员及其特定关系人赠送可能影响公正行使公权力的礼品、礼金、有价证券等财物,情节较重的,予以警告、记过或者记大过;情节严重的,予以降级或者撤职。

3. 接受、提供可能影响公正行使公权力的宴请、旅游、健身、娱乐等活动安排的行为

本行为的主体是公职人员。在主观方面表现为故意。即公职人员明知道接受或者提供宴请、旅游、健身、娱乐等活动安排,可能影响公正行使公权力,仍故意为之。所侵害的客体是公职人员职务行为的廉洁性。在客观方面表现为公职人员接受或者提供宴请、旅游、健身、娱乐等活动安排,并影响公正行使公权力。根据本条第2款的规定,接受、提供可能影响公正行使公权力的宴请、旅游、健身、娱乐等活动安排,情节较重的,予以警告、记过或者记大过;情节严重的,予以降级或者撤职。

实务难点指引

本条在政务处分实践中的适用,主要有以下两方面的问题需要认真研究并妥善解决:

一是注意在收受与赠送可能影响公正行使公权力的礼品、礼金、有价证券等财物的处分幅度和处分档次上的区别。对于收受可能影响公正行使公权力的礼品、礼金、有价证券等财物的,本条规定了三种处分幅度(一般违法情形、情节较重、情节严重)和六种处分档次(警告、记过、记大过、降级、撤职、开除)。而对于向公职人员及其特定关系人赠送可能影响公正行使公权力的礼品、礼金、有价证券等财物的,本条规定了两种处分幅度(情节较重、情节严重)和五种处分档次(警

告、记过、记大过、降级、撤职)。在具体适用政务处分时,应当予以注意。

二是纪法之间的适用衔接问题。根据本条第1款、第2款的规定,即收受可能影响公正行使公权力的礼品、礼金、有价证券等财物的行为,向公职人员及其特定关系人赠送可能影响公正行使公权力的礼品、礼金、有价证券等财物的行为,或者接受、提供可能影响公正行使公权力的宴请、旅游、健身、娱乐等活动安排的行为同属于《中国共产党纪律处分条例》第88条、第89条、第92条规定的违纪行为。在惩处上述三种违法违纪行为时,应当同时适用政务处分与党纪处分,且应注意处分种类与幅度之间的衔接匹配。

关联法条

《中国共产党纪律处分条例》

第88条 收受可能影响公正执行公务的礼品、礼金、消费卡和有价证券、股权、其他金融产品等财物,情节较轻的,给予警告或者严重警告处分;情节较重的,给予撤销党内职务或者留党察看处分;情节严重的,给予开除党籍处分。

收受其他明显超出正常礼尚往来的财物的,依照前款规定处理。

第89条 向从事公务的人员及其配偶、子女及其配偶等亲属和其他特定关系人赠送明显超出正常礼尚往来的礼品、礼金、消费卡和有价证券、股权、其他金融产品等财物,情节较重的,给予警告或者严重警告处分;情节严重的,给予撤销党内职务或者留党察看处分。

第92条 接受、提供可能影响公正执行公务的宴请或者旅游、健身、娱乐等活动安排,情节较重的,给予警告或者严重警告处分;情节严重的,给予撤销党内职务或者留党察看处分。

第三十五条 有下列行为之一,情节较重的,予以警告、记过或者记大过;情节严重的,予以降级或者撤职:

(一)违反规定设定、发放薪酬或者津贴、补贴、奖金的;

(二)违反规定,在公务接待、公务交通、会议活动、办公用房以及其他工作生活保障等方面超标准、超范围的;

(三)违反规定公款消费的。

条文主旨

本条是关于公职人员违规设定、发放薪酬、津贴、补贴、奖金,工作生活保障等方面超标准、超范围,以及违规公款消费的行为及其适用处分的规定。

条文解读

1. 违反规定设定、发放薪酬或者津贴、补贴、奖金的行为

所谓“违反规定设定、发放薪酬或者津贴、补贴、奖金”,是指违反党和国家有关薪酬或者津贴、补贴、奖金设定与发放的规定,在党和国家规定的薪酬或者政策性津贴、补贴、奖金之外,以各种名目设定、发放薪酬或者津贴、补贴、奖金。

本行为的主体是公职人员。在主观方面表现为故意。即公职人员故意违反规定设定、发放薪酬或者津贴、补贴、奖金。所侵害的客体是公职人员职务行为的廉洁性和国家有关薪酬或者津贴、补贴、奖金等工资福利的管理制度。在客观方面表现为公职人员违反国家有关薪酬或者津贴、补贴、奖金等工资福利的管理规定,以各种名义设定、发放薪酬或者津贴、补贴、奖金等工资福利,既包括巧立名目,也包括超标准多发。根据本条第 1 项的规定,违反规定设定、发放薪酬或者津贴、补贴、奖金,情节较重的,予以警告、记过或者记大过;情节严重的,予以降级或者撤职。

2. 违反规定,在公务接待、公务交通、会议活动、办公用房以及其他工作生活保障等方面超标准、超范围的行为

在公务接待、公务交通、会议活动、办公用房以及其他工作生活保障等方面超标准、超范围的行为主体是公职人员。在主观方面表现为故意。即公职人员故意违反规定,在公务接待、公务交通、会议活动、办公用房以及其他工作生活保障等方面超标准、超范围。所侵害的客体是公职人员职务行为的廉洁性和国家有关公务接待、公务交通、会议活动、办公用房以及其他工作生活保障等方面的管理制度。在客观方面表现为公职人员违反国家有关公务接待、公务交通、会议活动、办公用房以及其他工作生活保障等方面的管理制度,在公务接待、公务交通、会议活动、办公用房以及其他工作生活保障等方面的超标准、超范围。根据本条第 2 项的规定,违反规定,在公务接待、公务交通、会议活动、办公用房以及其他工作生活保障等方面超标准、超范围,情节较重的,予以警告、记过或者记大过;情节严重的,予以降级或者撤职。

3. 违反规定公款消费的行为

所谓“公款消费”,是指以工作名义进行个人不正当消费,本质上是一种以权谋私的行为,包括公费旅游、公费购物、装修以及公款大吃大喝等。

本行为的主体是公职人员。在主观方面表现为故意。即公职人员故意违反规定进行公款消费。所侵犯的客体是公职人员职务行为的廉洁性和国家有关公款消费的管理制度。在客观方面表现为公职人员违反规定,使用公款进行不正当消费。根据本条第3项的规定,违反规定公款消费,情节较重的,予以警告、记过或者记大过;情节严重的,予以降级或者撤职。

实务难点指引

本条在政务处分实践中的适用,主要有以下三方面的问题需要认真研究并妥善解决:

一是对于违反规定之“规定”的理解。在对违反规定之“规定”的理解上,应以国家法律与党内法规相关管理制度为依据,主要包括《党政机关国内公务接待管理规定》《党政机关厉行节约反对浪费条例》《审计署关于加强公务支出和公款消费审计的若干意见》《违规发放津贴补贴行为处分规定》等,在具体适用政务处分时需要加以注意。

二是注意区分正当公务消费行为与违反规定公款消费行为之间的界限。公款消费是以工作名义而为个人所进行的消费,这是公款消费行为的主要特征。那些为了正常工作需要所进行的公务消费不属于本条所规定的违法行为。应当注意区分两者之间的界限。

三是纪法之间的适用衔接问题。本条有关违反规定设定、发放薪酬或者津贴、补贴、奖金的行为,违反规定在公务接待、公务交通、会议活动、办公用房以及其他工作生活保障等方面超标准、超范围的行为与违反规定公款消费的行为,同属《中国共产党纪律处分条例》第104条、第106条、第107条以及若干有关公务消费规定的违纪行为。在惩处上述三种违法违纪行为时,应当同时适用政务处分与党纪处分,且应注意处分种类与幅度之间的衔接匹配。

关联法条

1.《党政机关国内公务接待管理规定》

第16条 接待单位不得超标准接待,不得组织旅游和与公务活动无关的参观,不得组织到营业性娱乐、健身场所活动,不得安排专场文艺演出,不得以任何名义赠送礼金、有价证券、纪念品和土特产品等。

2.《党政机关厉行节约反对浪费条例》

第23条 有关部门和地方应当参照国内公务接待标准，制定招商引资等活动的接待办法，严格审批，强化管理，严禁超规格、超标准接待，严禁扩大接待范围、增加接待项目，严禁以招商引资等名义变相安排公务接待。

3.《中国共产党纪律处分条例》

第104条 违反有关规定自定薪酬或者滥发津贴、补贴、奖金等，对直接责任者和领导责任者，情节较轻的，给予警告或者严重警告处分；情节较重的，给予撤销党内职务或者留党察看处分；情节严重的，给予开除党籍处分。

第106条 违反公务接待管理规定，超标准、超范围接待或者借机大吃大喝，对直接责任者和领导责任者，情节较重的，给予警告或者严重警告处分；情节严重的，给予撤销党内职务处分。

第三十六条　违反规定从事或者参与营利性活动，或者违反规定兼任职务、领取报酬的，予以警告、记过或者记大过；情节较重的，予以降级或者撤职；情节严重的，予以开除。

条文主旨

本条是关于公职人员违规从事营利性活动，或者违规兼职等行为及其适用处分的规定。

条文解读

依据相关党内法规和国家法律法规，公职人员不得从事或者参与营利性活动，不得违反规定兼任职务、领取报酬。对公职人员有违反规定从事或者参与营利性活动，或者违反规定兼任职务、领取报酬的行为，必须予以严厉惩戒。对此，本条规定了两种违法行为：一是违反规定从事或者参与营利性活动的行为；二是违反规定兼任职务、领取报酬的行为。

1. 违反规定从事或者参与营利性活动的行为

违反规定从事或者参与营利性活动的行为，是指公职人员违反党和国家有关从事营利性活动的规定，从事或者参与营利性活动的行为。所谓“营利性活动”，是指各种牟取利润的经营活动，主要包括经商、办企业或者其他营利性活动。所谓“经商”，是指公职人员在职务以外从事商业活动。所谓“办企业”，是指公职人员在职务以外举办企业并从中牟利的活动。

本行为的主体是公职人员。在主观方面表现为故意。即公职人员明知从事或者参与营利性活动是违反规定的,仍故意为之。侵害的客体是公职人员职务行为的廉洁性和公职人员任免机关、单位的正常工作秩序。在客观方面表现为公职人员违反规定从事或者参与经商、办企业及其他具有营利性的经营活动。具体表现形式包括:一是经商办企业;二是从事或者参与有偿性中介活动;三是利用职务便利为亲友等提供人力、物力、资金等帮助;四是违反规定买卖股票或者进行其他证券投资等。根据本条的规定,违反规定从事或者参与营利性活动,予以警告、记过或者记大过;情节较重的,予以降级或者撤职;情节严重的,予以开除。

2. 违反规定兼任职务、领取报酬的行为

违反规定兼任职务、领取报酬的行为,是指公职人员在党和国家有关兼任职务规定允许的范围之外,兼职本职工作之外的其他职务且领取报酬的行为。所谓"兼任职务",是指公职人员在履行自身职务的同时,还在其他组织、单位、企业等中任职(包括名誉职务)的行为。所谓"领取报酬",是指领取包括工资、奖金、津贴、顾问费、咨询费等各种名目在内的酬金。

本行为的主体是公职人员。在主观方面表现为故意。即公职人员明知兼任职务、领取报酬是违反规定的,仍故意为之。所侵害的客体是公职人员职务行为的廉洁性和公职人员任免机关、单位的正常工作秩序。在客观方面表现为公职人员在履行自身职务的同时,还兼任其他组织、单位、企业等设置的各种领导职务(包括名誉职务)和其他管理职务,并领取报酬。根据本条的规定,违反规定兼任职务、领取报酬的,予以警告、记过或者记大过;情节较重的,予以降级或者撤职;情节严重的,予以开除。

实务难点指引

本条在政务处分实践中的适用,主要有以下三方面的问题需要认真研究并妥善解决:

一是对于违反规定之"规定"的理解。即对违反规定从事或者参与营利性活动的行为,或者违反规定兼任职务、领取报酬的行为,在界定"规定"的具体范围时,应当以党内法规与国家法律相关制度规范为界定依据。主要包括《公务员法》《中国共产党廉洁自律准则》《关于党政机关工作人员个人证券投资行为若干规定》《中国共产党纪律处分条例》《关于进一步规范党政领导干部在企业兼职(任职)问题的意见》等,在具体适用政务处分时需要加以注意。

二是注意区分正常兼任职务行为与违反规定兼任职务、领取报酬行为之间的界限。正常的兼任职务行为是指公职人员在党和国家有关兼任职务规定允许范围之内,利用业余时间或者本机关、单位同意占用一部分工作时间进行兼职。违反规定兼职职务、领取报酬的行为则突破了党纪国法所允许的范围。特别是违反规定兼职取酬的行为具有很大的危害性,损害党和国家、集体和群众利益,必须予以惩戒。因此,应当注意区分两者之间的界限。

三是纪法之间的适用衔接问题。本条有关违反规定从事或者参与营利性活动的行为,或者违反规定兼任职务、领取报酬的行为,同属《中国共产党纪律处分条例》第94条有关营利性活动及兼职取酬的违纪行为。在惩处上述两种违法违纪行为时,应当同时适用政务处分与党纪处分,且应注意处分种类与幅度之间的衔接匹配。

关联法条

1.《公务员法》

第44条 公务员因工作需要在机关外兼职,应当经有关机关批准,并不得领取兼职报酬。

第59条第16项 公务员应当遵纪守法,不得有下列行为:

(十六)违反有关规定从事或者参与营利性活动,在企业或者其他营利性组织中兼任职务;

2.《中国共产党纪律处分条例》

第94条 违反有关规定从事营利活动,有下列行为之一,情节较轻的,给予警告或者严重警告处分;情节较重的,给予撤销党内职务或者留党察看处分;情节严重的,给予开除党籍处分:

(一)经商办企业的;

(二)拥有非上市公司(企业)的股份或者证券的;

(三)买卖股票或者进行其他证券投资的;

(四)从事有偿中介活动的;

(五)在国(境)外注册公司或者投资入股的;

(六)有其他违反有关规定从事营利活动的。

利用参与企业重组改制、定向增发、兼并投资、土地使用权出让等决策、审批过程中掌握的信息买卖股票,利用职权或者职务上的影响通过购买信托产品、基金等方式非正常获利的，依照前款规定处理。

违反有关规定在经济组织、社会组织等单位中兼职，或者经批准兼职但获取薪酬、奖金、津贴等额外利益的，依照第一款规定处理。

第三十七条 利用宗族或者黑恶势力等欺压群众，或者纵容、包庇黑恶势力活动的，予以撤职；情节严重的，予以开除。

条文主旨

本条是关于公职人员利用宗族或者黑恶势力等欺压群众和纵容、包庇黑恶势力活动的行为及其适用处分的规定。

条文解读

对于公职人员利用宗族或者黑恶势力等欺压群众，或者纵容、包庇黑恶势力活动的行为，必须予以严厉惩戒。对此，本条规定了两种违法行为：一是利用宗族或者黑恶势力等欺压群众的行为；二是纵容、包庇黑恶势力活动的行为。

1. 利用宗族或者黑恶势力等欺压群众的行为

所谓“宗族”，是指建立在宗亲基础之上，基于家庭（家族）但又超越家庭（家族）的亲属团体。宗族是中国传统文化的重要元素之一，有维系社群关系的重要功能。但是，宗族在实践中极易异化为宗族势力，从而危及正常的社会秩序，影响到人民群众的安全感和幸福感。因此，对于利用宗族势力欺压群众的公职人员，应当给予严重的政务处分。

所谓“黑恶势力”，一般是指黑势力和恶势力的统称。其中，“黑势力”是指具有黑社会性质的组织。根据《刑法》第 294 条第 5 款的规定，黑社会性质的组织应当同时具备以下特征：一是形成较稳定的犯罪组织，人数较多，有明确的组织者、领导者，骨干成员基本固定；二是有组织地通过违法犯罪活动或者其他手段获取经济利益，具有一定的经济实力，以支持该组织的活动；三是以暴力、威胁或者其他手段，有组织地多次进行违法犯罪活动，为非作恶，欺压、残害群众；四是通过实施违法犯罪活动，或者利用国家工作人员的包庇或者纵容，称霸一方，在一定区域或者行业内，形成非法控制或者重大影响，严重破坏经济、社会生活秩序。根据《最高人民法院、最高人民检察院、公安部、司法部关于办理黑恶势力犯罪案件若干问题的指导意见》的规定,“恶势力”是指经常纠集在一起,以暴力、威胁或者其他手段,在一定区域或者行业内多次实施违法犯罪活动,为非作恶,欺压百姓,扰乱经济、社会生活秩序,造成较为恶劣的社会影响,同时尚未形成黑社会性质组织的违法犯罪组织。黑恶势力是经济社会健康发展的毒瘤,是人民群众深恶痛绝的顽疾,而公职人员可能有充当黑恶势力保护伞的行为,且存在利益关系。因此,对于公职人员利用黑恶势力欺压群众的行为,必须予以严厉惩戒。

本行为的主体是公职人员。在主观方面表现为故意。即公职人员故意利用宗族或者黑恶势力等欺压群众。所侵犯的客体是国家机关正常管理活动和社会正常管理秩序,以及人民群众的身体健康、财产安全等合法权益。在客观方面表现为公职人员具有欺压群众的目的,并通过利用宗族或者黑恶势力的形式进行。根据本条的规定,利用宗族或者黑恶势力等欺压群众的,予以撤职;情节严重的,予以开除。

2. 纵容、包庇黑恶势力活动的行为

纵容、包庇黑恶势力活动的行为,是指公职人员对黑恶势力及其违法犯罪活动纵容、包庇的行为。所谓“纵容”,是指对黑恶势力及其违法犯罪活动具有查禁职责的公职人员不依法履行职责,放纵黑恶势力进行违法犯罪活动的行为。所谓“包庇”,是指公职人员为使黑恶势力活动及其成员逃避打击,而采取通风报信,隐匿、毁灭、伪造证据,阻止他人作证、检举揭发,帮助逃匿,或者阻挠其他公职人员依法打击等方式包庇黑恶势力活动及其成员。

本行为的主体是公职人员。在主观方面表现为故意。即公职人员明知是黑恶势力所进行的违法犯罪活动,而故意予以纵容、包庇。所侵害的客体是国家机关正常管理活动和社会正常管理秩序。在客观方面表现为公职人员纵容、包庇黑恶势力及其违法犯罪活动。根据本条的规定,纵容、包庇黑恶势力活动的,予以撤职;情节严重的,予以开除。

实务难点指引

本条在政务处分实践中的适用,主要有以下三方面的问题需要认真研究并妥善解决:

一是对纵容、包庇黑恶势力活动行为的进一步理解。纵容、包庇黑恶势力活动的行为应当从以下两种情形加以理解:一种是纵容、包庇黑恶势力活动;另一种是纵容、包庇黑恶势力本身。对于已经存在的黑恶势力,可能其在某个时期出于某种原因没有实施违法犯罪活动，但由于黑恶势力存续、发展本身就是违法犯罪行为，所以对于黑恶势力存续、发展予以纵容、包庇的，同样属于纵容、包庇黑恶势力活动的行为。在具体适用政务处分时，应当特别注意。

二是纪法之间的适用衔接问题。本条有关利用宗族或者黑恶势力等欺压群众的行为，或者纵容、包庇黑恶势力活动的行为，同属《中国共产党纪律处分条例》第115条有关利用宗族或者黑恶势力欺压群众和纵容涉黑涉恶活动的违纪行为。在惩处上述两种违法违纪行为时，应当同时适用政务处分与党纪处分，且应注意处分种类与幅度之间的衔接匹配。

三是法法之间的适用衔接问题。《刑法》第294条第3款规定，国家机关工作人员包庇黑社会性质的组织，或者纵容黑社会性质的组织进行违法犯罪活动的，处五年以下有期徒刑；情节严重的，处五年以上有期徒刑。因此，上述违法行为在适用政务处分的同时，构成犯罪的，应当移送司法机关处理。

关联法条

1.《刑法》

第294条第3款 国家机关工作人员包庇黑社会性质的组织，或者纵容黑社会性质的组织进行违法犯罪活动的，处五年以下有期徒刑；情节严重的，处五年以上有期徒刑。

2.《中国共产党纪律处分条例》

第115条 利用宗族或者黑恶势力等欺压群众，或者纵容涉黑涉恶活动、为黑恶势力充当“保护伞”的，给予撤销党内职务或者留党察看处分；情节严重的，给予开除党籍处分。

第三十八条 有下列行为之一，情节较重的，予以警告、记过或者记大过；情节严重的，予以降级或者撤职：

（一）违反规定向管理服务对象收取、摊派财物的；

（二）在管理服务活动中故意刁难、吃拿卡要的；

（三）在管理服务活动中态度恶劣粗暴，造成不良后果或者影响的；

（四）不按照规定公开工作信息，侵犯管理服务对象知情权，造成不良后果或者影响的；

（五）其他侵犯管理服务对象利益的行为，造成不良后果或者影响的。

有前款第一项、第二项和第五项行为，情节特别严重的，予以开除。

条文主旨

本条是关于公职人员侵犯管理服务对象利益的行为及其适用处分的规定。

条文解读

公职人员应当依法履行国家法律法规赋予的管理职权和服务职责。对于公职人员在管理服务活动中的违法行为,必须给予严厉惩戒。对此,本条规定了五种违法行为:一是违反规定向管理服务对象收取、摊派财物的行为;二是在管理服务活动中故意刁难、吃拿卡要的行为;三是在管理服务活动中态度恶劣粗暴,造成不良后果或者影响的行为;四是不按照规定公开工作信息,侵犯管理服务对象知情权,造成不良后果或者影响的行为;五是其他侵犯管理服务对象利益的行为,造成不良后果或者影响的行为。并规定对第一种、第二种、第五种行为中情节特别严重的,予以开除处分。

1. 违反规定向管理服务对象收取、摊派财物的行为

违反规定向管理服务对象收取、摊派财物的行为往往有很多名目。其典型行为特征是"乱",即没有党内法规和国家法律法规相关规定为依据,实质上是"图利"。这种行为严重损害了公职人员职务行为的廉洁性和管理服务对象的切身利益,侵犯了党和国家机关的正常管理服务活动,必须予以严厉惩戒。所谓"管理服务对象",是指公职人员工作的对象,或者在其法定职权与职责范围内管理和服务的对象。所谓"摊派",是指公职人员在国家法律法规的规定之外,以任何方式要求管理服务对象无偿地、非自愿地提供财物的行为。所谓"财物",是指现金与实物,主要包括各种名目的费用和商品。

本行为的主体是公职人员。在主观方面表现为故意。即公职人员明知向管理服务对象收取、摊派财物是违反党和国家有关管理服务规定的行为,仍故意为之。所侵犯的客体是公职人员职务行为的廉洁性、党和国家机关正常的管理服务秩序和管理服务对象的合法权益。在客观方面表现为公职人员违反党和国家有关管理服务的规定,以各种名目向管理服务对象收取、摊派财物。根据本条第1款第1项和第2款的规定,违反规定向管理服务对象收取、摊派财物,情节较重的,予以警告、记过或者记大过;情节严重的,予以降级或者撤职;情节特别严重的,予以开除。

2. 在管理服务活动中故意刁难、吃拿卡要的行为

在管理服务活动中故意刁难、吃拿卡要的行为实质上是不依法履行职权与职责、以权谋私、谋取不正当利益的行为。其行为严重损害党和国家的形象,严重损害公职人员职务行为的廉洁性和管理服务对象的利益,侵犯了党和国家机关的正常管理服务活动,必须予以严厉惩戒。所谓"故意刁难",是指公职人员因个人私利、情绪等有意对管理服务对象的行为挑毛病、设障碍、出难题,对应当依法履行的职权与职责故意拖延甚至拒不履行,致使管理服务对象利益受到损失的行为。所谓"吃拿卡要","吃"是指公职人员直接接受管理服务对象的宴请;"拿"是指公职人员凭借自身管理职权占管理服务对象财物便宜;所谓"要"是指公职人员采取明示或者暗示的方式向管理服务对象索要财物;"卡"是指公职人员通过故意刁难的方式,对管理服务对象制造障碍、难题等,其行为目的往往是"吃、拿、要"。

本行为的主体是公职人员。在主观方面表现为故意。即公职人员故意在管理服务活动中对管理服务对象进行刁难、吃拿卡要。所侵害的客体是公职人员职务行为的廉洁性、党和国家机关正常的管理服务秩序和管理服务对象的合法权益。在客观方面表现为公职人员在工作中应当依法履行管理职权与服务职责但拖延履行甚至拒不履行法定职权与职责,故意刁难管理服务对象,或者公职人员利用自身职权向管理服务对象进行吃拿卡要等行为以谋取不正当利益。根据本条第 1 款第 2 项和第 2 款的规定,在管理服务活动中故意刁难、吃拿卡要的,情节较重的,予以警告、记过或者记大过;情节严重的,予以降级或者撤职;情节特别严重的,予以开除。

3. 在管理服务活动中态度恶劣粗暴,造成不良后果或者影响的行为

在管理服务活动中态度恶劣粗暴,造成不良后果或者影响的行为,是指公职人员在管理服务活动中对包括管理服务对象在内的不特定人民群众态度恶劣粗暴,造成不良后果或者影响的行为。公职人员在管理服务活动中的态度直接关系到党和国家的形象,每一名公职人员都应当积极践行社会主义核心价值观,自觉树立全心全意为人民服务的理念,维护和保障人民群众的合法权益,重视并积极、妥善解决人民群众的合法诉求。公职人员在管理服务活动中对包括管理服务对象在内的不特定人民群众态度恶劣粗暴,除了反映个人职业素养低下之外,往往极易造成不良后果或者影响,必须予以严厉惩戒。

所谓"态度恶劣粗暴",是指公职人员在工作中对待包括管理服务对象在内的不特定人民群众态度冷漠、生硬、蛮横、粗暴,语言粗俗,故意刁难、训斥包括管理

服务对象在内的不特定人民群众或者与包括管理服务对象在内的不特定人民群众发生争吵的行为。所谓“造成不良后果或者影响”，是指对包括管理服务对象在内的不特定人民群众生命、身体、健康、名誉等造成损害，或者给不特定人民群众及其机关、单位造成负面影响，甚至给党和国家政府形象造成负面影响。

本行为的主体是公职人员。在主观方面表现为故意。即公职人员在管理服务活动中故意采用恶劣粗暴的态度，并造成了不良后果或者影响。所侵害的客体是党和国家机关正常的管理服务秩序和人民群众的合法权益。在客观方面表现为公职人员在管理服务活动中态度恶劣粗暴，并且造成了不良后果或者影响。对于公职人员在管理服务活动中态度恶劣粗暴，并未实际造成不良后果或者影响的，不属于本条规定的违法行为。根据本条第1款第3项的规定，在管理服务活动中态度恶劣粗暴，造成不良后果或者影响，情节较重的，予以警告、记过或者记大过；情节严重的，予以降级或者撤职。

4. 不按照规定公开工作信息，侵犯管理服务对象知情权，造成不良后果或者影响的行为

公职人员依法依规进行工作信息公开是让人民监督权力、让权力在阳光下运行的重要保障，同时也是公民依法行使知情权的重要内容。公民的知情权是随着现代法治的发展而产生的，它能够最大限度地保护公民权利，使公民得知与其自身利益相关的信息，并由此作出对自己权益最为有利的选择。因此，对于公职人员不按照规定公开工作信息，侵犯管理服务对象知情权，并且造成不良后果或者影响的行为，必须予以严厉惩戒。

所谓“工作信息”，是指与公职人员本职有关的工作信息。所谓“管理服务对象”，是指公职人员工作的对象，或者在其法定职权与职责范围内管理和服务的对象。所谓“知情权”，是指公民、法人或者其他组织向特定党的机关、国家机关请求公开与其自身利益相关的信息的权利。所谓“造成不良后果或者影响”，是指对管理服务对象生命、身体、健康、名誉等造成损害，或者给管理服务对象造成负面影响，甚至给党和国家形象造成负面影响。

本行为的主体是公职人员。在主观方面表现为故意。即公职人员故意不按照规定公开工作信息，损害了管理服务对象的知情权，并造成不良后果或者影响。所侵害的客体是公职人员职务行为的廉洁性、党和国家机关正常的管理服务秩序和管理服务对象的合法权益。在客观方面表现为公职人员违反了党和国家有关工作信息公开的规定，对管理服务对象的知情权产生了损害，并最终造成了不良

后果或者影响。根据本条第 1 款第 4 项的规定,不按照规定公开工作信息,侵犯管理服务对象知情权,造成不良后果或者影响,情节较重的,予以警告、记过或者记大过;情节严重的,予以降级或者撤职。

5. 其他侵犯管理服务对象利益的行为,造成不良后果或者影响的行为

本条第 1 款第 5 项属于对公职人员侵犯管理服务对象利益行为的兜底性条款。实践中,公职人员侵犯管理服务对象利益的行为除上述本条所列举的四种行为外还有很多。公职人员在管理服务活动中侵犯管理服务对象利益且造成不良后果或者影响的行为,往往是较为严重的违法行为。而且,随着政治社会经济的不断发展,必然也会出现新的侵犯管理服务对象、造成不良后果或者影响的行为。因此,为了避免挂一漏万,本条采取了列举加概括的方式对侵犯管理服务对象利益、造成不良后果或者影响的行为设定了兜底性条款。根据本条第 1 款第 5 项和第 2 款的规定,其他侵犯管理服务对象利益的行为,造成不良后果或者影响,情节较重的,予以警告、记过或者记大过;情节严重的,予以降级或者撤职;情节特别严重的,予以开除。

实务难点指引

本条在政务处分实践中的适用,主要有以下三方面的问题需要认真研究并妥善解决:

一是对于违反规定与不按照规定之“规定”的理解。对于违反规定向管理服务对象收取、摊派财物的行为,其中违反规定之“规定”,指的是党和国家有关管理服务的规定,主要包括《中共中央、国务院关于坚决制止乱收费、乱罚款和各种摊派的决定》《中共中央、国务院关于治理向企业乱收费、乱罚款和各种摊派等问题的决定》《禁止向企业摊派暂行条例》等。对于不按照规定公开工作信息,侵犯管理服务对象知情权,造成不良后果或者影响的行为,其中不按照规定之“规定”,指的是党和国家有关工作信息公开的规定,主要包括《政府信息公开条例》《中国共产党党务公开条例(试行)》等。在具体适用政务处分时,应当予以注意。

二是纪法衔接问题。本条有关违反规定向管理服务对象收取、摊派财物的行为,在管理服务活动中故意刁难、吃拿卡要的行为,在管理服务活动中态度恶劣粗暴而造成不良后果或者影响的行为,不按照规定公开工作信息、侵犯管理服务对象知情权而造成不良后果或者影响的行为,同属于《中国共产党纪律处分条例》第 112 条、第 116 条、第 119 条有关向群众摊派费用、故意刁难群众、向群众吃拿卡

要、对待群众态度恶劣、侵犯群众知情权的违纪行为。在惩处上述四种以及其他侵犯管理服务对象利益、造成不良后果或者影响的违法违纪行为时,应当同时适用政务处分与党纪处分,且应注意处分种类与幅度之间的衔接匹配。

三是法法衔接问题。对于本条规定的公职人员在管理服务活动中的违法行为,其行为本质往往涉及以权谋私、贪污受贿等,甚至是滥用职权。而对于滥用职权、贪污受贿等行为,《刑法》都有明确的刑罚规定。因此,对于上述四种违法以及其他侵犯管理服务对象利益、造成不良后果或者影响的行为在适用政务处分的同时,构成犯罪的,应当移送司法机关处理。

关联法条

《中国共产党纪律处分条例》

第112条 有下列行为之一,对直接责任者和领导责任者,情节较轻的,给予警告或者严重警告处分;情节较重的,给予撤销党内职务或者留党察看处分;情节严重的,给予开除党籍处分:

(一)超标准、超范围向群众筹资筹劳、摊派费用,加重群众负担的;

(二)违反有关规定扣留、收缴群众款物或者处罚群众的;

(三)克扣群众财物,或者违反有关规定拖欠群众钱款的;

(四)在管理、服务活动中违反有关规定收取费用的;

(五)在办理涉及群众事务时刁难群众、吃拿卡要的;

(六)有其他侵害群众利益行为的。

在扶贫领域有上述行为的,从重或者加重处分。

第116条 有下列行为之一,对直接责任者和领导责任者,情节较重的,给予警告或者严重警告处分;情节严重的,给予撤销党内职务或者留党察看处分:

(一)对涉及群众生产、生活等切身利益的问题依照政策或者有关规定能解决而不及时解决,庸懒无为、效率低下,造成不良影响的;

(二)对符合政策的群众诉求消极应付、推诿扯皮,损害党群、干群关系的;

(三)对待群众态度恶劣、简单粗暴,造成不良影响的;

(四)弄虚作假,欺上瞒下,损害群众利益的;

(五)有其他不作为、乱作为等损害群众利益行为的。

第119条 不按照规定公开党务、政务、厂务、村(居)务等,侵犯群众知情权,对直接责任者和领导责任者,情节较重的,给予警告或者严重警告处分;情节严重的,给予撤销党内职务或者留党察看处分。

第三十九条　有下列行为之一，造成不良后果或者影响的，予以警告、记过或者记大过；情节较重的，予以降级或者撤职；情节严重的，予以开除：

（一）滥用职权，危害国家利益、社会公共利益或者侵害公民、法人、其他组织合法权益的；

（二）不履行或者不正确履行职责，玩忽职守，贻误工作的；

（三）工作中有形式主义、官僚主义行为的；

（四）工作中有弄虚作假，误导、欺骗行为的；

（五）泄露国家秘密、工作秘密，或者泄露因履行职责掌握的商业秘密、个人隐私的。

条文主旨

本条是关于公职人员滥用职权、玩忽职守、形式主义、官僚主义、弄虚作假、泄密等行为及其适用处分的规定。

条文解读

公职人员应当依法履行国家法律法规赋予的职权与职责。对于公职人员不依法履行国家法律法规赋予的职权与职责的违法行为，必须给予严厉惩戒。对此，本条规定了五种违法行为：一是滥用职权，危害国家利益、社会公共利益或者侵害公民、法人、其他组织合法权益的行为；二是不履行或者不正确履行职责，玩忽职守，贻误工作的行为；三是工作中有形式主义、官僚主义的行为；四是工作中有弄虚作假，误导、欺骗的行为；五是泄露国家秘密、工作秘密，或者泄露因履行职责掌握的商业秘密、个人隐私的行为。并规定上述五种违法行为成立须造成不良后果或者影响。所谓“不良后果或者影响”，是指对国家利益、社会公共利益或者公民、法人、其他组织合法权益造成实际损害，或者对国家、社会、公民、法人、其他社会组织造成负面影响。

1. 滥用职权，危害国家利益、社会公共利益或者侵害公民、法人、其他组织合法权益的行为

公职人员应当依法行政、恪尽职守，正确行使国家法律法规所赋予的权力，全心全意为人民服务。如果公职人员不严格依法行使职权，违反公职人员职务行为的宗旨滥用权力，就会严重危害国家利益、社会公共利益或者侵害公民、法人、其

他组织合法权益,严重干扰和破坏国家机关正常管理活动,通常也会致使国家、社会、公民、法人或者其他组织利益遭受重大损失。因此,必须予以严厉惩戒。

所谓“滥用职权”,是指公职人员超越了国家法律法规所赋予的职权范围行使职权,或者违背了国家法律法规授权的目的、精神、原则和要求行使职权的行为。主要包括以下四种情形:一是超越职权,公职人员擅自决定或者处理没有决定、处理权限的事项;二是玩弄职权,公职人员随心所欲地对事项作出决定或者处理;三是公职人员故意不履行应当履行的职责,或者说任意放弃职责;四是公职人员以权谋私、假公济私,不正确地履行职责。

本行为的主体是公职人员。在主观方面表现为故意。即公职人员明知滥用职权,危害国家利益、社会公共利益或者侵害公民、法人、其他组织的合法权益,会造成不良后果或影响,仍故意为之。所侵害的客体是国家利益、社会公共利益,公民、法人、其他组织合法权益和国家机关正常管理秩序。在客观方面表现为公职人员滥用职权,危害国家利益、社会公共利益或者侵害公民、法人、其他组织的合法权益,并且造成不良后果或者影响。根据本条第1项的规定,滥用职权,危害国家利益、社会公共利益或者侵害公民、法人、其他组织合法权益,且造成不良后果或者影响的,予以警告、记过或者记大过;情节较重的,予以降级或者撤职;情节严重的,予以开除。

2. 不履行或者不正确履行职责,玩忽职守,贻误工作的行为

公职人员应当依法行政、恪尽职守,正确行使国家法律法规所赋予的权力,全心全意为人民服务。如果公职人员对工作不认真负责,草率马虎,就会给国家、社会、人民利益带来损害,影响国家机关的声誉和公职人员的形象。所谓“不履行”,是指公职人员应当履行且有条件、有能力履行职责,但违背职责没有履行的行为。所谓“不正确履行”,是指公职人员在履行职责的过程中,违反职责规定,马虎草率、粗心大意。所谓“玩忽职守”,是指严重不负责任,不履行职责或者不正确履行职责的行为。所谓“贻误工作”,是指因过失或者间接故意而耽误工作。

本行为的主体是公职人员。在主观方面表现为间接故意或者过失。间接故意是指公职人员明知不履行或者不正确履行职责,玩忽职守,贻误工作的行为,会造成不良后果或者影响的结果,而放任这种结果发生。过失是指公职人员应当预见其不履行或者不正确履行职责,玩忽职守,贻误工作的行为,可能会造成不良后果或者影响的结果,但由于疏忽大意没有预见或者虽然已经预见但轻信能够避免,以致造成不良后果或者影响的结果。所侵害的客体是国家机关正常管理秩

序。在客观方面表现为公职人员不履行或者不正确履行职责,玩忽职守,贻误工作,并且造成不良后果或者影响。根据本条第2项的规定,不履行或者不正确履行职责,玩忽职守,贻误工作,且造成不良后果或者影响的,予以警告、记过或者记大过;情节较重的,予以降级或者撤职;情节严重的,予以开除。

3. 工作中有形式主义、官僚主义的行为

公职人员在工作中的形式主义、官僚主义行为,有把党和国家决策虚化的风险,严重危害党和国家方针政策等有效贯彻落实,亦违背全心全意为人民服务的宗旨,脱离与人民群众之间的联系,同时还容易助长"潜规则",滋生腐败。因此,必须予以严厉惩戒。所谓"形式主义",是指对党和国家决策不认真执行的工作作风,致使党和国家制定的方针政策等难以得到有效贯彻落实,形同虚设。具体包括表态多、落实少、做表面文章等表现形式。所谓"官僚主义",是指脱离实际、脱离群众、习惯于当官做老爷的工作作风。具体包括命令主义、事务主义等表现形式。

本行为的主体是公职人员。在主观方面表现为故意。即公职人员明知工作中的某些行为具有形式主义、官僚主义作风,仍故意为之。所侵害的客体是公职人员的工作作风。在客观方面表现为公职人员在工作中有形式主义、官僚主义的行为,并且造成不良后果或者影响。根据本条第3项的规定,工作中有形式主义、官僚主义行为,且造成不良后果或者影响的,予以警告、记过或者记大过;情节较重的,予以降级或者撤职;情节严重的,予以开除。

4. 工作中有弄虚作假,误导、欺骗的行为

根据相关法律法规规定,公职人员不得有弄虚作假,误导欺骗领导和公众的行为。对于公职人员在工作中有弄虚作假,误导、欺骗的行为的,必须予以严厉惩戒。所谓"弄虚作假",是指隐瞒事实真相或者编造虚假情况的行为。所谓"误导",是指让他人产生错误理解的行为。所谓"欺骗",是指用虚假事实掩盖真相并让他人信以为真的行为。

本行为的主体是公职人员。在主观方面表现为故意。即公职人员故意在工作中弄虚作假,误导、欺骗他人。侵害的客体是国家机关正常管理秩序。在客观方面表现为在公职人员在工作中弄虚作假,误导、欺骗他人,并且造成不良后果或者影响。具体表现包括:公职人员向上级汇报工作或向下级通报工作时,谎报成绩、隐瞒问题等;公职人员隐瞒应当回避的亲属关系等;公职人员在个人有关报告事项中弄虚作假等;公职人员向社会公众通报有关事项时,以虚假、欺骗的手段编

造事实,误导社会公众等;根据本条第4项的规定,工作中有弄虚作假,误导、欺骗行为,且造成不良后果或者影响的,予以警告、记过或者记大过;情节较重的,予以降级或者撤职;情节严重的,予以开除。

5.泄露国家秘密、工作秘密,或者泄露因履行职责掌握的商业秘密、个人隐私的行为

公职人员由于工作职责所在,不可避免地会在执行职务或者履行职责的过程中接触到许多国家秘密、工作秘密、商业秘密和个人隐私。其中,国家秘密事关国家安全和人民利益。同时公职人员保守国家秘密、工作秘密是公职人员应当履行的法定义务,严格保守国家秘密、工作秘密是对公职人员的基本要求。而商业秘密、个人隐私则是公民、法人或者其他组织的合法权益,神圣不可侵犯。因此,对于泄露国家秘密、工作秘密,或者泄露因履行职责掌握的商业秘密、个人隐私的行为,必须予以严厉惩戒。

所谓"国家秘密",是指关系国家安全和利益,依照法定程序确定,在一定时间内只限一定范围内的人员知悉的事项。所谓"工作秘密",是指为了工作需要,只限一定范围内人员知悉的事项。所谓"商业秘密",是指不为公众所知悉、能为权利人带来经济利益,具有实用性并经权利人采取保密措施的技术信息和经营信息。所谓"个人隐私",是指个人不愿意告诉他人的或者不愿意公开的个人信息。

本行为的主体是公职人员。在主观方面表现为故意或者过失。故意是指公职人员明知是国家秘密、工作秘密而有意识地将其泄露给不应知悉的人,或者故意将因履行职责所掌握的商业秘密、个人隐私泄露给不应知悉的人。过失是指公职人员由于疏忽大意或者过于自信,致使国家秘密、工作秘密泄露给不应知悉的人,或者由于疏忽大意或者过于自信而没能避免因履行职责所掌握的商业秘密、个人隐私被不应知悉者知悉。所侵害的客体是国家保密制度,公民、法人或者其他组织的商业秘密、个人隐私。在客观方面表现为公职人员违反了国家保密制度规定,泄露国家秘密、工作秘密,或者泄露因履行职责所掌握的商业秘密、个人秘密,并且造成不良后果或影响。根据本条第5项的规定,泄露国家秘密、工作秘密,或者泄露因履行职责所掌握的商业秘密、个人隐私的,造成不良后果或者影响的,予以警告、记过或者记大过;情节较重的,予以降级或者撤职;情节严重的,予以开除。

实务难点指引

本条在政务处分实践中的适用,主要有以下两方面的问题需要认真研究并妥

善解决：

一是纪法衔接问题。本条有关滥用职权，危害国家利益、社会公共利益或者侵害公民、法人、其他组织合法权益的行为；不履行或者不正确履行职责，玩忽职守，贻误工作的行为；工作中有形式主义、官僚主义的行为；工作中有弄虚作假，误导、欺骗的行为同属于《中国共产党纪律处分条例》第 27 条、第 116 条、第 122 条有关滥用职权、玩忽职守、形式主义、官僚主义、弄虚作假的违纪行为。在惩处上述四种违法违纪行为时，应当同时适用政务处分与党纪处分，且应注意处分种类与幅度之间的衔接匹配。

二是法法衔接问题。《刑法》第 397 条、第 398 条规定了滥用职权罪、玩忽职守罪和故意泄露国家秘密罪、过失泄露国家秘密罪。本条有关滥用职权，危害国家利益、社会公共利益或者侵害公民、法人、其他组织合法权益的行为；不履行或者不正确履行职责，玩忽职守，贻误工作的行为；泄露国家秘密、工作秘密，或者泄露因履行职责掌握的商业秘密、个人隐私的行为，在适用政务处分的同时，构成犯罪的，应当移送司法机关处理。

关联法条

1.《刑法》

第 397 条第 1 款　国家机关工作人员滥用职权或者玩忽职守，致使公共财产、国家和人民利益遭受重大损失的，处三年以下有期徒刑或者拘役；情节特别严重的，处三年以上七年以下有期徒刑。本法另有规定的，依照规定。

第 398 条第 1 款　国家机关工作人员违反保守国家秘密法的规定，故意或者过失泄露国家秘密，情节严重的，处三年以下有期徒刑或者拘役；情节特别严重的，处三年以上七年以下有期徒刑。

2.《中国共产党纪律处分条例》

第 27 条　党组织在纪律审查中发现党员有贪污贿赂、滥用职权、玩忽职守、权力寻租、利益输送、徇私舞弊、浪费国家资财等违反法律涉嫌犯罪行为的，应当给予撤销党内职务、留党察看或者开除党籍处分。

第 116 条　有下列行为之一，对直接责任者和领导责任者，情节较重的，给予警告或者严重警告处分；情节严重的，给予撤销党内职务或者留党察看处分：

（一）对涉及群众生产、生活等切身利益的问题依照政策或者有关规定能解决而不及时解决，庸懒无为、效率低下，造成不良影响的；

（二）对符合政策的群众诉求消极应付、推诿扯皮，损害党群、干群关系的；

（三）对待群众态度恶劣、简单粗暴，造成不良影响的；

（四）弄虚作假，欺上瞒下，损害群众利益的；

（五）有其他不作为、乱作为等损害群众利益行为的。

第122条 有下列行为之一，造成严重不良影响，对直接责任者和领导责任者，情节较轻的，给予警告或者严重警告处分；情节较重的，给予撤销党内职务或者留党察看处分；情节严重的，给予开除党籍处分：

（一）贯彻党中央决策部署只表态不落实的；

（二）热衷于搞舆论造势、浮在表面的；

（三）单纯以会议贯彻会议、以文件落实文件，在实际工作中不见诸行动的；

（四）工作中有其他形式主义、官僚主义行为的。

第四十条　有下列行为之一的，予以警告、记过或者记大过；情节较重的，予以降级或者撤职；情节严重的，予以开除：

（一）违背社会公序良俗，在公共场所有不当行为，造成不良影响的；

（二）参与或者支持迷信活动，造成不良影响的；

（三）参与赌博的；

（四）拒不承担赡养、抚养、扶养义务的；

（五）实施家庭暴力，虐待、遗弃家庭成员的；

（六）其他严重违反家庭美德、社会公德的行为。

吸食、注射毒品，组织赌博，组织、支持、参与卖淫、嫖娼、色情淫乱活动的，予以撤职或者开除。

条文主旨

本条是关于公职人员违反社会公序良俗、家庭美德、社会公德，参与或者支持迷信活动，参与或者组织赌博，以及吸食、注射毒品和组织、支持、参与卖淫、嫖娼、色情淫乱活动等行为及其适用处分的规定。

条文解读

本条规定的公职人员违法情形较多，具体包括以下八种违法行为：一是违背社会公序良俗，在公共场所有不当行为，造成不良影响的行为；二是参与或者支持迷信活动，造成不良影响的行为；三是参与或者组织赌博的行为；四是拒不承担赡养、抚养、扶养义务的行为;五是实施家庭暴力,虐待、遗弃家庭成员的行为;六是其他严重违反家庭美德、社会公德的行为;七是吸食、注射毒品的行为;八是组织、支持、参与卖淫、嫖娼、色情淫乱活动的行为。

1. 违背社会公序良俗,在公共场所有不当行为,造成不良影响的行为

公职人员应当积极践行社会主义核心价值观,自觉遵守公共秩序和善良风俗,在公共场所举止行为需得当。这不仅体现个人职业素养,同时也是在社会公众面前展示政府形象。因此,对于公职人员违背社会公共秩序与善良风俗,在公共场所行为不当,且造成不良影响的行为,必须予以严厉惩戒。所谓"公序良俗",是指公共秩序和善良风俗,是国家社会存在及发展所需要的基本秩序与道德。所谓"行为不当",是指行为明显超出合理范围,行为明显失当。所谓"不良影响",是指给本人、本人所在单位及机关、不特定人民群众等造成负面影响,严重情形下甚至给政府形象造成负面影响。

本行为的主体是公职人员。在主观方面表现为故意。即公职人员明知自己在公共场所行为失当,有违社会公序良俗,且可能造成不良影响,仍故意为之。所侵害的客体是社会公序良俗。在客观方面表现为公职人员违背社会公共秩序和善良风俗,在公共场所作出明显超出合理范围的行为,并且造成了不良影响。根据本条第 1 款第 1 项的规定,违背社会公序良俗,在公共场所有不当行为,造成不良影响的,予以警告、记过或者记大过;情节较重的,予以降级或者撤职;情节严重的,予以开除。

2. 参与或者支持迷信活动,造成不良影响的行为

迷信本身是愚昧和无知的表现。迷信活动不仅损害个人身体和精神健康,还扰乱个人工作、学习和生活,严重危害社会风气和社会管理秩序,破坏社会主义精神文明建设。公职人员应当以身作则,自觉运用科学文化知识反对和抵制各种迷信活动,不准参与或者支持迷信活动。因此,对于公职人员参与或者支持迷信活动,造成不良影响的行为,必须予以严厉惩戒。所谓"不良影响",是指给本人、本人所在机关或单位、不特定人民群众等造成负面影响,严重情形下甚至给政府形象造成负面影响。

本行为的主体是公职人员。在主观方面表现为故意。即公职人员明知是迷信活动,仍故意参加或者支持。所侵害的客体是国家正常的社会管理秩序。在客观方面表现为公职人员参加或者支持了迷信活动,并且造成了不良影响。根据本条第 1 款第 2 项的规定,参与或者支持迷信活动,造成不良影响的,予以警告、记

过或者记大过；情节较重的，予以降级或者撤职；情节严重的，予以开除。

3. 参与或者组织赌博的行为

赌博是国家法律法规明确规定的违法行为。赌博的危害极大，不仅严重败坏社会风气、扰乱社会经济秩序和治安管理秩序，还严重腐蚀参赌人员的心灵，影响社会繁荣稳定，必须予以坚决打击。因此，对于公职人员参与或者组织赌博的行为，必须予以严厉惩戒。所谓"赌博"，是指以营利为目的，用财物作赌注，采取打牌、打麻将、赌球等形式比输赢的行为。所谓"参与"，是指参加赌博的行为。所谓"组织"，是指为赌博活动提供场所、资金或者其他便利条件，组织他人进行赌博的行为。

本行为的主体是公职人员。在主观方面表现为故意。即公职人员故意参与或者组织赌博。所侵害的客体是国家正常的社会管理秩序和社会主义道德规范以及机关、单位的正常工作秩序。在客观方面表现为公职人员参与赌博活动，或者为赌博活动提供场所、资金或者其他便利条件，组织他人进行赌博。根据本条第 1 款第 3 项的规定，参与赌博的，予以警告、记过或者记大过；情节较重的，予以降级或者撤职；情节严重的，予以开除。根据本条第 2 款的规定，组织赌博的，予以撤职或者开除。

4. 拒不承担赡养、抚养、扶养义务的行为

赡养老人、抚养子女、扶养老弱病残等本身就是中华民族的传统美德，是对每一位公民的基本道德要求，同时也是国家法律法规对每一位公民所规定的应尽义务。公职人员不仅应当履行赡养、抚养、扶养义务，而且要严格履行赡养、抚养、扶养义务，发挥公职人员在社会公众面前的示范和导向作用。因此，对于拒不承担赡养、抚养、扶养义务的行为，必须予以严厉惩戒。所谓"赡养"，是指子女对父母在精神、物质上提供一定帮助。所谓"抚养"，是指父母对子女的生活、学习等提供一定物质条件，承担必要的教育责任以及亲情上的关心照顾。所谓"扶养"，是指对年老、体弱多病、身有残疾或者其他没有独立生活能力的家庭成员提供一定精神、物质上的帮助。

本行为的主体是公职人员。在主观方面表现为故意。即公职人员应当履行且有能力履行赡养、抚养、扶养义务，却拒不承担赡养、抚养、扶养义务。所侵害的客体是家庭成员间有关赡养、抚养、扶养的权利义务关系。在客观方面表现为公职人员应当履行且有能力履行国家法律法规所规定的赡养、抚养、扶养义务，却拒不承担赡养、抚养、扶养义务的行为。根据本条第 1 款第 4 项的规定，拒不承担赡

养、抚养、扶养义务的,予以警告、记过或者记大过;情节较重的,予以降级或者撤职;情节严重的,予以开除。

5. 实施家庭暴力,虐待、遗弃家庭成员的行为

家庭暴力,虐待、遗弃家庭成员本身就是国家法律法规所规定的违法行为。对公职人员而言,不仅要有良好的个人职业素养,还应当具有高尚的家庭美德和社会公德。对于公职人员违反家庭美德和社会公德,实施家庭暴力,虐待、遗弃家庭成员的违法行为,必须予以严厉惩戒。所谓"暴力",是指以殴打、捆绑、强制等手段对家庭成员实施暴力,这种暴力多以肉体伤害为主,当然也包括精神伤害。所谓"虐待",是指以打骂、冻饿、凌辱、限制人身自由等手段对家庭成员进行肉体或者精神上的摧残、折磨。所谓"遗弃",是指对家庭成员特别是年老、体弱多病、身有残疾或者其他没有独立生活能力的家庭成员应当履行且有能力履行赡养、抚养、扶养义务,却拒不履行赡养、抚养、扶养义务,而对家庭成员予以遗弃。

本行为的主体是公职人员。在主观方面表现为故意。即公职人员故意实施家庭暴力,虐待、遗弃家庭成员。所侵害的客体是家庭成员间的权利义务关系。在客观方面表现为公职人员以殴打、捆绑、强制等手段对家庭成员实施暴力,或者经常、连续地以打骂、冻饿、凌辱等手段对家庭成员进行虐待,以及应当履行且有能力履行赡养、抚养、扶养义务,却拒不履行赡养、抚养、扶养义务,而对家庭成员予以遗弃。根据本条第 1 款第 5 项的规定,实施家庭暴力,虐待、遗弃家庭成员的,予以警告、记过或者记大过;情节较重的,予以降级或者撤职;情节严重的,予以开除。

6. 其他严重违反家庭美德、社会公德的行为

本条第 1 款第 6 项属于对公职人员严重违反家庭美德、社会公德的行为的兜底性条款。由于实践中公职人员严重违反家庭美德、社会公德的行为除上述本条所列举的五种行为外还有很多其他表现形式。并且,随着政治社会经济的不断发展,未来必然也会出现新的严重违反家庭美德、社会公德的行为,因此,为了避免挂一漏万,本条采取了列举加概括的方式对其他严重违反家庭美德、社会公德的行为设定了兜底性条款。

7. 吸食、注射毒品的行为

毒品对吸毒者个人、社会生活秩序以及国家管理秩序等危害极大。吸食、注射毒品本身就是国家法律法规所规定的违法行为。公职人员吸食、注射毒品的行为性质更加恶劣,其所带来的后果往往更加严重,必须予以严厉惩戒。所谓"毒

品”,是指鸦片、大麻、可卡因、吗啡以及国家规定管制的其他能够使人形成瘾癖的麻醉药品和精神药品。所谓“吸食、注射”,是指吸毒的方式。

本行为的主体是公职人员。在主观方面表现为故意。即公职人员明知是毒品,仍故意吸食、注射。所侵害的客体是社会正常管理秩序和国家有关毒品管理的制度。在客观方面表现为公职人员违反国家法律法规规定,实施了吸食、注射毒品等吸毒行为。根据本条第 2 款的规定,吸食、注射毒品的,予以撤职或者开除。

8. 组织、支持、参与卖淫、嫖娼、色情淫乱活动的行为

卖淫、嫖娼、色情淫乱活动对社会风气、社会生活秩序以及国家管理秩序等危害极大,其行为本身就是国家法律法规所规定的违法行为。公职人员组织、支持、参与卖淫、嫖娼、色情淫乱活动的行为性质更加恶劣,必须予以严厉惩戒。所谓“卖淫”,是指以获取财物为目的,卖淫者与嫖娼者自愿发生性行为的行为。所谓“嫖娼”,是指以支付财物为交换条件,嫖娼者与卖淫者发生性行为的行为。所谓“色情淫乱活动”,是指两人以上自愿在同一时间、空间内进行不同形式的性交等色情淫乱活动的行为。所谓“组织”,是指提供场所、资金或者其他便利条件组织卖淫、嫖娼、色情淫乱活动。所谓“支持”,是指为卖淫、嫖娼、色情淫乱活动提供通风报信、把门望风、协助参与等行为。所谓“参与”,是指参加卖淫、嫖娼、色情淫乱活动。

本行为的主体是公职人员。在主观方面表现为故意。即公职人员故意组织、支持、参与卖淫、嫖娼、色情淫乱活动。所侵害的客体是社会正常管理秩序和国家有关卖淫、嫖娼、色情淫乱活动管理的制度。在客观方面表现为公职人员组织、支持、参与卖淫、嫖娼、色情淫乱活动的行为。根据本条第 2 款的规定,组织、支持、参与卖淫、嫖娼、色情淫乱活动的,予以撤职或者开除。

实务难点指引

本条在政务处分实践中的适用,主要有以下两方面的问题需要认真研究并妥善解决:

一是纪法衔接问题。本条有关违背社会公序良俗,在公共场所有不当行为,造成不良影响的行为;参与或者支持迷信活动,造成不良影响的行为;其他严重违反家庭美德、社会公德的行为同属于《中国共产党纪律处分条例》第 63 条、第 137 条、第 138 条规定的有关违背社会公序良俗、参与迷信活动、违反家庭美德、违反

社会公德的违纪行为。在惩处上述三种违法违纪行为时,应当同时适用政务处分与党纪处分,且应注意处分种类与幅度之间的衔接匹配。

二是法法衔接问题。《刑法》第 260 条、第 261 条以及分则第 6 章“妨害社会管理秩序罪”中规定了虐待罪、遗弃罪、组织卖淫罪等。本条有关参与或者组织赌博的行为,拒不承担扶养义务的行为,虐待、遗弃家庭成员的行为,吸食、注射毒品的行为,组织、支持、参与卖淫、嫖娼、色情淫乱活动的行为,行为在适用政务处分的同时,构成犯罪的,应当移送司法机关处理。

关联法条

1.《刑法》

第 260 条第 1 款　虐待家庭成员,情节恶劣的,处二年以下有期徒刑、拘役或者管制。

第 261 条　对于年老、年幼、患病或者其他没有独立生活能力的人,负有扶养义务而拒绝扶养,情节恶劣的,处五年以下有期徒刑、拘役或者管制。

第 303 条第 1 款　以营利为目的,聚众赌博或者以赌博为业的,处三年以下有期徒刑、拘役或者管制,并处罚金。

第 358 条第 1 款　组织、强迫他人卖淫的,处五年以上十年以下有期徒刑,并处罚金;情节严重的,处十年以上有期徒刑或者无期徒刑,并处罚金或者没收财产。

2.《中国共产党纪律处分条例》

第 63 条　组织迷信活动的,给予撤销党内职务或者留党察看处分;情节严重的,给予开除党籍处分。

参加迷信活动,造成不良影响的,给予警告或者严重警告处分;情节较重的,给予撤销党内职务或者留党察看处分;情节严重的,给予开除党籍处分。

对不明真相的参加人员,经批评教育后确有悔改表现的,可以免予处分或者不予处分。

第 137 条　违背社会公序良俗,在公共场所有不当行为,造成不良影响的,给予警告或者严重警告处分;情节较重的,给予撤销党内职务或者留党察看处分;情节严重的,给予开除党籍处分

第 138 条　有其他严重违反社会公德、家庭美德行为的,应当视具体情节给予警告直至开除党籍处分。

第四十一条　公职人员有其他违法行为,影响公职人员形象,损害国家和人民利益的,可以根据情节轻重给予相应政务处分。

条文主旨

本条是关于公职人员其他违法行为及其适用处分的兜底性条款。

条文解读

本法第3章违法行为及其适用的政务处分,系统梳理了现有关于处分的法律法规,从《公务员法》《法官法》《检察官法》《行政机关公务员处分条例》《事业单位工作人员处分暂行规定》等规定的违法情形中,概括出适用政务处分的违法情形,同时亦坚持纪法贯通原则,将《中国共产党纪律处分条例》中的一些有关政治纪律、组织纪律、廉洁纪律、群众纪律、工作纪律和生活纪律的违纪情形纳入政务处分的违法情形当中,并根据行为的轻重程度规定了与党纪处分相适应的处分档次。本法第3章虽设置了13条有关公职人员违法行为及其适用处分的具体情形,但并不能穷尽公职人员的所有违法行为。未来随着政治经济社会的不断发展,仍会出现一些新的违法行为。因此,本条特规定了此兜底性条款。

本条的核心内容主要包括以下五个方面内容:一是其他违法行为;二是影响公职人员形象;三是损害国家和人民利益;四是根据情节轻重;五是相应政务处分。所谓"其他违法行为",是指除本法第3章所规定的公职人员违法行为之外的其他违法行为。所谓"影响公职人员形象",是指公职人员的违法行为给公职人员形象带来负面影响。所谓"损害国家和人民利益",是指公职人员的违法行为给国家和人民利益造成实质性损害。所谓"根据情节轻重",是指根据公职人员违法行为的轻重程度。所谓"相应政务处分",是指与公职人员违法行为的轻重程度相匹配的政务处分。

第四章　政务处分的程序

第四十二条　监察机关对涉嫌违法的公职人员进行调查，应当由二名以上工作人员进行。监察机关进行调查时，有权依法向有关单位和个人了解情况，收集、调取证据。有关单位和个人应当如实提供情况。

严禁以威胁、引诱、欺骗及其他非法方式收集证据。以非法方式收集的证据不得作为给予政务处分的依据。

条文主旨

本条是关于监察机关收集证据的一般原则、程序性要求和非法证据排除规则的规定。

条文解读

本条分两款。第1款规定的是监察机关收集证据的权力，有关单位和个人配合取证的义务，以及进行调查时的工作人员数量要求。这主要可以从两点把握：第一，在工作程序上，监察机关的调查应当由两名以上工作人员进行。监察机关对涉嫌违法的公职人员进行调查，需要遵循必要的程序性要求，规范取证工作，防止权力滥用，保护被调查人合法权益。在进行调查时，要求至少两名以上工作人员，这既是客观、真实获取和固定证据的需要，也有利于互相配合、互相监督，防止少数监察机关工作人员在调查过程中可能存在的滥用职权、玩忽职守、徇私舞弊的行为，同时避免以非法方式收集证据的现象发生。第二，监察机关有收集证据的权力，有关单位和个人有配合取证的义务。在调查过程中，监察机关进行调查时，有权依法向有关单位和个人了解情况，收集、调取证据，有关单位和个人应当如实提供情况，这是查明事实、惩治腐败、保障被调查人合法权益的需要。所谓"如实提供"，是指有关单位和个人提供的财物、文件、电子信息以及其他有关的材料，应当真实反映与政务处分有关调查事项相关的内容、情节、线索等，不得伪造、更改、虚构。①

第2款规定的是监察机关收集的证据适用非法证据排除规则。非法证据排除规则是传统刑事诉讼法上的一个很重要的证据规则，指的是在刑事诉讼中以非法手段取得的证据，不得被采纳为认定被告人有罪的证据，其在英美法系国家体现为“毒树之果”理论，在防止冤假错案、保障被调查人基本人权方面起着无可替代的作用，目前已经扩展到民事诉讼和行政诉讼领域。非法证据排除规则本身的规则建构，有规范取证程序和方式以及加强内外部制约机制等两种路径。这里强调的是第一种路径。广义上的非法证据，有主体不合法的证据、形式不合法的证据、程序不合法的证据以及方法、手段不合法的证据等四种。《刑事诉讼法》第52条、第56条规定，严禁刑讯逼供和以威胁、引诱、欺骗以及其他非法方法收集证据，不得强迫任何人证实自己有罪；采用刑讯逼供等非法方法收集的犯罪嫌疑人、被告人供述和采用暴力、威胁等非法方法收集的证人证言、被害人陈述，应当予以排除。《监察法》第33条第2款明确规定，监察机关在收集、固定、审查、运用证据时，应当与刑事审判关于证据的要求和标准相一致。在本法中规定非法证据排除规则，是对《监察法》中这一规定的坚持与贯彻。由于以非法方式收集的证据是当事人在迫于压力或被欺骗情况下提供的，其极大可能存在虚假情况或者导致错误认定，因此不宜作为给予政务处分的依据，以免造成错案。

值得注意的是，《刑事诉讼法》第52条、第56条规定的“非法方式”，包括刑讯逼供，威胁、引诱、欺骗以及其他非法方式。基于监察程序与刑事诉讼程序本身的差异，《监察法》在规定严禁以威胁、引诱、欺骗及其他非法方式收集证据之外，并未直接提到刑讯逼供，而是采取了“严禁侮辱、打骂、虐待、体罚或者变相体罚被调查人和涉案人员”的表述。根据中央纪委、国家监委法规室编写的《〈中华人民共和国监察法〉释义》，后者主要包括“使用肉刑或者变相肉刑，或者采用其他使当事人在肉体上或者精神上遭受剧烈疼痛或者痛苦的方法，迫使当事人违背意愿供述的行为，如殴打、电击、饿、冻、烤等虐待方法”。② 虽然本条只规定了“严禁以威胁、引诱、欺骗及其他非法方式收集证据”，不过，鉴于《监察法》第40条第2款对

---

① 参见中共中央纪律检查委员会、中华人民共和国国家监察委员会法规室编写：《〈中华人民共和国监察法〉释义》，中国方正出版社2018年版，第123～124页。

② 中共中央纪律检查委员会、中华人民共和国国家监察委员会法规室编写：《〈中华人民共和国监察法〉释义》，中国方正出版社2018年版，第169页。

此已有明确规定,监察机关在政务处分的调查取证过程中,也不得对涉嫌违法的公职人员进行"侮辱、打骂、虐待、体罚或者变相体罚"。至于以此取得的证据能否作为给予政务处分的依据,需要具体判断。根据《监察法》第 33 条第 2 款"与刑事审判关于证据的要求和标准相一致"的规定,并参考《刑事诉讼法》第 56 条"采用刑讯逼供等非法方法收集的犯罪嫌疑人、被告人供述"应当予以排除的规定,应当认为,如果在调查取证中对涉嫌违法的公职人员的"侮辱、打骂、虐待、体罚或者变相体罚"达到了一定程度标准的时候,应认定为"非法方式",有关证据也应当依法予以排除、不得作为给予政务处分的依据。

实务难点指引

第一,在政务处分实践适用中,需要澄清的一个问题是,并非所有不合法取得的证据,都应当予以排除且不得作为给予政务处分的依据。从刑事审判和刑事诉讼法律及学说来看,非法证据排除规定的聚焦点,主要是证据的合法性问题,其要求只要存在以非法方式取得的证据,便当然须依法予以排除。瑕疵证据排除规则的聚焦点,则更加突出证据的可靠性问题,其要求对于不符合法定程序收集的证据,应当着重考察有关证据的可靠性,如果有关情况可能严重影响处置结果合法公正,应当要求有关侦查或调查人员予以补正或者作出解释,若经法院认定不影响证据适用的,该证据可以作为审判依据。也就是说,对于瑕疵证据,可以通过有关办案人员予以补正或者作出合理解释,依法予以采用。从本条规定和《监察法》有关规定来看,对此可以区分三种情况:其一,只要存在本条和《监察法》第 40 条第 2 款列举的"以威胁、引诱、欺骗及其他非法方式"收集证据的情形,有关证据就应当予以排除;其二,如果"侮辱、打骂、虐待、体罚或者变相体罚"达到了一定程序或标准,按照《监察法》第 33 条第 2 款的要求,有关证据也应当依法予以排除;其三,如果经查证不能排除存在以非法方式收集证据情形的,对有关证据同样应当予以排除,不得作为给予政务处分的依据。

第二,实践中"疲劳讯问"也较难认定和把握。最高人民法院印发的《关于建立健全防范刑事冤假错案工作机制的意见》第 8 条第 1 款规定:"采用刑讯逼供或者冻、饿、晒、烤、疲劳审讯等非法方法收集的被告人供述,应当排除。"不过,本法和《监察法》都没有明确规定讯问的最长时间,只是规定监察机关应当保障被调查人的饮食、休息和安全,并规定了讯问时应当合理安排讯问时间和时长。值得注意的是,判断疲劳讯问是否令被调查人"遭受难以忍受的痛苦而违背意愿",不能仅从讯问时长这一个方面来考量，而应当综合考量被调查人的年龄、生活工作经历、身体状况、性格特征等具体情况，以及讯问场所的具体环境等因素。

第三，如何区分正当警醒讯问、一般意义上的威吓和排除规则意义上的威胁？在案件调查和审理过程中，常见的威胁行为可能有三类，如以暴力相威胁、以损害被调查人合法权益相威胁、以严重损害其近亲属合法权益相威胁。这些排除规则意义上的威胁，与供述的自愿性紧密相关，可能迫使被调查人违背意愿作出供述。在部分案件调查实践中，有的监察调查人员在公安看守所留置专区内向被调查人说“不交代就把你关进死刑犯号子里”，或者在不涉及被调查人公司股票等其他财产的案件中威胁其“不交代就把你公司搞垮”，或者在仅涉及被调查人本人的案件中威胁其“不交代就把你的家人关起来”，这些都属于排除规则意义上的威胁。不过，不能把正当警醒讯问等同于非法威胁讯问。所谓“坦白从宽、抗拒从严”，正当警醒讯问是根据法律法规可能预期出现的后果进行规劝。此外，对于讯问过程中一般性的威吓、呵斥，虽然属于不规范的讯问行为，但是由于程度轻微，不足以迫使被调查人违背意愿供述，因而不构成排除规则意义上的威胁。

关联法条

1.《监察法》

第18条 监察机关行使监督、调查职权，有权依法向有关单位和个人了解情况，收集、调取证据。有关单位和个人应当如实提供。

监察机关及其工作人员对监督、调查过程中知悉的国家秘密、商业秘密、个人隐私，应当保密。

任何单位和个人不得伪造、隐匿或者毁灭证据。

第33条 监察机关依照本法规定收集的物证、书证、证人证言、被调查人供述和辩解、视听资料、电子数据等证据材料，在刑事诉讼中可以作为证据使用。

监察机关在收集、固定、审查、运用证据时，应当与刑事审判关于证据的要求和标准相一致。

以非法方法收集的证据应当依法予以排除，不得作为案件处置的依据。

第40条 监察机关对职务违法和职务犯罪案件，应当进行调查，收集被调查人有无违法犯罪以及情节轻重的证据，查明违法犯罪事实，形成相互印证、完整稳定的证据链。

严禁以威胁、引诱、欺骗及其他非法方式收集证据，严禁侮辱、打骂、虐待、体罚或者变相体罚被调查人和涉案人员。

第41条 调查人员采取讯问、询问、留置、搜查、调取、查封、扣押、勘验检查等调查措施，均应当依照规定出示证件，出具书面通知，由二人以上进行，形成笔录、报告等书面材料，并由相关人员签名、盖章。

调查人员进行讯问以及搜查、查封、扣押等重要取证工作，应当对全过程进行录音录像，留存备查。

2.《刑事诉讼法》

第52条　审判人员、检察人员、侦查人员必须依照法定程序，收集能够证实犯罪嫌疑人、被告人有罪或者无罪、犯罪情节轻重的各种证据。严禁刑讯逼供和以威胁、引诱、欺骗以及其他非法方法收集证据，不得强迫任何人证实自己有罪。必须保证一切与案件有关或者了解案情的公民，有客观地充分地提供证据的条件，除特殊情况外，可以吸收他们协助调查。

第56条　采用刑讯逼供等非法方法收集的犯罪嫌疑人、被告人供述和采用暴力、威胁等非法方法收集的证人证言、被害人陈述，应当予以排除。收集物证、书证不符合法定程序，可能严重影响司法公正的，应当予以补正或者作出合理解释；不能补正或者作出合理解释的，对该证据应当予以排除。

在侦查、审查起诉、审判时发现有应当排除的证据的，应当依法予以排除，不得作为起诉意见、起诉决定和判决的依据。

典型案例

问题：如何理解有关单位和个人应当如实提供情况？

案情：某县纪委监委接到人民群众举报，反映某小学存在乱培训问题。该县纪委监委迅速成立工作组，根据线索到现场进行了走访调查，发现确实存在上述问题。

经查，该校主管教学的副校长W某未经同意，擅自组织一名语文老师和一名数学老师，在学校附近小区租房，以学校的名义在社会上和互联网平台发布广告，利用上班时间收费补课，两个月来共获利20万元，其中W某个人获利10万元，两名任课老师分别获利5万元。此外，该培训地点设于地下室，还存在一定安全隐患。

监委工作人员到学校办公室调取相关人员的人事档案、签到表和课程安排，校办借调人员Z某一开始不愿提供，称相关资料"找不到了"、属于"教学秘密"且不经上级领导批准不能对外提供，经批评教育后配合提供。与此同时，县纪委监委依法分别对W某和两名任课老师进行了调查谈话，核实了相关情况及问题。

调查后，县纪委监委依法将调查认定的相关事实材料交给W某和两名任课老师进行了签字确认。后该县纪委监委依法履行相关程序，对W某依纪依规进行了严肃处理，同时建议该学校对两名任课老师进行处理，并责令W某及时对该校的相关教育乱收费、乱培训问题进行整改。

分析：监察机关依法向有关单位和个人了解情况，收集、调取证据，是查明事实、惩治腐败、保障被调查人合法权益的需要。这里的"证据"包括但不限于与刑事诉讼相关的证据，既包括监督所需的证据，也包括调查所需的证据；既包括证明职务违法行为的证据，也包括证明职务犯罪行为的证据。"以事实为依据，以法律为准绳"是监委开展工作的基本原则。监督的本质是对工作、过程、环节进行监视、督促、管理，目的是发现问题、纠正偏差，防患于未然，更好地使干部正常成长，更好地使组织目标得以实现。本案例中，W某身为学校副校长，属于行使公权力的公职人员，其违规组织乱培训、获取不法收益的行为，属于违纪违法行为。监委对其进行调查和严肃处理，体现了深化国家监察体制改革的要求，体现了对所有行使公权力的公职人员监察全覆盖，也体现了监察机关依法行使监督、调查职权，依法收集、调取证据的要求。监察机关查办案件和调取证据过程中，对涉及监察对象范围以外的人员按照管辖权限提出监察建议，本案中两名任课老师不属于监察对象，但其参与了W某的违法行为，所以监察机关依法向其所在单位提出了对其进行相应处理的监察建议。①

第四十三条　作出政务处分决定前，监察机关应当将调查认定的违法事实及拟给予政务处分的依据告知被调查人，听取被调查人的陈述和申辩，并对其陈述的事实、理由和证据进行核实，记录在案。被调查人提出的事实、理由和证据成立的，应予采纳。不得因被调查人的申辩而加重政务处分。

条文主旨

本条是关于监察机关告知义务和听取被调查人陈述和申辩有关要求的规定。

条文解读

第一，监察机关的告知义务。根据本法规定，监察机关在两个方面有告知义

① 参见本书编写组编写：《〈中华人民共和国监察法〉案例解读》，中国方正出版社2018年版，第153～154页。

务:一是本条规定的作出政务处分决定前的告知义务,告知对象是被调查人,告知内容是调查认定的违法事实和拟给予政务处分的依据;二是第46条第2款规定的作出政务处分决定后的告知义务,告知对象是根据被处分人的具体身份而确定的相关的机关、单位,并要求以书面形式进行。

第二,监察机关应当听取被调查人的陈述和申辩。本条关于监察机关作出政务处分决定前的告知义务,并不是为了告知而告知,其旨在落实被调查人的陈述和申辩的权利,这是保障被调查人程序性权利和畅通被调查人救济渠道所要求的。监察机关应当对被调查人陈述的事实、理由和证据进行核实,记录在案。对于被调查人提出的事实、理由和证据,如果成立,监察机关应予采纳。

值得注意的是,《行政处罚法》第41条规定:"行政机关及其执法人员在作出行政处罚决定之前,不依照本法第三十一条、第三十二条的规定向当事人告知给予行政处罚的事实、理由和依据,或者拒绝听取当事人的陈述、申辩,行政处罚决定不能成立;当事人放弃陈述或者申辩权利的除外。"这一方面说明,在行政处罚中当事人的陈述申辩权利可以被放弃;另一方面也意味着,未履行告知义务,或者拒绝听取陈述申辩,都将构成行政处罚决定不能成立的原因。从性质来讲,行政处罚决定和政务处分决定是完全不同的。不过,通过比较考察《行政处罚法》中上述条款的立法表达发现,本条关于告知义务和听取陈述申辩的规定,虽然采取的也是"应当",但是没有规定不履行告知义务的法律后果,这是后续立法细化值得注意的问题。

第三,监察机关不得因被调查人的申辩而加重政务处分。我国刑事审判中规定了"上诉不加重刑罚",行政处罚中规定了"申辩不加重处罚",行政诉讼中规定了"判决变更不加重原告义务或减损原告权益"。本条关于"被调查人申辩不加重政务处分"的规定,对于保障被调查人的权益具有重要意义。

实务难点指引

《刑事诉讼法》规定的是辩护权,《行政处罚法》规定的是陈述权、申辩权。本条关于被调查人陈述和申辩的规定,与《行政处罚法》第32条关于当事人陈述和申辩的规定,既有联系又有区别。二者的联系主要有三点:一是都要求作出机关就有关事实、理由和证据进行复核或核实;二是都规定了对于有关事实、理由和证据成立的,作出机关应予采纳;三是都规定了不得因当事人或被调查人的申辩而加重处罚或政务处分。二者在行为主体、相对人和作出程序、救济路径等方面皆有区别，其中一个显著区别在于，《行政处罚法》第 6 条在规定对于行政处罚的陈述权、申辩权之外，还规定了如果对行政处罚不服的，有权依法申请行政复议或者提起行政诉讼；《监察法》和《公职人员政务处分法》中并未规定行政复议或者行政诉讼程序，而是规定了复审、复核程序。

关联法条

《公务员法》

第 63 条 对公务员的处分，应当事实清楚、证据确凿、定性准确、处理恰当、程序合法、手续完备。

公务员违纪违法的，应当由处分决定机关决定对公务员违纪违法的情况进行调查，并将调查认定的事实以及拟给予处分的依据告知公务员本人。公务员有权进行陈述和申辩；处分决定机关不得因公务员申辩而加重处分。

处分决定机关认为对公务员应当给予处分的，应当在规定的期限内，按照管理权限和规定的程序作出处分决定。处分决定应当以书面形式通知公务员本人。

第 96 条 原处理机关应当自接到复核申请书后的三十日内作出复核决定，并以书面形式告知申请人。受理公务员申诉的机关应当自受理之日起六十日内作出处理决定；案情复杂的，可以适当延长，但是延长时间不得超过三十日。

复核、申诉期间不停止人事处理的执行。

公务员不因申请复核、提出申诉而被加重处理。

第四十四条　调查终结后，监察机关应当根据下列不同情况，分别作出处理：

（一）确有应受政务处分的违法行为的，根据情节轻重，按照政务处分决定权限，履行规定的审批手续后，作出政务处分决定；

（二）违法事实不能成立的，撤销案件；

（三）符合免予、不予政务处分条件的，作出免予、不予政务处分决定；

（四）被调查人涉嫌其他违法或者犯罪行为的，依法移送主管机关处理。

条文主旨

本条是关于监察机关调查终结后案件处理分流的规定。

条文解读

根据本条规定，调查终结后，根据情况的不同，监察机关应当分别作出四种不同类型的处理结果：

第一，作出政务处分。监察机关调查终结后作出政务处分处理的，应当以“确有应受政务处分的违法行为”为前提，在内容上根据“情节轻重”具体决定，在主体上须按照决定权限确定，在程序上须履行规定的审批手续。对违法的公职人员依法作出政务处分决定，是《监察法》第 11 条、第 45 条规定的监察机关的重要职责权限。本法第 3 章中，以整章共 14 条的形式，针对“违法行为及其适用的政务处分”予以细化规定。此外，本法第 2 条第 2 款中还专门提到，这些规定也适用于公职人员任免机关、单位对违法的公职人员给予处分，不过其程序、申诉等适用其他法律、行政法规、国务院部门规章和国家有关规定。

第二，撤销案件。监察机关调查终结后作出撤销案件处理的，应当以“违法事实不能成立”为前提。《监察法》第 45 条第 2 款规定，监察机关经调查，对没有证据证明被调查人存在违法犯罪行为的，应当撤销案件，并通知被调查人所在单位。监察机关在调查过程中，发现立案依据失实，或者没有证据证明存在违法犯罪行为，不应对被调查人追究法律责任的，应当及时终止调查，决定撤销案件。

第三，作出免予、不予政务处分决定。监察机关调查终结后作出免予、不予政务处分处理的，应当以“符合免予、不予政务处分条件”为前提。根据《公职人员政务处分法》第 12 条，这主要指两种情况：一是公职人员违法行为情节轻微，且具有本法第 11 条规定的情形之一的；二是公职人员因不明真相被裹挟或者被胁迫参与违法活动，经批评教育后确有悔改表现的。值得注意的是，这两种情况规定的都是“可以”，而不是“应当”。

第四，依法移送主管机关处理。监察机关调查终结后作出依法移送主管机关处理的，应当以“涉嫌其他违法或者犯罪行为”为前提。所谓“主管机关”，指的不是《公职人员政务处分法》第 61 条、第 62 条中“有关机关、单位”的“上级机关、主管部门”，而是对于“其他违法或者犯罪行为”具有管辖权限的机关。例如，《监察法》第 11 条、第 45 条规定，如果被调查人涉嫌犯罪行为，应将调查结果移送人民检察院依法审查、提起公诉；第 35 条规定，对于报案或者举报，如果不属于本机关管辖的，应当移送主管机关处理。

实务难点指引

实践中必须区分好“撤销案件”和“免予、不予政务处分”两种处理情形。前者的前提是“违法事实不能成立”，这指的是在未能充分收集足以认定违法事实的证据，或者已经收集到的证据足以表明不存在违法事实。后者的前提是“符合免予、不予政务处分条件”，这并不意味着不存在违法行为，而是指基于具体情节或者其他特殊考虑，依法可以免予、不予政务处分决定。调查终结后，对于违法事实不能成立的案件，监察机关必须及时撤销案件；对于符合免予、不予政务处分条件的，作出免予、不予政务处分决定，同时可以根据案件的不同情况，通过谈话提醒、批评教育、责令检查或者予以诫勉措施，对违法的公职人员进行适当的惩戒教育。值得注意的是，本项并未规定撤销案件的后续事项。根据《公职人员政务处分法》第 53 条，监察机关在调查中发现公职人员受到不实检举、控告或者诬告陷害，造成不良影响的，应当按照规定及时澄清事实，恢复名誉，消除不良影响。本条针对调查终结后违法事实不能成立、不予政务处分、撤销案件的情形，没有规定恢复名誉或者类似表述。比照来看，对于本条规定涉及的撤销案件的情形，也应及时澄清事实，恢复名誉，消除不良影响。按照《监察法》第 45 条第 2 款规定，对于此类撤销的案件，应将撤销案件的原因和决定通知被调查人所在单位，即在一定范围内为被调查人予以澄清。

关联法条

1.《监察法》

第 11 条第 3 项 监察委员会依照本法和有关法律规定履行监督、调查、处置职责：

（三）对违法的公职人员依法作出政务处分决定；对履行职责不力、失职失责的领导人员进行问责；对涉嫌职务犯罪的，将调查结果移送人民检察院依法审查、提起公诉；向监察对象所在单位提出监察建议。

第 35 条 监察机关对于报案或者举报，应当接受并按照有关规定处理。对于不属于本机关管辖的，应当移送主管机关处理。

第 45 条 监察机关根据监督、调查结果，依法作出如下处置：

（一）对有职务违法行为但情节较轻的公职人员，按照管理权限，直接或者委托有关机关、人员，进行谈话提醒、批评教育、责令检查，或者予以诫勉；

（二）对违法的公职人员依照法定程序作出警告、记过、记大过、降级、撤职、开除等政务处分决定；

（三）对不履行或者不正确履行职责负有责任的领导人员，按照管理权限对其直接作出问责决定，或者向有权作出问责决定的机关提出问责建议；

（四）对涉嫌职务犯罪的，监察机关经调查认为犯罪事实清楚，证据确实、充分的，制作起诉意见书，连同案卷材料、证据一并移送人民检察院依法审查、提起公诉；

（五）对监察对象所在单位廉政建设和履行职责存在的问题等提出监察建议。

监察机关经调查，对没有证据证明被调查人存在违法犯罪行为的，应当撤销案件，并通知被调查人所在单位。

2.《公务员法》

第61条　公务员因违纪违法应当承担纪律责任的，依照本法给予处分或者由监察机关依法给予政务处分；违纪违法行为情节轻微，经批评教育后改正的，可以免予处分。

对同一违纪违法行为，监察机关已经作出政务处分决定的，公务员所在机关不再给予处分。

3.《刑法》

第37条　对于犯罪情节轻微不需要判处刑罚的，可以免予刑事处罚，但是可以根据案件的不同情况，予以训诫或者责令具结悔过、赔礼道歉、赔偿损失，或者由主管部门予以行政处罚或者行政处分。

典型案例

问题：如何根据调查情况差异做好行为定性和结果分流工作？

案情：田某，中共党员，系某镇国有资产管理办公室工作人员，负责单位所属国有资产的变卖处置工作（变卖资产所得主要用于镇里发放拖欠的工资）。2008年6月，田某将单位所属的一台闲置机械设备以7500元的价格公开变卖后，因单位拖欠田某工资8000元，田某遂私自将该款用于个人看病和生活开支，而未将该款上交单位财务。2009年6月，在纪检机关初步核实时，田某主动向纪检机关讲清了上述情况。经查，田某未核销该机械设备的固定资产账目，并表示准备年终结算时再办理现金收入和该机械设备固定资产账目的核销手续，但当年年底，该镇国有资产管理办公室未办理年终结算。

在对田某上述问题如何定性上，有的同志提出，田某的行为构成贪污，有的则认为田某的行为属于挪用公款，还有的认为田某的行为应以违反财经纪律认定。在对田某的处理上，有的同志提出应当严肃执纪，给予重处分，也有的认为可以从轻处理。经当地县纪委研究认为，本案中田某利用职务上的便利，私自将公款用于个人开支的行为已经构成挪用公款。但综合全案来看，单位拖欠田某的工资在前，田某将公款私用在后，从“情、理、法”相统一的角度，对其的处分不宜过重。基于这一认识，考虑到挪用公款行为和违反财经纪律行为在影响和处理上的差异，最终县纪委依照《中国共产党纪律处分条例》第126条的规定，对田某的行为按违反财经纪律定性，并免予处分。

分析：在田某违纪案中，田某私自将公款挪作己用的行为已经构成违纪，应当受到纪律追究。当地纪委从多个角度对案件事实进行了分析，既看到田某的行为违反了有关党纪政纪规定，其行为已构成违纪；同时也充分考虑到单位拖欠田某的工资和田某私自挪用的公款主要是为了个人看病和生活开支等因素的影响，最终作出对田某的违纪行为免予处分的决定。这一处理结果应当说是比较准确恰当的，既表明了纪检监察机关从严治党、严肃执纪的态度，也体现了我们党惩前毖后、治病救人的精神，教育、挽救了违纪者，警诫了其他党员干部，体现了合法、合理、合情的有机结合，其做法和思考问题的角度、思路值得肯定。

但应当注意的是，本案在田某的违纪行为定性问题上存在的不足也是十分明显的。田某的违纪行为侵犯的客体是公款的使用权，并未侵犯公款的所有权，不能以贪污行为予以认定，也不宜认定为违反财经纪律行为。对照法律规定和党纪条规，田某的这一行为应当认定为挪用公款。因此，虽然县纪委从情、理等因素考虑，希望给予田某从轻处分的考虑是对的，但是通过改变对田某的违纪行为性质的认定来达到对田某的从轻处理，则是一种违反规定的做法，应当予以纠正。实际上，因田某具有主动交代的情节，根据2003年《中国共产党纪律处分条例》第23条的规定，认定田某的行为构成挪用公款，可以从轻、减轻处理，并不妨碍对其作出免予处分的决定。①

第四十五条　决定给予政务处分的，应当制作政务处分决定书。

政务处分决定书应当载明下列事项：

（一）被处分人的姓名、工作单位和职务；

（二）违法事实和证据；

（三）政务处分的种类和依据；

（四）不服政务处分决定，申请复审、复核的途径和期限；

① 参见中央纪委案件审理室调研处：《情与理不能改变法——从田某违纪案看案件处理中法、理、情的结合》，载《中国纪检监察》2013年第19期。

（五）作出政务处分决定的机关名称和日期。

政务处分决定书应当盖有作出决定的监察机关的印章。

条文主旨

本条是关于政务处分决定书及其要求的规定。

条文解读

本条共三款。第 1 款规定，政务处分决定书是作出政务处分决定的必要形式。所谓政务处分决定书，是监察机关针对被调查人的违法行为，在经过调查取证掌握充分证据的基础上，制作的记载违法事实、处罚理由、依据和决定等事项的具有法律效力的书面法律文书。作为最重要的政务处分文书，政务处分决定书具有严肃性、强制性和对被处分人的拘束力。

第 2 款规定，政务处分决定书应当载明五个方面的事项。一是“处分谁”。这主要指被处分人的身份和工作信息，包括姓名、工作单位和职务等。与行政处罚决定书不同的是，政务处分决定书要求载明的是身份信息和工作信息，而前者要求载明的是身份信息和地址信息。这是因为，政务处分的处分对象是作为公职人员的被处分人，其所涉处分内容皆与被处分人的公职人员身份及所在单位等休戚相关。二是“为什么”。这主要指被处分人因何违法事实和证据而受到该政务处分。三是“是什么”。这主要指被处分人受到何种处分，以及受到该处分之法律法规依据。四是“不服怎么办”。这主要指被处分人不服该决定可以在多长期限内以何种途径申请复审、复核。五是“谁处分”。这主要指在落款中注明作出该决定的机关名称和日期。

第 3 款规定，政务处分决定书应当盖有作出决定的监察机关的印章。要求政务处分决定书必须盖有作出决定的监察机关的印章，是对政务处分决定书本身的严肃性、谨慎性的充分肯定，也是政务处分工作中程序正义的应有之义，有助于明确每个政务处分决定的作出机关和责任主体。《行政处罚法》第 39 条第 2 款规定，“行政处罚决定书必须盖有作出行政处罚决定的行政机关的印章”；《治安管理处罚法》第 96 条第 2 款也规定，“决定书应当由作出处罚决定的公安机关加盖印章”。也就是说，即便行政处罚行为的主体合法、事实清楚、证据充分，如果该行政处罚决定书未盖本机关印章，便因不符合法定形式要件而不成立。本款这里采取了“应当”的表述,应当认为,盖有作出决定的监察机关的印章是政务处分决定书本身成立的要件之一。

实务难点指引

与行政处罚决定区分简易程序和一般程序不同,政务处分决定并没有规定简易程序。这是因为,相对于谈话提醒、批评教育、责令检查、予以诫勉等处理形式,政务处分的最低处分种类为警告。根据《公职人员政务处分法》第19条和第20条的规定,公务员和参公管理人员在政务处分期间,不得晋升职务、职级、衔级和级别,其中被记过的不得晋升工资档次;《监察法》第15条第2项和第4项规定的人员在政务处分期内,不得晋升职务、岗位和职员等级、职称,其中被记过的不得晋升薪酬待遇等级。由此可见,包括记过在内的各类政务处分,都将影响到公职人员的职级待遇和职业发展等事项。因此,并不存在与《行政处罚法》第34条类似的当场作出政务处分决定的说法。根据《公职人员政务处分法》第4条关于政务处分的原则性规定,给予公职人员政务处分,坚持党管干部原则,集体讨论决定。

关联法条

1.《行政处罚法》

第34条 执法人员当场作出行政处罚决定的,应当向当事人出示执法身份证件,填写预定格式、编有号码的行政处罚决定书。行政处罚决定书应当当场交付当事人。

前款规定的行政处罚决定书应当载明当事人的违法行为、行政处罚依据、罚款数额、时间、地点以及行政机关名称,并由执法人员签名或者盖章。

执法人员当场作出的行政处罚决定,必须报所属行政机关备案。

2.《行政机关公务员处分条例》

第45条 处分决定应当包括下列内容:

(一)被处分人员的姓名、职务、级别、工作单位等基本情况;

(二)经查证的违法违纪事实;

(三)处分的种类和依据;

(四)不服处分决定的申诉途径和期限;

(五)处分决定机关的名称、印章和作出决定的日期。

解除处分决定除包括前款第(一)项、第(二)项和第(五)项规定的内容外,还应当包括原处分的种类和解除处分的依据,以及受处分的行政机关公务员在受处分期间的表现情况。

第四十六条　政务处分决定书应当及时送达被处分人和被处分人所在机关、单位，并在一定范围内宣布。

作出政务处分决定后，监察机关应当根据被处分人的具体身份书面告知相关的机关、单位。

条文主旨

本条是关于政务处分决定书的送达、宣布和政务处分决定告知义务的规定。

条文解读

政务处分决定应当得到切实执行。为此，本法规定了一系列保障政务处分决定得以正确有效实施的制度。本条共两款。第1款规定的是监察机关制作的政务处分决定书，应当及时送达并宣布。有行政法学者指出："送达是一种非常重要的法律行为，送达理论的司法倾向使行政法学者们基本上忘记了其在行政法学中的重要地位。"[①]一个问题在于：政务处分决定是否以"送达"为生效标志或者说必要条件？根据《监察法》第62条的规定，监察机关作出的处理决定"一经作出，即产生法律效力，具有强制性，监察对象及有关单位必须执行"。[②] 比较地看，《行政复议法》规定，行政行为一般情况下以送达为生效标志，复议期间不停止执行；《民事诉讼法》和《行政诉讼法》等规定，我国施行二审终审制，一审判决在上诉期间暂不生效；《公务员法》则规定复核、申诉期间人事处理不停止执行。

我国行政法律要求行政行为以送达为生效标志，这是考虑到一项行政行为本身的决定仅意味着对内发生效力，如欲对当事人发生效力，还需以法定方式送达后者，由此对外发生效力。《行政机关公务员处分条例》第9条第1款规定："行政机关公务员受开除处分的，自处分决定生效之日起，解除其与单位的人事关系，不得再担任公务员职务。"第46条规定："处分决定、解除处分决定自作出之日起生效。"本法在研究审议过程中，对本问题曾经有所讨论。《中华人民共和国公职人员政务处分法（草案）》中，已经提到"生效"问题，其在第10条中规定，"受到开除处分的，自处分决定生效之日起，解除其与单位的劳动人事关系"。草案二次审议

---

① 田瑶：《论行政行为的送达》，载《政法论坛》2011年第5期。

② 中共中央纪律检查委员会、中华人民共和国国家监察委员会法规室编写：《〈中华人民共和国监察法〉释义》，中国方正出版社2018年版，第267页。

稿中,在此基础上进一步通过第 9 条第 2 款规定“政务处分的期间自政务处分决定生效之日起计算”。不过,两次审议稿都没有明确针对政务处分的生效标志作出规定。对此,各方提出了以“作出”和“送达”为生效标志两种不同的观点。在最终通过施行的版本中,第 8 条第 2 款规定:“政务处分决定自作出之日起生效,政务处分期自政务处分决定生效之日起计算。”因此,本法就政务处分决定之生效标志,规定的是“作出”,而不是“送达”,这是政务处分决定与行政处罚决定之间的一个重要区别。

第 2 款规定的是作出政务处分决定后,监察机关还须履行对相关机关、单位的告知义务。根据本法规定,监察机关在两个方面有告知义务:一是第 43 条规定的作出政务处分决定前的告知义务;二是本条规定的作出政务处分决定后的告知义务。本款规定,是为了强化政务处分决定的执行,即不仅要制定政务处分决定书,并将其及时送达被处分人和被处分人所在机关、单位,同时还要在一定范围内宣布。政务处分决定书的送达、宣布制度,与它的回避制度、入档制度等,共同形成了政务处分决定的执行落实机制,既有利于其形成必要的现实权威,也有助于推动本法自身的有效实施,发挥本法规范政务处分、加强对所有行使公权力的公职人员的监督等应有的功能与价值。

实务难点指引

本条在政务处分实践的过程中,需要重点考虑送达的方式和期限问题。由于行政复议、行政诉讼等的决定是一经送达即发生法律效力,本法第 8 条第 2 款规定政务处分决定则是自作出之日起生效。这一方面在一定程度上避免了因送达期间过长而导致的政务处分期的不恰当拖延,另一方面也对政务处分决定书的送达方式和期限提出了更高的要求。与此同时,根据本条规定,政务处分决定书的送达对象包括“被处分人”和“被处分人所在机关、单位”,这可能导致两个问题:一是纸质文书的送达可能由于地理位置、交通因素和邮递原因而被拖延;二是被处分人所在机关、单位方面通常接收此类文书并无问题,但不排除被处分人故意不签收此类文书的情况。对于后者,《刑事诉讼法》作了比较详实的规定,例如,在原则上应当交给本人签收,也可交其成年亲属或者所在单位负责人员代收,如果本人或者代收人拒绝接收或者拒绝签名、盖章的时候,可以邀请见证人,在送达证上注明拒绝事由及送达日期并由送达人签名,此视为送达。《行政处罚法》第 40 条对此的规定是,行政处罚决定书应当在宣告后当场交付当事人;当事人不在场的，行政机关应当在七日内依照《民事诉讼法》的有关规定，将行政处罚决定书送达当事人。至于《民事诉讼法》，则通过一整节的形式规定了民事诉讼的送达制度，其中特别规定了“可以采用传真、电子邮件等能够确认其收悉的方式送达诉讼文书，但判决书、裁定书、调解书除外”。这些经验在一定程度上值得借鉴。

实际上，政务处分决定书与《刑事诉讼法》中的传票、通知书和其他诉讼文书存在较大差异。在以送达为文书生效标志的有关程序中，送达直接决定了当事人能否及时知悉以及送达日期等问题。由于政务处分的内容主要关涉被处分人的公职身份，该身份通常与其所在机关、单位直接相关，因此本条关于“及时送达被处分人和被处分人所在机关、单位”和“在一定范围内宣布”的规定，在很大程度上与已经送达被处分人发挥着类似的作用。不过，基于对被处分人程序权益的保障，本条关于向被处分人送达政务处分决定书的规定，仍然采取了“应当”的表述。总之，监察机关在送达政务处分决定书时，不能以有关机关、单位已经接收为由，认为对被处分人的送达已经由其所在机关、单位代为接收，二者必须分别采取独立的送达方式。

除了本条规定的送达程序和宣布外，政务处分实践工作中还有另外一步程序：函告。《公职人员政务处分暂行规定》第 14 条规定，监察机关对本级党委管理的公职人员依法作出政务处分决定后，除依照本规定第 13 条送达受处分人所在单位执行外，还应当根据受处分人的具体身份函告相应的机关或者群团组织等单位。受处分人系民主党派和无党派人士的，同时函告本级党委统战部以及相应的民主党派机关或者相关单位。据此，根据被处分人的具体身份，函告的对象主要包括相应的机关、群团组织、统战部以及相应的民主党派机关或者相关单位。

关联法条

《公务员法》

第 63 条 对公务员的处分，应当事实清楚、证据确凿、定性准确、处理恰当、程序合法、手续完备。

公务员违纪违法的，应当由处分决定机关决定对公务员违纪违法的情况进行调查，并将调查认定的事实以及拟给予处分的依据告知公务员本人。公务员有权进行陈述和申辩；处分决定机关不得因公务员申辩而加重处分。

处分决定机关认为对公务员应当给予处分的，应当在规定的期限内，按照管理权限和规定的程序作出处分决定。处分决定应当以书面形式通知公务员本人。

典型案例

2018年5月22日，湖南省郴州市安仁县监委给予县公路局刘某明撤职处分。2018年6月25日，县纪委给予县司法局李某龙开除党籍处分。2018年9月25日，县司法局给予李某龙开除公职处分。2019年4月，市纪委检查发现县公路局刘某明案、县司法局李某龙案，宣布处分决定的会议记录时间与单位上报处分决定执行情况表上的宣布处分时间不一致。本案中，县公路局办公室工作人员何某晖、县司法局政府法律事务股工作人员龙某峰作为具体承办人，对此负有直接责任。2019年9月12日，何某晖受到批评教育问责处理。2019年9月11日，龙某峰受到批评教育问责处理。①

第四十七条　参与公职人员违法案件调查、处理的人员有下列情形之一的，应当自行回避，被调查人、检举人及其他有关人员也有权要求其回避：

（一）是被调查人或者检举人的近亲属的；

（二）担任过本案的证人的；

（三）本人或者其近亲属与调查的案件有利害关系的；

（四）可能影响案件公正调查、处理的其他情形。

条文主旨

本条是关于案件调查、处理中回避制度有关情形和类型的规定。

条文解读

本条规定的是监察调查、处理过程中的回避制度。规定本条的主要目的在于确保政务处分的调查、处理工作能够客观公正、合法合理。在回避人员上，本条规定的适用回避制度的“参与公职人员违法案件调查、处理的人员”，多数情况下是调查人员，但是在线索处置、常态监督和审理处置过程中，相关监察人员也有可能影响政务处分工作的客观公正，如果存在这些情形，也应当予以回避。在回避情

① 参见安仁县纪委：《安仁通报7起纪律处分决定执行不到位问题典型案例》，载郴州纪检监察网：http://www.czlz.czs.gov.cn/zwgk/lzyw/content_3006036.html，2020年7月5日最后访问。

形上，本条规定了近亲属回避、证人回避、利害关系回避和其他情形回避等四种情况。在回避类型上，本条规定了自行回避和要求回避两种情况。

回避制度在我国具有悠久历史，概括而言，主要有地区回避、亲属回避、科场回避、诉讼回避等类型。秦朝建立以后逐步制定对官吏的任用法规，西汉景帝时探索实行回避制度，对地方各级官吏的使用首先在地域上开始加以限制，回避原则开始成为我国传统官制的一大特色，历唐宋不断健全，至明清基本完善。[①] 我国现行法律中对于回避的规定，主要可分为司法回避、行政回避、任职回避、立法回避等。在当代，回避制度已被赋予了更强的程序意义和被注入了更多的公正理念。在我国三大诉讼法律制度中，诉讼程序的回避构成了程序正义的基础性保障，在《刑事诉讼法》《民事诉讼法》等法律中，都采取了专章规定回避制度的模式；在行政法领域，行政处罚、行政许可、行政强制等程序中，也都规定了回避机制。关于监察回避的回避情形和启动类型，《监察法》第 58 条已经作出比较明确的规定，本条基本延续了《监察法》中的有关规定。

实务难点指引

实践中较难把握的主要问题是应当如何认定“有利害关系”和“其他情形”。所谓“有利害关系”，是指参与公职人员违法案件调查、处理的人员本身或者其近亲属虽然不是案件的直接相关人，但是存在可能影响案件公正处理的各类关系，包括该案的调查、处理涉及或者可能涉及他们的重大利益等。例如，与被调查人存在合伙经营或共同出资开办公司等情况。所谓“有可能影响案件公正调查、处理的其他情形”，指的是虽然不是被调查人或者检举人的近亲属，但是存在朋友、远亲、借贷等关系，或者与被调查人或者检举人发生过恩情、仇怨等，而且有关情形可能影响到案件公正调查、处理。[②]

此外，考虑到《监察法》针对鉴定和勘验检查等调查措施也作了专门规定，参考《刑事诉讼法》第 32 条第 1 款“本章关于回避的规定适用于书记员、翻译人员和鉴定人”的规定，结合《监察法》第 33 条第 2 款“与刑事审判关于证据的要求和标准相一致”的规定，本条关于参与公职人员违法案件调查、处理的人员回避的规定，是否也适用于翻译人员、鉴定人、参加勘验检查的人员等。这是后续立法细化

① 参见刘金祥：《古代的回避制度》，载《中国纪检监察报》2016 年 12 月 12 日，第 8 版。

② 参见中共中央纪律检查委员会、中华人民共和国国家监察委员会法规室编写：《〈中华人民共和国监察法〉释义》，中国方正出版社 2018 年版，第 255 页、第 256 页。

值得关注的问题。

关联法条

1.《监察法》

第58条 办理监察事项的监察人员有下列情形之一的，应当自行回避，监察对象、检举人及其他有关人员也有权要求其回避：

（一）是监察对象或者检举人的近亲属的；

（二）担任过本案的证人的；

（三）本人或者其近亲属与办理的监察事项有利害关系的；

（四）有可能影响监察事项公正处理的其他情形的。

2.《行政机关公务员处分条例》

第42条 参与行政机关公务员违法违纪案件调查、处理的人员有下列情形之一的，应当提出回避申请；被调查的公务员以及与案件有利害关系的公民、法人或者其他组织有权要求其回避：

（一）与被调查的公务员是近亲属关系的；

（二）与被调查的案件有利害关系的；

（三）与被调查的公务员有其他关系，可能影响案件公正处理的。

第四十八条　监察机关负责人的回避，由上级监察机关决定；其他参与违法案件调查、处理人员的回避，由监察机关负责人决定。

监察机关或者上级监察机关发现参与违法案件调查、处理人员有应当回避情形的，可以直接决定该人员回避。

条文主旨

本条是关于案件调查、处理中回避的决定程序的规定。

条文解读

本条共两款，分别规定了启动回避的两种情况。第1款规定，在回避的程序性启动中，回避的决定主体应根据参与违法案件调查、处理人员的身份差异进行区分。有的观点可能将这一款理解为，仅在被要求回避的情形下才需经此决定程序。如果依此理解，对于自行回避的，只要不给案件调查、处理带来不利影响，即应在主管领导知晓的前提下及时退出案件的调查、处理；对于被要求回避的，才需等待决定结果。但是，参考《公务员法》第77条第2款关于"机关根据公务员本人或者利害关系人的申请，经审查后作出是否回避的决定，也可以不经申请直接作出回避决定"的规定，《刑事诉讼法》第31条第2款关于"对侦查人员的回避作出决定前，侦查人员不能停止对案件的侦查"的规定，以及《行政诉讼法》第55条第2款关于"审判人员认为自己与本案有利害关系或者有其他关系，应当申请回避"的规定，并结合政务处分调查、处理回避制度与它们的关联和差异，应当认为，即便是自行回避，也应先向监察机关负责人或者上级监察机关申请。也就是说，本款所称"决定"，指的是自行回避和要求回避，都须先经决定程序，然后确定是否适用回避制度。至于就回避作出决定之前，有关办案人员是否停止对案件的调查、处理工作，这有待后续立法细化进一步明确。

第2款规定，在回避的职权性启动中，监察机关或者上级监察机关有权直接决定有关人员回避。本款规定的"可以直接决定该人员回避"的主体是"监察机关"或者"上级监察机关"，结合上一款规定，这里所称"监察机关"，指的应是监察机关发现这些人员有应当回避情形的，并经由监察机关负责人决定。同时，上级监察机关如果发生监察机关负责人有应当回避情形的，前者可以直接决定后者的回避。

实务难点指引

如果被调查人、检举人或者其他有关人员虽然提出了回避要求的申请，但是未能提供充分相关证据，应当如何认定？

在当前我国司法实践中，当事人向法院、检察院、公安机关提出回避申请要求的事例并不少见，但是由于刑事回避中举证责任规定的规则缺失，从而一定程度造成了司法实务中法律适用的空白。在监察实践中，要求回避之启动可想而知也存在一定的现实困难，除了"担任过本案的证人的"这一点几乎所有案件参与人皆可知晓外，包括是否存在近亲属关系这一点对于被调查人、检举人及其他有关人员等，都是不易知晓的，更何况取得充分证据以证明只是存在"有利害关系"。可见，单一地采取"谁主张谁举证"的举证规则，很可能导致本条有关回避制度束之高阁，不宜将此举证责任全部交由申请人。但是，如果单一地采取举证责任倒置规则，也可能致使公职人员违法案件调查、处理的低效乃至无效，因为此类案件的被调查人或被处分人通常普遍具有一定的法律知识和逻辑能力，很可能借此无限制地申请要求回避,从而导致办案延缓乃至停滞,甚至因此丧失办案时机和主动权。因此,在实践中,既需要提出回避要求的申请人提供初步证据以证明有关情况存在可能性,也应当充分发挥监察机关自身的能动性,主动核实有关情况的真实性,通过监察系统内部监督制约机制,形成监察自我监督的充分闭环。

关联法条

1.《公务员法》

第 77 条 公务员有应当回避情形的,本人应当申请回避;利害关系人有权申请公务员回避。其他人员可以向机关提供公务员需要回避的情况。

机关根据公务员本人或者利害关系人的申请,经审查后作出是否回避的决定,也可以不经申请直接作出回避决定。

2.《行政机关公务员处分条例》

第 43 条 处分决定机关负责人的回避,由处分决定机关的上一级行政机关负责人决定;其他违法违纪案件调查、处理人员的回避,由处分决定机关负责人决定。

处分决定机关或者处分决定机关的上一级行政机关,发现违法违纪案件调查、处理人员有应当回避的情形,可以直接决定该人员回避。

第四十九条　公职人员依法受到刑事责任追究的,监察机关应当根据司法机关的生效判决、裁定、决定及其认定的事实和情节,依照本法规定给予政务处分。

公职人员依法受到行政处罚,应当给予政务处分的,监察机关可以根据行政处罚决定认定的事实和情节,经立案调查核实后,依照本法给予政务处分。

监察机关根据本条第一款、第二款的规定作出政务处分后,司法机关、行政机关依法改变原生效判决、裁定、决定等,对原政务处分决定产生影响的,监察机关应当根据改变后的判决、裁定、决定等重新作出相应处理。

条文主旨

本条是关于政务处分与刑事追责、行政处罚衔接协调事项的规定。

条文解读

本条主要从程序上规定了公职人员依法受到刑事责任追究,或者受到行政处罚，应当给予政务处分的，应当如何履行立案调查和处分工作。本条共三款。第1款规定的是政务处分与刑事追责的衔接协调。本法草案一审稿第7条规定，公职人员涉嫌犯罪的，一般应当先依法给予政务处分，再依法追究其刑事责任。不过，这项规定在逻辑上缺乏周延性，本法草案二审稿已删去该表述。在理论上，公职人员依法被追究刑事责任与受到政务处分之间，并无绝对的先后关系。具体而言，如果监察机关先行立案调查，然后移送人民检察院审查起诉，便由监察机关先作出政务处分，然后依法追究刑事责任。但是，如果公职人员的某个职务犯罪行为不是由监察机关调查的，而是由人民检察院直接立案调查的；或者，起初只发现了该公职人员的其他犯罪行为；或者，本身并无职务犯罪行为，但因受到了刑事处罚，从而需予以开除或撤职处置等对于这些公职人员涉嫌犯罪的情形，在逻辑上就不应该也不可能一概皆由监察机关先作出政务处分。按照本款规定，对于司法机关的生效判决、裁定、决定，监察机关应当根据它们认定的事实和情况，依照本法规定给予政务处分，以此实现政务处分与刑事追责的有效衔接。

第2款规定的是政务处分与行政处罚的衔接协调。本款规定与第1款在表述上有一个重要区别，即本款进一步规定了“经立案调查核实后”。这种差异，是基于司法裁判的终局性而决定的。一旦司法机关已经依法作出生效判决、裁定、决定，其认定的结论即对监察机关同样具有拘束力。本法草案一审稿中，第49条第1款规定对于“依法受到刑事责任追究的”的情形，“一般不再履行立案程序”，二审稿删去了该表述。在实践中，部分地方行政机关为牟取本单位私利，“以罚代刑”，应当移交司法机关追究刑事责任却不移交的现象，并不鲜见，《行政处罚法》第61条对于这种现象的法律责任已有专门规定。另外，行政机关对事实情节认定有误或者为牟取本单位私利，导致公职人员依法本不应受到行政处罚而受到行政处罚，或者行政处罚过重等现象，同样难以完全杜绝。因此，本款专门规定，对于行政机关作出的行政处罚决定，应当先立案调查核实其认定的事实和情节，然后再依本法给予政务处分。

第3款规定的是政务处分与刑事追责、行政处罚衔接协调中的特殊情况，根据本款规定，如果司法机关、行政机关依法改变了原生效判决、裁定、决定等，而且有关变更对监察机关依据原生效文书作出的政务处分决定将产生影响的，监察机关应当据此重新作出相应处理。本款作此规定，是因为监察机关原政务处分决定是基于司法机关、行政机关原生效判断、裁定、决定等认定的事实和情节而作出的。

实务难点指引

公职人员如果先依法受到“其他纪律处分”，监察机关能否针对有关方面认定的事实和情节进行立案调查核实后给予政务处分？

本法草案一审稿第 49 条第 3 款和二审稿第 50 条第 3 款都规定，公职人员违反法律、法规，或者企事业单位、其他社会组织的规章制度，受到其他纪律处分，应当给予政务处分的，监察机关在对有关方面认定的事实和情节进行立案调查核实后，依照本法给予政务处分。本法最终通过施行时，此款已被删去。值得注意的是，从生效文书的性质及其认定事实和情节的公信力来讲，行政机关的行政处罚决定与司法机关的生效判决、裁定、决定是不同的，公职人员所在单位的其他纪律处分决定与上述生效判决、裁定、决定也是不同的。

本法第 16 条和第 17 条规定，“公职人员有违法行为，有关机关依照规定给予组织处理的，监察机关可以同时给予政务处分”，但是，“对公职人员的同一违法行为，监察机关和公职人员任免机关、单位不得重复给予政务处分和处分”。因此，其一，如果公职人员受到其他纪律处分的原因，是违反法律、法规，监察机关不得就相同违法行为重复给予政务处分。不过，如果已经受到的其他纪律处分明显失当，监察机关可以通过监察建议的形式发挥纠错功能。其二，如果公职人员受到其他纪律处分的原因，是违反企事业单位、其他社会组织的(内部)规章制度，则要区分是否达到违法犯罪的程度。对于其中仅违反(内部)规章制度，未及违法犯罪程度的，依照本法便不应给予政务处分；对于其中既违反(内部)规章制度，也涉及违法犯罪的，当然应当依照本法给予政务处分。

关联法条

《行政机关公务员处分条例》

第 17 条 违法违纪的行政机关公务员在行政机关对其作出处分决定前，已经依法被判处刑罚、罢免、免职或者已经辞去领导职务，依法应当给予处分的，由行政机关根据其违法违纪事实，给予处分。

行政机关公务员依法被判处刑罚的，给予开除处分。

典型案例

案情：李某，中共党员，国家某行政机关管理局原副局长。2015 年 7 月 8 日晚，李某饮酒后驾车到单位取材料，被执勤民警当场查获，并抽取体内静脉血留存。后经司法鉴定，李某血液中酒精含量为91.2mg/100mL，已达到国家人体血液酒精含量标准中规定的醉酒标准。8月24日，李某因涉嫌犯危险驾驶罪被取保候审。12月23日，李某被免职。2016年1月5日，某人民法院作出刑事判决，认定李某的行为已构成危险驾驶罪，鉴于其认罪、悔罪态度较好，依法对其从轻处罚并适用缓刑，判处拘役一个月，缓刑二个月，罚金1000元。李某未提起上诉，判决已生效。

处理意见：对李某的上述行为，其所在单位纪委提出，依据2015年《中国共产党纪律处分条例》第33条第1款第1项关于"因故意犯罪被依法判处刑法规定的主刑（含宣告缓刑）的"应当给予开除党籍处分的规定，本应给予其开除党籍处分，但考虑到其具有认错态度较好，在问题发生后第一时间向所在单位党委、纪委主动报告，本人工作表现一贯良好，醉酒驾车未造成不良后果等减轻处分情节，依据2015年《中国共产党纪律处分条例》第17条"根据案件的特殊情况，由中央纪委决定或者经省（部）级纪委（不含副省级市纪委）决定并呈报中央纪委批准，对违纪党员也可以在本条例规定的处分幅度以外减轻处分"的规定，按程序报中央纪委批准后，在处分幅度以外给予其留党察看两年处分。①

第五十条　监察机关对经各级人民代表大会、县级以上各级人民代表大会常务委员会选举或者决定任命的公职人员予以撤职、开除的，应当先依法罢免、撤销或者免去其职务，再依法作出政务处分决定。

监察机关对经中国人民政治协商会议各级委员会全体会议或者其常务委员会选举或者决定任命的公职人员予以撤职、开除的，应当先依章程免去其职务，再依法作出政务处分决定。

监察机关对各级人民代表大会代表、中国人民政治协商会议各级委员会委员给予政务处分的，应当向有关的人民代表大会常务委员会，乡、民族乡、镇的人民代表大会主席团或者中国人民政治协商会议委员会常务委员会通报。

---

① 参见钟纪晟：《党员干部因醉酒驾车被判处刑罚应如何给予党政纪处分》，载中央纪委国家监委网站：http://www.ccdi.gov.cn/djfg/ywgw/201603/t20160324_114670.html，2020年7月5日最后访问。

条文主旨

本条是关于作出政务处分的前置程序和通报程序的规定。

条文解读

本条共三款。第1款规定，对经各级人民代表大会、县级以上各级人民代表大会常务委员会选举或者决定任命的公职人员，如果要施以撤职、开除等政务重处分，应当先履行前置程序。作此规定，既是基于对我国人民代表大会根本政治制度的充分尊重，也是基于对权力机关与监察机关之间宪法关系的准确认定。在我国，凡经人大及其常委会选举或者决定任命的国家工作人员正式就职时要公开向《宪法》宣誓。结合本条第3款，这里所称“选举或者决定任命的公职人员”，应不包括“各级人民代表大会代表”。

第2款规定，对经中国人民政治协商会议各级委员会全体会议或者其常务委员会选举或者决定任命的公职人员，如果要施以撤职、开除等政务重处分，应当先履行前置程序。作此规定，是由中国人民政治协商会议在我国的特殊地位所决定的。中国人民政治协商会议是中国共产党领导下，由中国共产党、八个民主党派、无党派民主人士、人民团体、各少数民族和各界代表，台湾同胞、港澳同胞和归国侨胞的代表，以及特别邀请的人士组成，在我国发挥着政治协商、民主监督、参政议政等作用。根据《监察法》第15条的规定，中国人民政治协商会议各级委员会机关的公务员以及参照《公务员法》管理的人员，接受监察机关的监察。但是，根据《宪法》的规定，中国人民政治协商会议并不是严格意义上的国家机构。结合本条第3款，这里所称“选举或者决定任命的公职人员”，应不包括“中国人民政治协商会议各级委员会委员”。

第3款规定，对各级人民代表大会代表、中国人民政治协商会议各级委员会委员给予政务处分的，应履行通报程序。这里需要把握两点：第一，与前两款规定的前置程序仅限于作出“政务重处分”不同，本款规定指向的是所有政务处分；第二，本款中履行通报程序的对象，不是各级人民代表大会代表或者中国人民政治协商会议委员会全体会议，而是有关的人民代表大会常务委员会，乡、民族乡、镇的人民代表大会主席团或者中国人民政治协商会议委员会常务委员会。

实务难点指引

第一，如何准确认定“经各级人民代表大会、县级以上各级人民代表大会常务委员会选举或者决定任命的公职人员”？

以全国人民代表大会及其常务委员会为例，根据《宪法》的规定，全国人民代表大会有权选举或决定以及罢免国家主席、副主席，国务院总理、副总理、国务委员、各部部长、各委员会主任、审计长、秘书长，中央军事委员会主席和其他组成人员，国家监察委员会主任，最高人民法院院长，最高人民检察院检察长等；有权选举并罢免全国人民代表大会常务委员会的组成人员。全国人民代表大会常务委员会有权决定驻外全权代表的任免；有权在全国人民代表大会闭会期间，根据国务院总理的提名决定部长、委员会主任、审计长、秘书长的人选，根据中央军事委员会主席的提名决定中央军事委员会其他组成人员的人选；根据国家监察委员会主任的提请任免国家监察委员会副主任、委员；根据最高人民法院院长的提请任免最高人民法院副院长、审判员、审判委员会委员和军事法院院长；根据最高人民检察院检察长的提请任免最高人民检察院副检察长、检察员、检察委员会委员和军事检察院检察长，并且批准省、自治区、直辖市的人民检察院检察长的任免。

第二，如何准确区分“经中国人民政治协商会议各级委员会全体会议或者其常务委员会选举或者决定任命的公职人员”和“中国人民政治协商会议各级委员会委员”？

根据《中国人民政治协商会议章程》，中国人民政治协商会议全国委员会全体会议选举全国委员会的主席、副主席、秘书长和常务委员，中国人民政治协商会议全国委员会设常务委员会主持会务，常务委员会由全国委员会主席、副主席、秘书长和常务委员组成；中国人民政治协商会议各级地方委员会全体会议选举地方委员会的主席、副主席、秘书长和常务委员，中国人民政治协商会议各级地方委员会设常务委员会主持会务，常务委员会由地方委员会主席、副主席、秘书长和常务委员组成。中国人民政治协商会议全国委员会常务委员会选举第一次全体会议主席团，根据秘书长的提议任免中国人民政治协商会议全国委员会副秘书长，任免中国人民政治协商会议全国委员会工作机构的领导成员；中国人民政治协商会议地方委员会常务委员会选举第一次全体会议主席团，根据秘书长的提议任免地方委员会的副秘书长，任免地方委员会工作机构的领导成员。

典型案例

给予政协委员政务处分前，应先撤销其政协委员资格吗？

杨某，A 市供销社党组书记、理事会主任，市政协委员。2015 年至 2017 年，杨某借“两节”、住院治病及外出学习之机，收受市供销社下属干部所送现金20万元及名贵烟酒若干。2018年11月，A市纪委监委给予杨某留党察看两年处分和政务撤职处分。

本案争议的焦点是适用《公职人员政务处分暂行规定》第11条第2项规定还是第3项规定，即先由政协全体会议及其常务委员会免去其职务后再由监察机关依法作出处分决定，还是在作出政务处分后再向其所在的政协常委会通报。第一种意见认为，杨某属于经政协选举或者决定任命的公职人员，应适用第2项规定作出政务处分。第二种意见认为，杨某非经政协选举或任命，应当适用第3项规定，在给予政务处分后，再向其所在的政协常委会通报。

决定本案程序的关键，在于适用第2项和第3项时，政协委员是否属于经过政协选举或者决定任命的公职人员。第2项的适用对象应当是经过政协全体会议及其常委会选举或者决定任命的政协主席、副主席、秘书长等人员。给予上述人员政务撤职、开除处分的，应先由政协机关免去其职务后，再由监察机关依法作出政务处分决定。而第3款的适用对象是非由政协全体会议及其常委会选举或决定任命，仅有政协委员资格的人员。综上所述，杨某只具有政协委员这一资格，不属于“经中国人民政治协商会议各级委员会全体会议及其常务委员会选举或者决定任命的公职人员”。所以，A市监察机关应当在作出政务撤职处分后，向A市政协通报，而非必须在其政协委员资格被撤销后，才能作出政务处分。①

第五十一条　下级监察机关根据上级监察机关的指定管辖决定进行调查的案件，调查终结后，对不属于本监察机关管辖范围内的监察对象，应当交有管理权限的监察机关依法作出政务处分决定。

条文主旨

本条是关于指定管辖案件中政务处分决定主体的规定。

条文解读

本条主要解决的是指定管辖案件中政务处分决定由谁作出的问题。所谓指

① 参见于志文：《给予杨某政务处分前，是否应先撤销其政协委员资格》，载《中国纪检监察报》2019年1月16日，第8版。

定管辖，指的是根据《监察法》第 17 条第 1 款规定，上级监察机关可以将其所管辖的监察事项指定下级监察机关管辖，也可以将下级监察机关有管辖权的监察事项指定给其他监察机关管辖。除了指定管辖，《监察法》还规定了提级管辖、争议管辖等。本条作此规定，存在一个重要背景，即按照《监察法》规定，我国监察机关内部管辖权限是遵循干部管理权限来划分的。在此背景下，虽然下级监察机关可以根据上级监察机关的指定管辖决定进行调查，但是该监察机关可能对有关监察对象并无管理权限，或者说，可能案件所涉监察对象本身不属于该监察机关的管辖范围。所谓有管辖权限的监察机关，既可能是作出指定管辖决定的上级监察机关，也可能是对该监察事项原有管辖权的其他监察机关。

实务难点指引

根据《监察法》第 17 条的规定，指定管辖有两种类型：一种是上级监察机关将其所管辖的监察事项指定下级监察机关管辖；另一种是上级监察机关将下级监察机关有管辖权的监察事项指定其他监察机关管辖。对于第二种指定管辖，下级监察机关在调查终结后，应当通过何种程序流转将本案监察对象交给有管理权限的监察机关？

这主要有两种方案：一是下级监察机关直接交有管理权限的监察机关；二是下级监察机关先交作出指定管辖决定的上级监察机关，再由后者交有管理权限的监察机关。这两种方案各有其优劣。基于理顺监察程序关系和便宜上级监察机关统一管理等因素考虑，实践中可以由作出指定管辖决定的上级监察机关作为程序中介，以此在政务处分程序流转中起到桥梁作用。

关联法条

《监察法》

第 17 条 上级监察机关可以将其所管辖的监察事项指定下级监察机关管辖，也可以将下级监察机关有管辖权的监察事项指定给其他监察机关管辖。

监察机关认为所管辖的监察事项重大、复杂，需要由上级监察机关管辖的，可以报请上级监察机关管辖。

第五十二条　公职人员涉嫌违法，已经被立案调查，不宜继续履行职责的，公职人员任免机关、单位可以决定暂停其履行职务。

公职人员在被立案调查期间，未经监察机关同意，不得出境、辞去公职；被调查公职人员所在机关、单位及上级机关、单位不得对其交流、晋升、奖励、处分或者办理退休手续。

条文主旨

本条是关于公职人员涉嫌违法被立案调查期间暂停履职等特殊要求的规定。

条文解读

本条规定，主要是为了方便对涉嫌违法公职人员的立案调查工作，同时避免有关人员利用职务逃避监察调查、导致监察调查效能低下。《行政机关公务员处分条例》第 38 条规定："行政机关公务员违法违纪，已经被立案调查，不宜继续履行职责的，任免机关可以决定暂停其履行职务。被调查的公务员在违法违纪案件立案调查期间，不得交流、出境、辞去公职或者办理退休手续。"本条基本延续了《行政机关公务员处分条例》第 38 条的规定。

本条共两款，第 1 款规定的是暂停履职制度。值得注意的是，本款是关于任免机关、单位对公职人员暂停其履行职务的规定。暂停履职不是本法规定的政务处分形式，也不在监察机关的权限范围内。纪检机关在查处违犯党纪案件的过程中，认为需要采取组织处理措施的，应当向组织（人事）部门书面通报情况，提出建议，与组织（人事）部门共同研究提出处理建议方案，按照干部管理权限报批。其中，采取停职措施的，按照《中国共产党纪律检查机关案件检查工作条例》规定的权限和程序执行。根据《公职人员政务处分暂行规定》第 12 条第 1 款，公职人员有违法行为，已经被立案调查，不宜继续履行职责的，监察机关可以决定暂停其履行职务。不过，本法草案一审稿第 53 条第 1 款，对此规定的是"处分决定机关、单位"可以决定暂停履行职务。本法最终通过施行时采取的是"任免机关、单位"的表述。

第 2 款规定的是被立案调查期间公职人员出境、辞去公职的限制性规定，以及有关机关、单位不得对其交流、晋升、奖励、处分或者办理退休手续等。《公务员法》第 86 条第 4 项规定，正在接受审计、纪律审查、监察调查，或者涉嫌犯罪，司法程序尚未终结的公务员，不得辞去公职。有两点值得注意：第一，本款关于“不得出境、辞去公职”的例外性程序，规定的是“未经监察机关同意”。本法草案一审稿第 53 条第 2 款中，该处表述是“未经调查机关、单位同意”；本法草案二审稿第 53 条第 2 款，将前述表述修改为“未经监察机关同意”，后一版本最终得以审议通过施行。因此，即便已获公职人员任免机关、单位同意，公职人员在被立案调查期间，仍不得出境、辞去公职。第二，本款关于被调查公职人员被立案调查期间的禁止性事项，还包括“交流、晋升、奖励、处分或者办理退休手续”。考虑到本法第 16 条专门规定了“对公职人员的同一违法行为，监察机关和公职人员任免机关、单位不得重复给予政务处分和处分”，本款专门规定所在机关、单位及上级机关、单位不得在公职人员被立案调查期间对其处分。

实务难点指引

在政务处分实践中，针对暂停履职尤其要注意的一点是：暂停某个公职人员履行职务，并不等于已经宣布或者暗示该公职人员存在违法事实，而是考虑到其正在接受立案调查，从有关机关、单位实际工作需要和监察机关调查需要出发，该公职人员确已不宜继续履行该职务。如果调查终结，认为该公职人员并无违法事实，便应及时撤销案件，如果该公职人员符合履职条件的，可以继续履行原职务。

关联法条

1.《监察法》

第 52 条　国家监察委员会加强对反腐败国际追逃追赃和防逃工作的组织协调，督促有关单位做好相关工作：

（一）对于重大贪污贿赂、失职渎职等职务犯罪案件，被调查人逃匿到国（境）外，掌握证据比较确凿的，通过开展境外追逃合作，追捕归案；

（二）向赃款赃物所在国请求查询、冻结、扣押、没收、追缴、返还涉案资产；

（三）查询、监控涉嫌职务犯罪的公职人员及其相关人员进出国（境）和跨境资金流动情况，在调查案件过程中设置防逃程序。

2.《公务员法》

第 86 条　公务员有下列情形之一的，不得辞去公职：

（一）未满国家规定的最低服务年限的；

（二）在涉及国家秘密等特殊职位任职或者离开上述职位不满国家规定的脱密期限的；

（三）重要公务尚未处理完毕，且须由本人继续处理的；

(四)正在接受审计、纪律审查、监察调查,或者涉嫌犯罪,司法程序尚未终结的;

(五)法律、行政法规规定的其他不得辞去公职的情形。

3.《行政机关公务员处分条例》

第38条 行政机关公务员违法违纪,已经被立案调查,不宜继续履行职责的,任免机关可以决定暂停其履行职务。

被调查的公务员在违法违纪案件立案调查期间,不得交流、出境、辞去公职或者办理退休手续。

第五十三条　监察机关在调查中发现公职人员受到不实检举、控告或者诬告陷害,造成不良影响的,应当按照规定及时澄清事实,恢复名誉,消除不良影响。

条文主旨

本条是关于公职人员被不实检举、控告或者诬告陷害并造成不良影响后监察机关有关义务的规定。

条文解读

《宪法》第41条第1款规定:"中华人民共和国公民对于任何国家机关和国家工作人员,有提出批评和建议的权利;对于任何国家机关和国家工作人员的违法失职行为,有向有关国家机关提出申诉、控告或者检举的权利,但是不得捏造或者歪曲事实进行诬告陷害。"我国宪法和法律均保护公民正当的申诉、控告和检举权,对于错告或检举失实的,一般不追究法律责任,但对于主观上存在恶意并实施了诬陷行为的,则应依法给予相应处理。在此基础上,无论是不实检举、控告还是诬告陷害,如果造成不良影响的,都应当按照规定及时澄清事实,恢复名誉,消除不良影响。

党的十八大以来,习近平总书记多次强调,要旗帜鲜明为那些敢于担当、踏实做事、不谋私利的干部撑腰鼓劲。2018年5月,中共中央办公厅印发的《关于进一步激励广大干部新时代新担当新作为的意见》明确规定,严肃查处诬告陷害行为,及时为受到不实反映的干部澄清正名、消除顾虑。《中国共产党纪律处分条例》第52条第2款规定,"政治品行恶劣,匿名诬告,有意陷害或者制造其他谣言,造成损害或者不良影响的",要根据情节严重程度给予从警告直至开除党籍的相应纪律处分。早在1993年中共中央纪律委员会印发的《中国共产党纪律检查机关控告申诉工作条例》第33条就对此作出专门规定,“对如实检举、报告或反映情况的,应予以支持、鼓励。对检举、控告不完全属实的,除对不属实的部分予以解释说明外,对属实的部分应予以处理。对检举、控告不实的,必须分清是错告还是诬告:如属错告,应在一定范围内澄清是非,消除对被错告者造成的影响,并教育错告者;如属诬告,必须对诬告者追究责任,严肃处理”。

根据本条规定,在调查中如果公职人员因其被不实检举、控告或者诬告陷害,由此造成不良影响,监察机关应当按照规定及时澄清事实、恢复名誉、消除不良影响。在政务处分实践工作中,为了澄清事实、恢复名誉、消除不良影响,可以向所在单位党组织以及本人书面反馈,必要时向其所在单位上级党组织通报;在调查涉及人员范围内,通过召开会议、内部通报等方式公布调查结果;及时向组织人事等有关部门通报,避免影响干部选拔任用和换届提名工作;特殊情况下,还可以采取会同宣传部门通过新闻媒体发布公告等方式。值得注意的是,本条专门规定了“在调查中”的限定语,这一方面将本条规定与本法第60条关于政务处分决定被撤销时的恢复名誉等的规定相区分,另一方面也意在强调对于相关检举、控告等,各级监察机关必须及时查清来龙去脉。对一时存疑、暂未使用的干部,要及时查清问题、作出结论,为那些受到诬告、诽谤、陷害的干部澄清正名。“个别地区、部门在处理干部举报问题时坚持原则不够、担当作为不足,凡是举报线索不清的干部一律‘放下来’,凡是问题一时查不清楚的干部一律‘搁起来’”,“诬告陷害不仅抹黑一个干部的清白,影响一个干部的政治前途,干扰组织人事工作,更会破坏一个地区、行业、领域良好的政治生态”。[①] 扶正必须祛邪,激浊方能扬清。

此外,参考《公务员法》第110条,对于造成名誉损害的错误人事处理,有关机关之义务包括赔礼道歉、恢复名誉、消除影响。从监察权行使的主动性和谦抑性相结合角度出发,虽然本条没有规定“赔礼道歉”的形式,但是如果监察机关发现公职人员因不实检举、控告或者诬告陷害而造成了重大不良影响,例如对当事人自身生理健康或职业发展产生无法扭转的重大不利影响,由监察机关主动向其赔礼道歉,在实践中并不是不可行的。

---

① 管建涛:《新华时评:风清气正容不得诬告陷害》,载新华网:http://www.xinhuanet.com/local/2018-11/13/c_1123704864.htm,2020年7月5日最后访问。

实务难点指引

在政务处分实践工作中,需要重点把握本条规定的诬告陷害行为与错告等非诬告陷害行为的界限问题。如果在行使检举权、控告权时,虽然向执纪机关或有关单位作了不符合实际情况的检举、控告,但其原因是客观上对情况了解不够全面或者受人误导,那么就不应该认定为诬告陷害行为。从要件来讲,认定诬告陷害行为,主要需满足以下条件:一是具备特定的诬告陷害对象;二是存在有关捏造事实的行为;三是主观上存在陷害他人的目的;四是向纪检监察机关或有关单位告发。[①] 例如,《河南省纪检监察机关严肃查处诬告陷害行为澄清保护党员干部暂行办法》就专门对诬告陷害行为作出类型划分,其规定:"恶意检举控告、诽谤党员干部,造成严重后果或者不良影响,具有下列行为之一的,属于诬告陷害:(一)捏造事实,陷害、抹黑、诋毁他人的;(二)伪造材料,干扰换届选举和干部选拔任用工作的;(三)虚构情节,栽赃嫁祸、搅乱局面、混淆视听的;(四)其他诬告陷害的情形。"值得注意的是,对于诬告行为的认定,根据《中国共产党纪律检查机关控告申诉工作条例》第 34 条,必须经过地、市级以上(含地、市级)党的委员会或纪律检查委员会批准。

关联法条

《公务员法》

第 110 条 机关因错误的人事处理对公务员造成名誉损害的,应当赔礼道歉、恢复名誉、消除影响;造成经济损失的,应当依法给予赔偿。

第五十四条　公职人员受到政务处分的,应当将政务处分决定书存入其本人档案。对于受到降级以上政务处分的,应当由人事部门按照管理权限在作出政务处分决定后一个月内办理职务、工资及其他有关待遇等的变更手续;特殊情况下,经批准可以适当延长办理期限,但是最长不得超过六个月。

---

① 参见中央纪委法规室:《对诬告陷害行为如何进行处理》,载中央纪委国家监委网站:http://www.ccdi.gov.cn/djfg/fgsy/201310/t20131030_114241.html,2020 年 7 月 5 日最后访问。

条文主旨

本条是关于公职人员受到政务处分后存档和待遇变更手续等要求的规定。

条文解读

本条规定是政务处分决定的执行落实机制的重要组成部分。对于公务员处分入档等事项，《行政机关公务员处分条例》和《公务员法》没有作出明确规定。不过，《中国共产党纪律处分条例》第 41 条针对党纪处分决定的执行和落实作出一定规定，其要求："党纪处分决定作出后，应当在一个月内向受处分党员所在党的基层组织中的全体党员及其本人宣布，是领导班子成员的还应当向所在党组织领导班子宣布，并按照干部管理权限和组织关系将处分决定材料归入受处分者档案；对于受到撤销党内职务以上（含撤销党内职务）处分的，还应当在一个月内办理职务、工资、工作及其他有关待遇等相应变更手续；涉及撤销或者调整其党外职务的，应当建议党外组织及时撤销或者调整其党外职务。特殊情况下，经作出或者批准作出处分决定的组织批准，可以适当延长办理期限。办理期限最长不得超过六个月。"

本条规定，大致沿袭了《中国共产党纪律处分条例》对党纪处分决定的执行和落实的规定，包括入档制度、及时办理变更手续、最长不得超过六个月等。此外，《公职人员政务处分暂行规定》第 13 条第 1 款规定，监察机关经过调查、审理，决定给予公职人员政务处分或者免予处分的，对于受到降级以上政务处分的，应当在一个月内办理职务、工资及其他有关待遇等相应变更手续；将政务处分决定存入受处分公职人员的档案。本条作此规定，一方面有利于帮助政务处分形成必要的现实权威；另一方面也能够推动本法自身的完整统一及时有效实施，发挥本法在规范政务处分、加强对所有行使公权力的公职人员的监督等应有的功能与价值。

关联法条

《行政机关公务员处分条例》

第 39 条　任免机关对涉嫌违法违纪的行政机关公务员的调查、处理，按照下列程序办理：

（一）经任免机关负责人同意，由任免机关有关部门对需要调查处理的事项进行初步

调查;

(二)任免机关有关部门经初步调查认为该公务员涉嫌违法违纪,需要进一步查证的,报任免机关负责人批准后立案;

(三)任免机关有关部门负责对该公务员违法违纪事实做进一步调查,包括收集、查证有关证据材料,听取被调查的公务员所在单位的领导成员、有关工作人员以及所在单位监察机构的意见,向其他有关单位和人员了解情况,并形成书面调查材料,向任免机关负责人报告;

(四)任免机关有关部门将调查认定的事实及拟给予处分的依据告知被调查的公务员本人,听取其陈述和申辩,并对其所提出的事实、理由和证据进行复核,记录在案。被调查的公务员提出的事实、理由和证据成立的,应予采信;

(五)经任免机关领导成员集体讨论,作出对该公务员给予处分、免予处分或者撤销案件的决定;

(六)任免机关应当将处分决定以书面形式通知受处分的公务员本人,并在一定范围内宣布;

(七)任免机关有关部门应当将处分决定归入受处分的公务员本人档案,同时汇集有关材料形成该处分案件的工作档案。

受处分的行政机关公务员处分期满解除处分的程序,参照前款第(五)项、第(六)项和第(七)项的规定办理。

任免机关应当按照管理权限,及时将处分决定或者解除处分决定报公务员主管部门备案。

典型案例

未按规定将案件材料送达受处分人员人事档案如何处理?

2015年年初至2018年年底,安仁县纪检监察机关共立案查处632人,通过查看处分决定执行情况,发现少数乡镇和部门在执行处分决定时存在宣布、送达不规范,处分决定未按规定装入本人档案,受处分人员工资、职务调整不及时,对受处分人员在年度考核、晋职晋级、评先评优把关不严等方面问题27个。如,“县公安局干警彭某某2017年11月受到严重警告、行政撤职处分,之后3个月仍按处分前的标准领取工资;县畜牧水产局廖某某2015年9月受到开除党籍、行政撤职处分,其处分材料未装入本人人事档案……”2018年11月23日,县运管所(现为县交通运输服务中心)给予何某清降低两个岗位等级处分,办公室工作人员张某梅未将处分决定书送何某清人事档案。对此,张某梅负有直接责任。2019年9月12日,张某梅受到批评教育问责处理。

对检查中发现的问题,县纪委监委立即组织进行整改。由县纪委审理室下发整改函,督促相关部门单位限期整改到位:多发工资奖金的全部追回上缴;年度考核出错的由组织、人社进行纠正;调资未及时的,立即调整到位……同时,还对履职不力的三个单位和五名具体责任人予以问责,以问责追责倒逼纪律处分工作责任执行到位,坚决杜绝“政治上从严,经济上从宽”等“留白”“打折”现象,确保纪律处分执行中不漏、不偏、不走样。针对检查中发现的涉及程序、制度、机制等方面的问题,县纪委监委进一步完善纪律处分执行情况报告制度、纪律处分执行情况动态管理制度、纪律处分执行责任分级负责制度,规范处分决定的宣布、送达、归档手续以及职务、工资、奖金、年度考核等事项办理工作流程。①

---

① 参见湖南省纪委监委:《湖南安仁:纪律处分执行不打折扣》,载中央纪委国家监委网站:http://www.ccdi.gov.cn/gzdt/jcfc/201904/t20190412_192143.html,2020 年 7 月 5 日最后访问;安仁县纪委:《安仁通报 7 起纪律处分决定执行不到位问题典型案例》,载郴州纪检监察网:http://www.czlz.czs.gov.cn/zwgk/lzyw/content_3006036.html,2020 年 7 月 5 日最后访问。

第五章　复审、复核

第五十五条　公职人员对监察机关作出的涉及本人的政务处分决定不服的，可以依法向作出决定的监察机关申请复审；公职人员对复审决定仍不服的，可以向上一级监察机关申请复核。

监察机关发现本机关或者下级监察机关作出的政务处分决定确有错误的，应当及时予以纠正或者责令下级监察机关及时予以纠正。

条文主旨

本条是关于复审、复核的规定。

条文解读

监察机关的政务处分会对公职人员的权利造成减损，因而在公职人员受到政务处分之后，畅通有效的救济途径便显得尤为重要。对于此种救济途径，《监察法》明确规定只有复审和复核程序。根据《监察法》第 49 条的规定，监察对象对监察机关作出的涉及本人的处理决定不服的，可以向作出决定的监察机关申请复审；对复审决定仍然不服的，可以向上一级监察机关申请复核。该条当中的"处理决定"包括监察机关作出的政务处分决定，因而如果政务处分对象不服政务处分决定，便可通过复审和复核的途径来寻求救济。对此，《公职人员政务处分暂行规定》第 16 条亦规定，对公职人员不服政务处分决定的复审、复核，按照《监察法》的相关规定办理。由于复审主体是作出处理决定的监察机关，复核主体则是作出处理决定的监察机关的上一级监察机关，因此可以说复审和复核其实是一种监察机关内部的救济途径。

1. 依申请的复审、复核

根据本条第 1 款的规定，公职人员对监察机关作出的涉及本人的政务处分决定不服的,可以依法向作出决定的监察机关申请复审;如果对复审决定仍不服的,还可以向上一级监察机关申请复核。本款主要包括三个方面的内容:

(1)复审是复核的前置程序,只有在经过复审程序之后并对复审决定不服的,才能够申请复核。所谓"复审"是指公职人员对监察机关作出的涉及本人的政务处分不服,自收到处理决定之日起一个月内,向作出政务处分决定的监察机关申请复审,该监察机关依法受理复审申请后,应当对原政务处分决定进行审查核实并作出复审决定。所谓"复核"则是指公职人员对复审决定不服,自收到复审决定之日起一个月内,向作出复审决定的监察机关的上一级监察机关申请复核,上一级监察机关依法受理后,对原复审决定进行审查核实并作出复核决定。①

(2)复审主体是作出政务处分决定的监察机关,复核主体则是作出政务处分决定的监察机关的上一级监察机关。需要说明的是,在公职人员政务处分法的草案中,并未明确复审、复核的主体,比如《中华人民共和国公职人员政务处分法(草案三次审议稿)》第55条第1款规定:"公职人员对监察机关作出的涉及本人的政务处分决定不服的,有权依法申请复审、复核。"而全国人大常委会于2020年6月18日进行审议时,有意见认为本条对复审、复核的机关未作规定,建议根据《监察法》有关规定予以明确。全国人大宪法和法律委员会经研究,建议将这一款修改为:"公职人员对监察机关作出的涉及本人的政务处分决定不服的,可以依法向作出决定的监察机关申请复审;公职人员对复审决定仍不服的,可以向上一级监察机关申请复核。"②

(3)依法申请复审、复核中的"法"包括《监察法》和《公职人员政务处分法》等。在《中华人民共和国公职人员政务处分法(草案)》中,规定的是"依照《中华人民共和国监察法》的规定申请复审、复核"。虽然最终表决通过的《公职人员政务处分法》只规定"依法",但其仍然指向《监察法》和《公职人员政务处分法》等法律。例如,《公职人员政务处分法》并没有规定公职人员申请复审、复核的期限,也没有规定监察机关进行复审、复核的期限,对此应当按照《监察法》第49条的规定,即对于公职人员来说,其应在收到政务处分决定之日起一个月内申请复审,在

---

① 参见中共中央纪律检查委员会、中华人民共和国国家监察委员会法规室编写:《〈中华人民共和国监察法〉释义》,中国方正出版社2018年版,第221页。

② 参见《全国人民代表大会宪法和法律委员会关于〈中华人民共和国公职人员政务处分法(草案三次审议稿)〉修改意见的报告》,载中国人大网:http://www.npc.gov.cn/npc/c30834/202006/173c594e48f54339a68864a716390054.shtml,2020年6月29日最后访问。

收到复审决定之日起一个月内申请复核；对于进行复审或复核的监察机关而言，应当在收到复审申请之日起一个月内作出复审决定，在收到复核申请之日起两个月内作出复核决定。

2. 主动的纠正、责令纠正

对于存在错误的政务处分决定，既可由公职人员向监察机关申请复审、复核，监察机关依申请进行纠正，亦可由监察机关主动发现错误并予以纠正。不过，在《中华人民共和国公职人员政务处分法（草案）》中，并没有关于主动纠错的规定。在全国人大常委会对《公职人员政务处分法》草案进行二次审议时，有的常委会组成人员提出，应当建立监察机关对确有错误的政务处分决定主动纠正机制。全国人大宪法和法律委员会经与国家监察委员会研究，建议增加一款作为第 2 款，规定："监察机关发现本机关或者下级监察机关作出的政务处分决定确有错误的，应当及时予以纠正或者责令下级监察机关及时予以纠正。"①根据本款的规定，监察机关除了依公职人员的申请纠错之外，还可以主动纠正政务处分中的错误。需要注意的是，对作出政务处分决定的监察机关而言，若发现其作出的政务处分决定确有错误的，应当及时予以纠正；监察机关发现下级监察机关作出的政务处分决定确有错误的，应当责令该下级监察机关予以纠正，而非由其直接纠正。

实务难点指引

复审、复核是唯一的救济途径吗？

虽然《监察法》和《公职人员政务处分法》只明确规定了复审和复核的救济途径，但这是否意味着该内部救济途径是政务处分的唯一救济途径？或者说政务处分对象不服政务处分决定，其救济途径是否在经由复审和复核之后即告终结？

其实，《监察法》中有关复审和复核的规定，是《行政监察法》（已废止）相关规定的借鉴和延续。根据《行政监察法》第 40 条第 1 款的规定，对监察决定不服的，可以向作出决定的监察机关申请复审；对复审决定仍不服的，可以向上一级监察机关申请复核。不过与《监察法》不同的是，《行政监察法》在规定复审和复核程序时还确立了"两审终结制"的原则，即《行政监察法》第 42 条规定："上一级监察机关的复核决定和国务院监察机关的复查决定或者复审决定为最终决定。"这主

---

① 参见《全国人民代表大会宪法和法律委员会关于〈中华人民共和国公职人员政务处分法（草案）〉审议结果的报告》，载中国人大网：http://www.npc.gov.cn/npc/c30834/202006/ca6273efdba14721a1bdb4f1a9ec118e.shtml，2020 年 7 月 2 日最后访问。

要是考虑到"行政机关对其工作人员的行政处分决定属于内部行政行为，监察机关应有最终裁决权"，也是"为了避免申诉人无休止地申诉而影响监察决定的严肃性"。[①] 不同于《行政监察法》规定的"两审终结制"原则，《监察法》和《公职人员政务处分法》并未规定上一级监察机关的复核决定和国家监察委员会的复查决定或者复审决定是最终决定。那么，复审、复核是否为唯一救济途径仍有待明确。

关联法条

1.《监察法》

第49条　监察对象对监察机关作出的涉及本人的处理决定不服的，可以在收到处理决定之日起一个月内，向作出决定的监察机关申请复审，复审机关应当在一个月内作出复审决定；监察对象对复审决定仍不服的，可以在收到复审决定之日起一个月内，向上一级监察机关申请复核，复核机关应当在二个月内作出复核决定。复审、复核期间，不停止原处理决定的执行。复核机关经审查，认定处理决定有错误的，原处理机关应当及时予以纠正。

2.《公务员法》

第95条第4款　公务员对监察机关作出的涉及本人的处理决定不服向监察机关申请复审、复核的，按照有关规定办理。

3.《行政机关公务员处分条例》

第48条第1款　受到处分的行政机关公务员对处分决定不服的，依照《中华人民共和国公务员法》和《中华人民共和国行政监察法》的有关规定，可以申请复核或者申诉。

典型案例

某市纪委监委经立案审查调查，于5月3日对严重违反党纪和职务违法的该市环保局副局长A某作出撤销党内职务处分和撤职政务处分决定，撤销A某现任所有职务，降低两个职务层级，确定为副主任科员，按照规定相应降低工资等待遇。政务处分决定自作出之日起交有关部门执行。A某于5月4日收到政务处分决定书，对政务处分决定不服，经过几天的考虑，于5月10日依法向市监察委员会申请复审。市监察委员会于6月1日作出复审决定，维持原政务处分决定。A某于6月4日收到复审决定书，仍不服，于6月8日依法向省监察委员会申请复核。省监察委员会于7月19日作出复核决定，认为原政务处分决定事实清楚、证据确实充分、适用法律法规正确、定性准确、处理恰当、程序合法，维持原政务处分

① 屈万祥主编：《行政监察法　行政监察法实施条例解说》，中国方正出版社2004年版，第70页。

决定。

本案例中,A 某于监察机关作出决定的次日收到政务处分决定书,于复审决定作出几天后收到复审决定书,相应的一个月的复审、复核申请期限分别要从 A 某收到决定之日起计算,而 A 某都是在法定期限之内提出了申请。最终市监委在一个月内作出了复审决定,省监委在两个月内作出了复核决定,均符合法定期限。①

第五十六条　复审、复核期间,不停止原政务处分决定的执行。

公职人员不因提出复审、复核而被加重政务处分。

条文主旨

本条是关于复审、复审期间政务处分的效力,以及不因复审、复核加重政务处分的规定。

条文解读

1. 复审、复核期间政务处分的效力

国家机关在作出一定的行为之后,该行为应当被推定为合法有效,应当是具有拘束力和执行力的。这在行政法律制度中表现得相当普遍,比如《行政复议法》第 21 条规定“行政复议期间具体行政行为不停止执行”,《行政处罚法》第 45 条规定“当事人对行政处罚决定不服申请行政复议或者提起行政诉讼的,行政处罚不停止执行”等。监察法律制度同样表现出该特点,比如《行政监察法》(已废止)第 38 条第 2 款规定“复查、复核期间,不停止原决定的执行”,《监察法》第 49 条亦明确规定,“复审、复核期间,不停止原处理决定的执行”。这是因为监察机关作出的处理决定,是一级国家机关依法作出的,对监察对象和监察机关均具有约束力,双方都必须严格执行,非依法定程序不得随意变更或撤销。② 复审、复核期间不停止原处理决定的执行,目的是维护监察机关的工作秩序。监察机关作出的政务处分

① 参见《被调查人不服处理决定可申请复审复核》,载人民网:http://fanfu. people. com. cn/n1/2018/1220/c64371 - 30477581. html,2020 年 7 月 1 日最后访问。

② 参见中共中央纪律检查委员会、中华人民共和国国家监察委员会法规室编写:《〈中华人民共和国监察法〉学习问答》,中国方正出版社 2018 年版,第 148 页。

决定同样如此,在作出之后即具有法律效力,即便受政务处分的公职人员已经提出复审、复核申请,但政务处分决定的效力并不因此发生变化,仍须予以执行。

2. 不因复审、复核加重政务处分

对于国家机关给予的否定评价,相对人通常有一定的救济途径。不过,相对人未必敢于寻求救济,其最大的顾虑在于:是否会因寻求救济而遭受打击报复。为了消除此种顾虑,现代法律制度中有相应的制度设计,比如刑事诉讼法律制度中的“上诉不加刑原则”等。对于受到政务处分的公职人员,其有权通过提出复审、复核来寻求救济,为了消除其思想顾虑,本法规定了“不因复审、复核加重政务处分”的原则,即公职人员不因提出复审、复核而被加重政务处分。

正确理解该原则,需要注意以下两方面的问题:第一,对于公职人员提出复审、复核,监察机关不得加重其政务处分。但是,对于监察机关发现政务处分决定确有错误,从而主动启动的纠正程序,此时不应适用“不因复审、复核加重政务处分”的原则。第二,如果在复审、复核期间,监察机关发现公职人员存在其他违法行为,此时针对其他违法行为作出政务处分决定,并不违背“不因复审、复核加重政务处分”的原则。

关联法条

1.《监察法》

第 49 条　监察对象对监察机关作出的涉及本人的处理决定不服的,可以在收到处理决定之日起一个月内,向作出决定的监察机关申请复审,复审机关应当在一个月内作出复审决定;监察对象对复审决定仍不服的,可以在收到复审决定之日起一个月内,向上一级监察机关申请复核,复核机关应当在二个月内作出复核决定。复审、复核期间,不停止原处理决定的执行。复核机关经审查,认定处理决定有错误的,原处理机关应当及时予以纠正。

2.《行政机关公务员处分条例》

第 48 条第 2 款、第 3 款　复核、申诉期间不停止处分的执行。

行政机关公务员不因提出复核、申诉而被加重处分。

第五十七条　有下列情形之一的,复审、复核机关应当撤销原政务处分决定,重新作出决定或者责令原作出决定的监察机关重新作出决定:

(一)政务处分所依据的违法事实不清或者证据不足的;

(二)违反法定程序,影响案件公正处理的;

(三)超越职权或者滥用职权作出政务处分决定的。

条文主旨

本条规定的是撤销政务处分决定的情形。

条文解读

所谓“撤销原政务处分决定”，是指政务处分所依据的违法事实不清、证据不足，或者违反法定程序而影响案件公正处理，或者超越职权、滥用职权作出政务处分决定的，由复审、复核机关撤销原政务处分决定的做法。当政务处分决定被撤销之后，其效力即告消失且自始无效。

1. 有权撤销及重新作出政务处分决定的主体

根据本条的规定，有权撤销政务处分决定的主体是“复审、复核机关”，其中，复审机关便是作出原政务处分决定的监察机关，复核机关是作出原政务处分决定的监察机关的上一级监察机关。如果公职人员向作出政务处分决定的监察机关申请复审，该监察机关认为存在应当撤销的情形，那么此时应当由该监察机关撤销相应的政务处分决定；如果公职人员不服复审决定，并向上一级监察机关申请复核，上一级监察机关认为存在应当撤销的情形，此时，撤销政务处分决定的主体应当是上一级监察机关，而非作出政务处分决定的监察机关。在原政务处分决定被撤销之后，可能会涉及重新作出政务处分决定的问题。根据本条的规定，复审、复核机关可以直接重新作出政务处分决定，亦可责令作出原政务处分决定的监察机关重新作出。

2. 撤销政务处分决定的三种情形

本条以列举式的方式，具体规定了三种应当撤销政务处分决定情形，分别是：

第一，政务处分所依据的违法事实不清或者证据不足的。事实清楚、证据确凿，是政务处分工作的一项基本要求。本法第 5 条即明确规定，“给予公职人员政务处分，应当事实清楚、证据确凿”。政务处分决定书也需要载明“违法事实和证据”。由此观之，政务处分决定建立在违法事实的基础之上，而违法事实又需要有相应的证据来加以证明。如此一来，若政务处分决定所依据的违法事实不清楚或者证据不充足，那么就应当撤销该政务处分决定。

第二，违反法定程序，影响案件公正处理的。本法第 5 条将“程序合法、手续完备”作为政务处分工作的基本要求之一。第 6 条更是明确规定，公职人员非经法定程序，不受政务处分。当然，并非所有违反法定程序的政务处分决定皆需撤销，只有当违反法定程序影响到案件公正处理时，才需要撤销相应的政务处分决定。例如，本法第 47 条规定了违法案件调查、处理人员的回避情形，如果调查、处理人员应当回避而没有回避，那么可能会影响到案件的公正调查和处理，此时作出的政务处分决定便应当予以撤销。如果存在一定的违反法定程序的情形，但尚不至于影响到案件的公正处理，那就不需要撤销政务处分决定。概言之，此种撤销政务处分决定的情形，包括“违反法定程序”和“影响案件公正处理”两个条件，二者必须同时满足，缺一不可。

第三，超越职权或者滥用职权作出政务处分决定的。监察机关应当在职权范围内行使政务处分权，超越职权或滥用职权作出的政务处分决定，都是需要被撤销的。其中，超越职权指的是，监察机关超越法律法规赋予的职权，擅自处理其无权调查、处理和决定的事项，比如在给予公职人员政务处分时，未能按照干部管理权限的规定进行。滥用职权是指，监察机关虽然享有职权，但未能正确地履行其职责。超越职权或滥用职权作出的政务处分决定，不仅应当予以撤销，还应当追究作出该政务处分决定的人员的法律责任。

3. 原政务处分决定撤销后，如何重新作出政务处分决定

原政务处分决定基于特定情形被撤销之后，并不意味着公职人员不存在违法行为。如此一来，在原政务处分决定撤销后，复审、复核机关还应当作出新的政务处分决定，或者责令作出原决定的机关作出新的政务处分决定。对于依法应当撤销的政务处分决定，复审、复核机关的处理方式有所不同。复审机关应当撤销原政务处分决定，同时重新作出政务处分决定。复核机关在撤销原政务处分决定的同时，既可以重新作出政务处分决定，也可以责令原作出决定的监察机关重新作出政务处分决定。对于复核机关责令原作出决定的监察机关重新作出政务处分决定的，原政务处分决定机关应当执行。①

关联法条

1.《行政机关公务员处分条例》

第 49 条　有下列情形之一的，受理公务员复核、申诉的机关应当撤销处分决定，重新作出决定或者责令原处分决定机关重新作出决定：

（一）处分所依据的违法违纪事实证据不足的；

---

① 参见李庚：《复审、复核机关撤销原政务处分决定应符合哪些情形？》，载《中国纪检监察》2020 年第 13 期。

（二）违反法定程序，影响案件公正处理的；

（三）作出处分决定超越职权或者滥用职权的。

2.《事业单位工作人员处分暂行规定》

第41条 有下列情形之一的，受理处分复核、申诉的单位应当撤销处分决定，重新作出决定或者责令原处分决定单位重新作出决定：

（一）处分所依据的事实不清、证据不足的；

（二）违反规定程序，影响案件公正处理的；

（三）超越职权或者滥用职权作出处分决定的。

第五十八条　有下列情形之一的，复审、复核机关应当变更原政务处分决定，或者责令原作出决定的监察机关予以变更：

（一）适用法律、法规确有错误的；

（二）对违法行为的情节认定确有错误的；

（三）政务处分不当的。

条文主旨

本条规定的是变更政务处分决定的情形。

条文解读

所谓“变更政务处分决定”是指，当政务处分决定存在适用法律、法规确有错误，对违法行为的情节认定确有错误，以及政务处分不当等情形时，复审、复核机关对政务处分决定的内容予以适当的调整改变；或者是复核机关责令作出原政务处分决定的监察机关，对政务处分决定的内容予以变更。变更政务处分并非不处分，而是改变政务处分决定的部分内容，从而使政务处分决定更加合法、合理与恰当。

1. 变更政务处分决定的主体

根据本条的规定，变更政务处分决定的主体有两个：一是复审机关和复核机关；二是作出原政务处分决定的监察机关。其实，由于复审机关为作出政务处分决定的监察机关，变更政务处分决定的主体其实就是作出原政务处分决定的监察机关以及该机关的上一级监察机关。

2. 变更政务处分决定的三种情形

本条以列举式的方式，具体规定了三种应当变更政务处分决定的情形，分别是：

（1）适用法律、法规确有错误的。监察机关在作出政务处分决定时，应当准确适用法律，如果存在适用法律、法规错误的情形，相应的政务处分决定便需要予以变更。概言之，适用法律、法规确有错误包括三种具体类型：一是适用的法律、法规业已失效。在国家监察体制改革之后，大量与监察活动相关的法律法规需要废止或修改，此时，如果监察机关适用了废止或修改之前的法律法规，那么作出的政务处分决定自然是应予变更的。二是应当适用上位法的规定，却适用了下位法的规定。在上位法与下位法规定不一致的情况下，理应适用上位法的规定，如果适用的是与上位法不一致的下位法，那么相应的政务处分决定也需要变更。三是应当适用此法律、法规的规定，却适用了彼法律、法规的规定。这在很大程度上要求监察机关作出政务处分决定时，应当对公职人员的违法行为有一个准确的定性。

（2）对违法行为的情节认定确有错误的。根据本法第 4 条的规定，政务处分应当与违法行为的情节相当。第 44 条第 1 项更是明确规定，监察机关在调查终结后，发现确有应受政务处分的违法行为的，根据情节轻重，作出政务处分决定。相应地，法律在规定具体行为的政务处分时，通常区分了不同的情节，包括“情节轻微”、“情节较重”和“情节严重”等。如果对违法行为的情节认定有误，那么给予的政务处分相应会存在偏颇。例如，误认为违法行为情节较重，那么政务处分就会畸重，反之则会畸轻。又如，公职人员事实上存在从轻情节或者从重情节，但在处理时未能予以认定。再如，在处理时误将从轻情节认定为减轻情节等。

（3）政务处分不当的。根据本法第 5 条的规定，给予公职人员政务处分应当处理恰当。因此，如果政务处分存在不当的情形，那么需要对政务处分决定予以变更。所谓“不当”是指监察机关在量罚时存在畸轻或畸重的情形。比如应当给予政务撤职处分的，却仅仅是降级乃至记大过；或者只需给予政务记过处分的，却给予了政务撤职的重处分。需要注意的是，对违法行为的情节认定确有错误，所表现出来的也可能是政务处分存在畸轻或畸重的问题。但就政务处分不当而言，其对违法行为情节的认定并无错误，只是未能作出与情节相适应的政务处分决定。与此不同的是，违法行为的情节认定有误，是未能作出与客观事实相符合的情节认定。

实务难点指引

1. 撤销政务处分决定与变更政务处分决定的区别

根据《公职人员政务处分法》第57条和第58条的规定,当政务处分决定在事实认定和法律适用上存在瑕疵时,就可能被变更乃至撤销。撤销政务处分决定与变更政务处分决定有着相当多的关联,同时存在以下三方面的区别:第一,情形不同,撤销政务处分决定与变更政务处分决定的情形,分别在第57条与第58条中有明确的列举。第二,在政务处分决定被撤销之后,原决定即告消失;而政务处分决定的变更,并没有导致原决定的消失,只是修正了原决定中存在瑕疵的处分内容。第三,如果原政务处分决定被撤销,且公职人员违法行为的责任尚需追究,那么复审、复核机关在撤销原政务处分后,需要重新作出决定或者责令原作出决定的监察机关重新作出决定;而在政务处分决定被变更时,并不需要另外重新作出政务处分决定。

2. 变更政务处分决定后,政务处分的起算时间

根据《公职人员政务处分法》第8条第2款的规定,政务处分决定自作出之日起生效,政务处分期自政务处分决定生效之日起计算。然而,如果公职人员对政务处分决定不服申请复审、复核,由此使政务处分决定被变更,此时,如何决定政务处分的起算时间呢?该问题在国家监察体制改革之前便已经存在,简单来说,如果变更后的政务处分较此前的要重,那么其受政务处分的时间应当从变更时起算;如果变更后的政务处分较此前的要轻,则仍从原政务处分决定作出时起算。①

关联法条

1.《行政机关公务员处分条例》

第50条 有下列情形之一的,受理公务员复核、申诉的机关应当变更处分决定,或者责令原处分决定机关变更处分决定:

(一)适用法律、法规、规章或者国务院决定错误的;

(二)对违法违纪行为的情节认定有误的;

(三)处分不当的。

2.《事业单位工作人员处分暂行规定》

第42条 有下列情形之一的,受理复核、申诉的单位应当变更处分决定或者责令原处

① 参见《变更处分决定后行政处分的时间从何时起算?》,载《中国纪检监察》2004年第24期。

分决定单位变更处分决定：

（一）适用法律、法规、规章错误的；

（二）对违法违纪行为的情节认定有误的；

（三）处分不当的。

第五十九条 复审、复核机关认为政务处分决定认定事实清楚，适用法律正确的，应当予以维持。

条文主旨

本条规定的是维持政务处分决定的情形。

条文解读

通常来说，当政务处分决定进入复审、复核阶段时，大致上有三种可能的结果：一是原政务处分决定被撤销；二是原政务处分决定被变更；三是原政务处分决定不存在瑕疵，应予以维持。本条便是对维持政务处分决定情形的规定，即当政务处分决定认定事实清楚，适用法律正确时，复审、复核机关就应当维持该决定。对维持政务处分决定情形的规定，乃是《公职人员政务处分法》首创的，在此前的《行政机关公务员处分条例》和《公职人员政务处分暂行规定》等当中均无类似规定，即便是在《中华人民共和国公职人员政务处分法（草案）》中，也只是规定了撤销并重新作出政务处分决定，以及变更政务处分决定的情形，并没有对维持政务处分决定的问题作出明确规定。而是在全国人大常委会对草案进行二次审议时，有的常委会组成人员提出，复审、复核的结果包括维持、撤销和变更，建议将维持的情形在本法中予以明确。全国人大宪法和法律委员会经研究，建议增加一条，规定："复审、复核机关认为政务处分决定认定事实清楚，适用法律正确的，应当予以维持。"①

---

① 参见《全国人民代表大会宪法和法律委员会关于〈中华人民共和国公职人员政务处分法（草案）〉审议结果的报告》，载中国人大网：http://www.npc.gov.cn/npc/c30834/202006/ca6273efdba14721a1bdb4f1a9ec118e.shtml，2020 年 7 月 2 日最后访问。

第六十条　公职人员的政务处分决定被变更，需要调整该公职人员的职务、职级、衔级、级别、岗位和职员等级或者薪酬待遇等的，应当按照规定予以调整。政务处分决定被撤销的，应当恢复该公职人员的级别、薪酬待遇，按照原职务、职级、衔级、岗位和职员等级安排相应的职务、职级、衔级、岗位和职员等级，并在原政务处分决定公布范围内为其恢复名誉。没收、追缴财物错误的，应当依法予以返还、赔偿。

公职人员因有本法第五十七条、第五十八条规定的情形被撤销政务处分或者减轻政务处分的，应当对其薪酬待遇受到的损失予以补偿。

条文主旨

本条是关于政务处分决定被撤销或者变更后，对于公职人员的职务、职级、衔级、级别、岗位、职员等级、薪酬待遇和名誉等相关问题如何处理的规定。

条文解读

政务处分直接涉及公职人员的职务、职级、级别或者薪酬待遇等重要事项，对公职人员具有重要影响。那么，当政务处分决定被变更或者撤销之后，其职务、职级、级别、薪酬待遇等也需要进行相应的调整或者恢复。

1. 在政务处分决定被变更后，按规定对公职人员的职务、职级、衔级、级别、岗位和职员等级或者薪酬待遇等进行调整

不同的处分种类，对公职人员的职务、职级、衔级、级别、岗位、职员等级或者薪酬待遇等事项的影响也是不同的。为此，当政务处分决定被变更之后，上述事项也需要进行相应的调整。例如，根据本法第 19 条的规定，如果某位公职人员受到撤职处分，应当按照规定降低其职务、职级、衔级和级别，同时降低其工资和待遇。如果该公职人员的政务处分决定被变更，由政务撤职处分变更为政务记大过处分，那么就应当恢复其职务、职级、衔级、级别、工资和待遇。又如，根据本法第 20 条的规定，如果某位公职人员受到政务降级处分，此时只是不得晋升薪酬待遇等级，并不需要降低其薪酬待遇。如果该公职人员的政务处分决定被变更，由政务降级处分变更为政务撤职处分，那么就应当降低其薪酬待遇。

2. 在政务处分决定被撤销后，对公职人员的级别、薪酬待遇进行恢复，按照原职务、职级、衔级、岗位和职员等级安排相应的职务、职级、衔级、岗位和职员等级，

并为其恢复名誉

在政务处分决定被撤销之后，意味着该决定自作出之日起即无效。[①] 那么，就应当恢复政务处分决定作出之前的状态，包括恢复公职人员的级别、薪酬待遇等。但是，本条并没有规定恢复职务、岗位等，只是规定按照原职务、岗位来安排相应的职务、岗位。这是考虑到公职人员通常是定编定岗的，在某个职务或者岗位出现空缺之后，是不可能长期处于空置状态的，必须有人来担任该职务、填补该岗位，以便履行相应的公共职务。在实践中，公职人员的政务处分决定被撤销之后，恢复原职务、岗位的情况无疑是相当少见的。例如，一位原担任厅长的公职人员受到政务撤职处分，而后经由复审、复核程序，该政务处分决定被撤销。但在处分决定作出之后，已经任命新的人员担任该厅长职务。此时，显然无法恢复该公职人员的厅长职务，只能按照正厅局级给其安排其他的职务和岗位。

与此同时，鉴于政务处分对公职人员的名誉有着相当大的影响，所以在政务处分决定被撤销之后，还需要以适当的方式为其恢复名誉。根据本条的规定，恢复名誉的范围应当是政务处分决定公布的范围，比如如果是在全国性的报刊或者互联网向全社会公布的话，则对其恢复名誉的范围也应当是全社会，即向全社会公布原政务处分决定已经被撤销。

3. 没收、追缴财物错误的，应当依法予以返还、赔偿

根据本法第 25 条第 1 款的规定，公职人员违法取得的财物和用于违法行为的本人财物，除依法应当由其他机关没收、追缴或者责令退赔的，由监察机关没收、追缴或者责令退赔。然而，如果公职人员的政务处分决定被变更或者撤销，其实意味着相应的违法行为是不存在的，此时，原本没收、追缴的财物就应当返还，无法返还的则需予以赔偿。需要说明的是，《中华人民共和国公职人员政务处分法（草案）》并没有对此作出规定。而是有的常委委员、专家提出，草案三次审议稿第 25 条规定了对公职人员的财物予以没收、追缴的制度，建议对政务处分决定被变更或者撤销后，没收、追缴的财物应当如何处理作出规定。全国人大宪法和法律委员会经研究，建议在这一款中增加规定：“没收、追缴财物错误的，应当依法予

① 参见李庚：《复审、复核机关撤销原政务处分决定应符合哪些情形？》，载《中国纪检监察》2020 年第 13 期。

以返还、赔偿。”①

4. 撤销政务处分或者减轻政务处分的，对公职人员薪酬待遇受到的损失予以补偿

本条第 1 款对恢复薪酬待遇的问题作出规定，但是，对于不得晋升薪酬待遇等级，以及降低薪酬待遇的公职人员而言，其薪酬待遇在政务处分期间受到的损失却是客观存在的，此时，单纯恢复薪酬待遇是无法弥补其损失的。为此，如果公职人员的政务处分决定被撤销或者减轻，还应当对其薪酬待遇遭受到的损失予以补充。例如，根据本法第 21 条的规定，某位国有企业管理人员受到政务撤职处分，其薪酬待遇也相应地被降低。但是在两个月后，该政务处分决定被变更，处分种类由撤职变更为降级。由于原政务处分决定作出之后即已生效，其薪酬待遇也随之降低了。对于其在这两个月内薪酬待遇遭受的损失，自然是需要补充的。

关联法条

1.《行政机关公务员处分条例》

第 51 条 行政机关公务员的处分决定被变更，需要调整该公务员的职务、级别或者工资档次的，应当按照规定予以调整；行政机关公务员的处分决定被撤销的，应当恢复该公务员的级别、工资档次，按照原职务安排相应的职务，并在适当范围内为其恢复名誉。

被撤销处分或者被减轻处分的行政机关公务员工资福利受到损失的，应当予以补偿。

2.《事业单位工作人员处分暂行规定》

第 43 条 事业单位工作人员的处分决定被变更，需要调整该工作人员的岗位等级或者工资待遇的，应当按照规定予以调整；事业单位工作人员的处分决定被撤销的，应当恢复该工作人员的岗位等级、工资待遇，按照原岗位等级安排相应的岗位，并在适当范围内为其恢复名誉。

被撤销处分或者被减轻处分的事业单位工作人员工资待遇受到损失的，应当予以补偿。

---

① 参见《全国人民代表大会宪法和法律委员会关于〈中华人民共和国公职人员政务处分法（草案三次审议稿）〉修改意见的报告》，载中国人大网：http://www.npc.gov.cn/npc/c30834/202006/173c594e48f54339a68864a716390054.shtml，2020 年 6 月 21 日最后访问。

第六章　法律责任

第六十一条　有关机关、单位无正当理由拒不采纳监察建议的，由其上级机关、主管部门责令改正，对该机关、单位给予通报批评，对负有责任的领导人员和直接责任人员依法给予处理。

条文主旨

本条是关于有关机关、单位无正当理由拒不采纳监察建议的违法情形及其处理的规定。

条文解读

1. 本条是对《监察法》第62条规定的具体承接

《监察法》第62条规定："有关单位拒不执行监察机关作出的处理决定，或者无正当理由拒不采纳监察建议的，由其主管部门、上级机关责令改正，对单位给予通报批评；对负有责任的领导人员和直接责任人员依法给予处理。"本条规定是对有关单位"无正当理由拒不采纳监察建议的，由其主管部门、上级机关责令改正，对单位给予通报批评；对负有责任的领导人员和直接责任人员依法给予处理"的具体承接。根据本法第2条第2款的规定，"公职人员任免机关、单位"可根据本法第二章、第三章对公职人员给予处分。即政务处分的主体除了监察机关之外，还包括公职人员任免机关、单位。故本条对于《监察法》第62条规定中的"单位"，则具体细化为"机关、单位"。因此，对于"有关机关、单位"的理解应当是"公职人员的任免机关、单位"。

2. 对有关机关、单位无正当理由拒不采纳监察建议的处理

监察建议一般是指监察机关依据《监察法》第45条第1款第5项的"对监察对象所在单位廉政建设和履行职责存在的问题等提出监察建议"。即监察机关在

监督、调查、处置的基础上,可以对监察对象所在单位廉政建设和履行职责存在的问题等提出监察建议。对于提出监察建议的具体情形,本法第 3 条第 3 款规定:"监察机关发现公职人员任免机关、单位应当给予处分而未给予,或者给予的处分违法、不当的,应当及时提出监察建议。"对于监察机关所提出的监察建议,公职人员的任免机关、单位如无正当理由应当予以采纳,并且将监察建议的采纳情况及时通报给监察机关,同时在政务处分书送达后应当在一定范围内宣布。若公职人员任免机关、单位对监察建议有异议,则应当按照法定程序对向监察机关提出异议。对既未按照法定程序向监察机关提出异议,又拒不采纳监察建议的公职人员任免机关、单位,按照本条规定,应当由其上级机关、主管部门责令改正,同时对该机关、单位给予通报批评,对负有责任的领导人员和直接责任人员依法给予处理。

实务难点指引

本条在政务处分实践中的适用,主要有以下两方面的问题需要认真研究并妥善解决:

一是提出监察建议的主体问题。根据《监察法》第 11 条第 3 项的规定,向公职人员任免机关、单位提出监察建议是监察机关应依法履行的法定职责。同时根据《监察法》第 13 条的规定,派驻或者派出的监察机构、监察专员根据授权,按照管理权限依法对公职人员进行监督,提出监察建议。此处,派驻或者派出的监察机构、监察专员在授权的基础上,可以按照管理权限成为提出监察建议的主体,这是需要注意的。

二是对公职人员任免机关、单位给予通报批评和对负有责任的领导人员和直接责任人员依法给予处理应当同时适用。值得注意的是,根据本条规定,当公职人员任免机关、单位无正当理由作出拒不采纳监察建议的违法行为,则不但要求上级机关、主管部门责令整改,对公职人员任免机关、单位给予通报批评,同时也要对负有责任的领导人员和直接责任人员依法给予处理。即公职人员任免机关、单位只要出现无正当理由拒不采纳监察建议的违法行为,则需要同时承担对该机关、单位的通报批评和对负有责任的领导人员、直接责任人员责任追究的不利后果。

关联法条

1.《监察法》

第 11 条第 3 项 监察委员会依照本法和有关法律规定履行监督、调查、处置职责:

（三）对违法的公职人员依法作出政务处分决定；对履行职责不力、失职失责的领导人员进行问责；对涉嫌职务犯罪的，将调查结果移送人民检察院依法审查、提起公诉；向监察对象所在单位提出监察建议。

第13条　派驻或者派出的监察机构、监察专员根据授权，按照管理权限依法对公职人员进行监督，提出监察建议，依法对公职人员进行调查、处置。

第45条第5项　监察机关根据监督、调查结果，依法作出如下处置：

（五）对监察对象所在单位廉政建设和履行职责存在的问题等提出监察建议。

第62条　有关单位拒不执行监察机关作出的处理决定，或者无正当理由拒不采纳监察建议的，由其主管部门、上级机关责令改正，对单位给予通报批评；对负有责任的领导人员和直接责任人员依法给予处理。

2.《公职人员政务处分法》

第2条第2款　本法第二章、第三章适用于公职人员任免机关、单位对违法的公职人员给予处分。处分的程序、申诉等适用其他法律、行政法规、国务院部门规章和国家有关规定。

第3条第3款　监察机关发现公职人员任免机关、单位应当给予处分而未给予，或者给予的处分违法、不当的，应当及时提出监察建议。

第六十二条　有关机关、单位、组织或者人员有下列情形之一的，由其上级机关，主管部门，任免机关、单位或者监察机关责令改正，依法给予处理：

（一）拒不执行政务处分决定的；

（二）拒不配合或者阻碍调查的；

（三）对检举人、证人或者调查人员进行打击报复的；

（四）诬告陷害公职人员的；

（五）其他违反本法规定的情形。

条文主旨

本条是关于有关机关、单位、组织或者人员拒不执行政务处分决定，阻碍、干扰监察工作，打击报复，诬告陷害等违法情形及其处理的规定。

条文解读

保证监察机关和公职人员任免机关、单位依法行使政务处分权能，保障检举人的检举权、证人的控告权和公职人员的合法权益，保证监察人员行使职权不受非法侵害，有利于政务处分活动的顺利进行。对此，本条规定了有关机关、单位、组织或者人员的四种具体违法情形：一是拒不执行政务处分决定的情形；二是拒不配合或者阻碍调查的情形；三是对检举人、证人或者调查人员进行打击报复的情形；四是诬告陷害公职人员的情形。并在本条第5项规定了其他违反本法规定的情形的兜底性条款。

1. 拒不执行政务处分决定的情形

拒不执行政务处分决定的情形，是指有关机关、单位、组织或者人员应当履行且有能力履行但拒不执行政务处分决定的情形。政务处分决定是指依据《监察法》第45条第1款第2项和本法第7条所规定的“警告、记过、记大过、降级、撤职、开除”六种政务处分决定。根据本法的规定，政务处分决定一经作出，即产生法律效力，具有强制性。

对于监察机关而言，监察机关作出的政务处分决定，公职人员及其任免机关、单位必须执行，同时其任免机关、单位要将政务处分执行情况向监察机关通报。公职人员若对政务处分决定不服，可依本法第5章之规定向监察机关申请复审、复核。其任免机关、单位若对政务处分有异议的，则应当按照法定程序对向监察机关提出异议。对于公职人员任免机关、单位而言，政务处分决定一经作出，公职人员必须执行，公职人员任免机关、单位应当及时向监察机关通报政务处分决定，公职人员若对政务处分决定不服，仍可依本法第5章之规定向监察机关申请复审、复核。

对上述过程中，有关机关、单位、组织或者人员拒不执行政务处分决定的，应当依法承担相应的法律责任。根据本条规定，由其上级机关，主管部门，任免机关、单位或者监察机关责令改正，依法给予处理。

2. 拒不配合或者阻碍调查的情形

拒不配合或者阻碍调查的情形，是指有关机关、单位、组织或者人员未履行法定配合监察机关调查的义务，拒不配合或者阻碍调查的情形。调查是监察机关依法行使的法定监察职权。《监察法》第18条第1款规定：“监察机关行使监督、调查职权，有权依法向有关单位和个人了解情况，收集、调取证据。有关单位和个人应当如实提供。”即在监察机关行使监督、调查职权时，有关机关、单位、组织或者人员有义务向监察机关提供与监察事项有关的材料、信息和其他必要情况，不得拒绝配合或者阻碍调查。拒不配合或者阻碍调查的主要表现：故意拖延或者拒绝配合，拒绝提供有关材料、信息，提供虚假材料、信息，隐匿、毁灭、伪造、转移证据等。有关机关、单位、组织或者人员拒不配合或者阻碍调查的，应当依法承担相应的法律责任，根据本条规定，由其上级机关，主管部门，任免机关、单位或者监察机关责令改正，依法给予处理。

3. 对检举人、证人或者调查人员进行打击报复的情形

对检举人、证人或者调查人员进行打击报复的情形，主要是指有关机关、单位、组织或者人员对检举人、证人或者调查人员实施打击报复，侵害检举人、证人或者调查人员合法权益的情形。检举人的检举权、证人的控告权是《宪法》赋予公民的基本权利，调查人员依法行使调查权则是《监察法》赋予调查人员的法定职权。在有关机关、单位、组织或者人员对检举人、证人或者调查人员进行打击报复的情形中，打击报复的表现形式多种多样，大致可以分为两类：一是有关机关、单位、组织或者人员利用自身职权直接或者间接地对检举人、证人或者调查人员依法行使权利、职权进行打击报复，损害检举人、证人或者调查人员的合法权益；二是有关机关、单位、组织或者人员没有利用自身职权而是出于打击报复的目的，对检举人、证人或者调查人员采取围攻阻挠、恐吓威胁、谩骂殴打等手段进行报复。有关机关、单位、组织或者人员对检举人、证人或者调查人员进行打击报复的，应当依法承担相应的法律责任，根据本条规定，由其上级机关，主管部门，任免机关、单位或者监察机关责令改正，依法给予处理。

4. 诬告陷害公职人员的情形

诬告陷害公职人员的情形，是指有关机关、单位、组织或者人员对公职人员进行诬告陷害，意图使公职人员受到名誉损害或者责任追究等不良影响或后果的情形。诬告陷害，一般是指捏造虚假事实，向国家机关或者有关单位作虚假告发，以达到使公职人员受到名誉损害或者责任追究等不良影响或后果的目的。在有关机关、单位、组织或者人员诬告陷害公职人员的情形中，诬告陷害的目的既包括败坏公职人员名誉等不良影响，也包括使公职人员受到党纪政纪处分，甚至受到刑事追究等不良后果。有关机关、单位、组织或者人员诬告陷害公职人员的，应当依法承担相应的法律责任，根据本条规定，由其上级机关，主管部门，任免机关、单位或者监察机关责令改正，依法给予处理。

5. 其他违反本法规定的情形

本条所规定的有关机关、单位、组织或者人员其他违反本法规定的情形，是对有关机关、单位、组织或者人员违反本法规定的兜底性条款。由于有关机关、单

位、组织或者人员违反本法规定的情形多种多样，在立法上不可能对所有情形穷尽。因此，本条特规定了兜底性条款，在立法上留有余地。除了本条前四项规定的情形外，如果有关机关、单位、组织或者人员存在其他违反本法规定的情形，根据本条规定，由其上级机关，主管部门，任免机关、单位或者监察机关责令改正，依法给予处理。

实务难点指引

本条在政务处分实践中的适用，主要有以下三方面的问题需要认真研究并妥善解决：

一是对本条规定的有关机关、单位、组织的违法情形进行处理时应当同时对负有责任的领导人员和直接责任人员依法给予处理。本法第 10 条规定："有关机关、单位、组织集体作出的决定违法或者实施违法行为的，对负有责任的领导人员和直接责任人员中的公职人员依法给予政务处分。"因而，在本条所规定的违法情形及其处理之外，还应当同时对负有责任的领导人员和直接责任人员中的公职人员依法给予政务处分。

二是兜底性条款适用的界限问题。本条第 5 项"其他违反本法规定的情形"是兜底性条款。在有关机关、单位、组织或者人员其他违反本法规定的情形繁多的情况下，设置兜底性条款确有其必要性，但在具体适用时，应避免其被滥用，以发挥兜底性条款的最大效用。这就需要对兜底性条款的适用有一个较为清晰的界限划分。法律义务是法律责任的前提，没有法律义务就没有法律责任。本兜底性条款的内容为"其他违反本法规定的情形"，因此，应当以"违反本法规定的情形"为基本界限，且主要以本法第 3 章所列出的违法行为为主。

三是纪法衔接、法法衔接问题。本条规定的违法情形，对有关机关、单位、组织或者人员而言，往往不仅是违法行为，同时也是违纪行为。故在责任追究方面，应当注意法律责任与党纪责任追究的衔接。当然，违法行为严重到触犯刑法、构成犯罪的，应当依法追究刑事责任。

关联法条

《监察法》

第 18 条 监察机关行使监督、调查职权，有权依法向有关单位和个人了解情况，收集、调取证据。有关单位和个人应当如实提供。

监察机关及其工作人员对监督、调查过程中知悉的国家秘密、商业秘密、个人隐私,应当保密。

任何单位和个人不得伪造、隐匿或者毁灭证据。

第45条第2项 监察机关根据监督、调查结果,依法作出如下处置:

(二)对违法的公职人员依照法定程序作出警告、记过、记大过、降级、撤职、开除等政务处分决定;

第六十三条 监察机关及其工作人员有下列情形之一的,对负有责任的领导人员和直接责任人员依法给予处理:

(一)违反规定处置问题线索的;

(二)窃取、泄露调查工作信息,或者泄露检举事项、检举受理情况以及检举人信息的;

(三)对被调查人或者涉案人员逼供、诱供,或者侮辱、打骂、虐待、体罚或者变相体罚的;

(四)收受被调查人或者涉案人员的财物以及其他利益的;

(五)违反规定处置涉案财物的;

(六)违反规定采取调查措施的;

(七)利用职权或者职务上的影响干预调查工作、以案谋私的;

(八)违反规定发生办案安全事故,或者发生安全事故后隐瞒不报、报告失实、处置不当的;

(九)违反回避等程序规定,造成不良影响的;

(十)不依法受理和处理公职人员复审、复核的;

(十一)其他滥用职权、玩忽职守、徇私舞弊的行为。

条文主旨

本条是关于监察机关及其工作人员滥用职权、玩忽职守、徇私舞弊的违法情形及其处理的规定。

条文解读

监察机关及其工作人员应当认真履行法定职责,不得有任何滥用职权、玩忽职守、徇私舞弊的行为。监察机关及其工作人员滥用职权、玩忽职守、徇私舞弊的行为不仅会对国家监督管理秩序造成冲击，还会严重损害国家监察机关权威和形象。因此，必须强化对监察机关及其工作人员依法行使职权的监督管理，维护监察机关的形象和权威。对此，本条规定了监察机关及其工作人员滥用职权、玩忽职守、徇私舞弊的十种具体违法情形：一是违反规定处置问题线索的情形；二是窃取、泄露调查工作信息，或者泄露检举事项、检举受理情况以及检举人信息的情形；三是对被调查人或者涉案人员逼供、诱供，或者侮辱、打骂、虐待、体罚或者变相体罚的情形；四是收受被调查人或者涉案人员的财物以及其他利益的情形；五是违反规定处置涉案财物的情形；六是违反规定采取调查措施的情形；七是利用职权或者职务上的影响干预调查工作、以案谋私的情形；八是违反规定发生办案安全事故，或者发生安全事故后隐瞒不报、报告失实、处置不当的情形；九是违反回避等程序规定，造成不良影响的情形；十是不依法受理和处理公职人员复审、复核的情形。并在本条第 11 项规定了其他滥用职权、玩忽职守、徇私舞弊的行为的兜底性条款。

1. 违反规定处置问题线索的情形

违反规定处置问题线索的情形，是指监察机关及其工作人员违反有关处置问题线索的规定，违法处置问题线索的情形。问题线索一般是指监察机关及其工作人员在查办案件时所获知的被调查人交代自身在本案中的违法犯罪问题线索，或者被调查人交代、检举、揭发的被调查人以外的其他监察对象在本案中的违法犯罪问题线索，或者被调查人交代、检举、揭发的被调查人以外的其他监察对象不涉及本案的违法犯罪问题线索。《监察法》第 37 条规定："监察机关对监察对象的问题线索，应当按照有关规定提出处置意见，履行审批手续，进行分类办理。线索处置情况应当定期汇总、通报，定期检查、抽查。"故监察机关及其工作人员应当严格按照规定处置问题线索。监察机关及其工作人员违反规定处置问题线索的，应当依法承担相应的法律责任，根据本条规定，对负有责任的领导人员和直接责任人员依法给予处理。

2. 窃取、泄露调查工作信息，或者泄露检举事项、检举受理情况以及检举人信息的情形

窃取、泄露调查工作信息，或者泄露检举事项、检举受理情况以及检举人信息的情形，是指监察机关及其工作人员故意窃取其不应掌握的调查工作信息，向不应知悉调查工作信息的他人泄露其在工作中掌握的调查工作信息，或者监察机关

及其工作人员向不应知悉检举事项、检举受理情况以及检举人信息的他人泄露其在工作中掌握的上述信息。在监察机关及其工作人员窃取、泄露调查工作信息，或者泄露检举事项、检举受理情况以及检举人信息的情形中，窃取调查工作信息在主观上只能是故意，而泄露调查工作信息、检举事项、检举受理情况、检举人信息在主观上则有故意和过失两种情形。过失是指监察机关及其工作人员由于疏忽大意或者过于自信，致使其自身掌握的调查工作信息、检举事项、检举受理情况、检举人信息等泄露给不应知悉的人，或者由于疏忽大意或者过于自信而没能避免因其履行职责所掌握的调查工作信息、检举事项、检举受理情况、检举人信息等被不应知悉者知悉。监察机关及其工作人员窃取、泄露调查工作信息，或者泄露检举事项、检举受理情况以及检举人信息的，根据本条规定，对负有责任的领导人员和直接责任人员依法给予处理。

3. 对被调查人或者涉案人员逼供、诱供，或者侮辱、打骂、虐待、体罚或者变相体罚的情形

在对被调查人或者涉案人员逼供、诱供情形下，被调查人或者涉案人员往往迫于压力或者在被欺骗的情况下提供相关口供、线索等，虚假陈述的可能性非常大，容易对案件的侦办造成阻碍，也容易造成假案、错案。并且，侮辱、打骂、虐待、体罚或者变相体罚被调查人或者涉案人员，本身就是违法行为，会对被调查人或者涉案人员的生命、身体、健康造成损害，不符合法治要求。监察机关及其工作人员对被调查人或者涉案人员逼供、诱供，或者侮辱、打骂、虐待、体罚或者变相体罚的，应当依法承担相应的法律责任，根据本条规定，对负有责任的领导人员和直接责任人员依法给予处理。

4. 收受被调查人或者涉案人员的财物以及其他利益的情形

收受被调查人或者涉案人员的财物以及其他利益的情形，是指监察机关及其工作人员在线索处置、日常监督、调查、审理和处置环节中收受被调查人或者涉案人员的财物以及其他利益的情形。监察机关及其工作人员收受被调查人或者涉案人员的财物以及其他利益，属于以权谋私行为，势必会影响监察机关及其工作人员公正客观行使监督、调查、处置职权，使被调查人或者涉案人员逃避监察，影响国家正常的监督管理秩序。此处的财物以及其他利益指的是礼品、现金、消费券、有价证券等实物以及其他非财物利益。监察机关及其工作人员收受被调查人或者涉案人员的财物以及其他利益的，应当依法承担相应的法律责任，根据本条规定，对负有责任的领导人员和直接责任人员依法给予处理。

5. 违反规定处置涉案财物的情形

违反规定处置涉案财物的情形，是指监察机关及其工作人员违反有关处置涉案财物的规定，违规处置涉案财物的情形。《监察法》第 25 条规定："监察机关在调查过程中，可以调取、查封、扣押用以证明被调查人涉嫌违法犯罪的财物、文件和电子数据等信息。采取调取、查封、扣押措施，应当收集原物原件，会同持有人或者保管人、见证人，当面逐一拍照、登记、编号，开列清单，由在场人员当场核对、签名，并将清单副本交财物、文件的持有人或者保管人。对调取、查封、扣押的财物、文件，监察机关应当设立专用账户、专门场所，确定专门人员妥善保管，严格履行交接、调取手续，定期对账核实，不得毁损或者用于其他目的。对价值不明物品应当及时鉴定，专门封存保管。查封、扣押的财物、文件经查明与案件无关的，应当在查明后三日内解除查封、扣押，予以退还。"第 41 条第 2 款规定："调查人员进行讯问以及搜查、查封、扣押等重要取证工作，应当对全过程进行录音录像，留存备查。"本条所称"财物"指的是与案件相关的现金、古玩、奢侈品、车辆、股票等。如果监察机关及其工作人员擅自将查封、扣押、冻结的财物任意使用，即属于违反规定处置涉案财物的情形。监察机关及其工作人员违反规定处置涉案财物的，应当依法承担相应的法律责任，根据本条规定，对负有责任的领导人员和直接责任人员依法给予处理。

6. 违反规定采取调查措施的情形

监察机关及其工作人员采取调查措施，有着明确具体的法律规定。例如，《监察法》第 28 条规定："监察机关调查涉嫌重大贪污贿赂等职务犯罪，根据需要，经过严格的批准手续，可以采取技术调查措施，按照规定交有关机关执行。批准决定应当明确采取技术调查措施的种类和适用对象，自签发之日起三个月以内有效；对于复杂、疑难案件，期限届满仍有必要继续采取技术调查措施的，经过批准，有效期可以延长，每次不得超过三个月。对于不需要继续采取技术调查措施的，应当及时解除。"第 39 条第 1 款、第 2 款规定："经过初步核实，对监察对象涉嫌职务违法犯罪，需要追究法律责任的，监察机关应当按照规定的权限和程序办理立案手续。监察机关主要负责人依法批准立案后，应当主持召开专题会议，研究确定调查方案，决定需要采取的调查措施。"如果监察机关及其工作人员未严格按照上述规定采取调查措施，即属于违反规定采取调查措施的情形。监察机关及其工作人员违反规定采取调查措施的，应当依法承担相应的法律责任，根据本条规定，对负有责任的领导人员和直接责任人员依法给予处理。

7. 利用职权或者职务上的影响干预调查工作、以案谋私的情形

利用职权或者职务上的影响干预调查工作、以案谋私的情形,是指监察机关及其工作人员利用职权或者职务上的影响干预调查工作、以案谋私的情形。监察机关及其工作人员应当依法行使职权,不得利用职权或者职务上的影响干预调查工作、以案谋私。在监察机关及其工作人员利用职权或者职务上的影响干预调查工作、以案谋私的情形中,主要包括监察机关及其工作人员利用职权或者职务上的影响力,在线索处置、日常监督、调查、审理和处置等各个环节中打听案情、过问案件、说情干预,通过案件谋求私利等。监察机关及其工作人员利用职权或者职务上的影响干预调查工作、以案谋私的,应当依法承担相应的法律责任,根据本条规定,对负有责任的领导人员和直接责任人员依法给予处理。

8. 违反规定发生办案安全事故,或者发生安全事故后隐瞒不报、报告失实、处置不当的情形

监察机关及其工作人员办案应当严格依法进行,保障办案安全,对于发生被调查人或者涉案人员死亡、伤残、逃跑等办案安全事故的,应当及时报告、妥善处置,不得在发生办案安全事故后隐瞒不报、报告失实、处置不当。监察机关及其工作人员违反规定发生办案安全事故,或者发生安全事故后隐瞒不报、报告失实、处置不当的,根据本条规定,对负有责任的领导人员和直接责任人员依法给予处理。

9. 违反回避等程序规定,造成不良影响的情形

《监察法》第 58 条对回避事项作出了明确规定,如果监察机关及其工作人员违反此规定,且造成不良影响,即属于违反回避等程序规定,造成不良影响的情形。监察机关及其工作人员违反回避等程序规定,造成不良影响的,根据本条规定,对负有责任的领导人员和直接责任人员依法给予处理。

10. 不依法受理和处理公职人员复审、复核的情形

本法第 55 条规定:"公职人员对监察机关作出的涉及本人的政务处分决定不服的,可以依法向作出决定的监察机关申请复审;公职人员对复审决定仍不服的,可以向上一级监察机关申请复核。监察机关发现本机关或者下级监察机关作出的政务处分决定确有错误的,应当及时予以纠正或者责令下级监察机关及时予以纠正。"如果监察机关及其工作人员不按照上述规定依法受理和处理公职人员复审、复核,即属于不依法受理和处理公职人员复审、复核的情形。监察机关及其工作人员不依法受理和处理公职人员复审、复核的,根据本条规定,对负有责任的领导人员和直接责任人员依法给予处理。

11.其他滥用职权、玩忽职守、徇私舞弊的行为

本条规定的监察机关及其工作人员其他滥用职权、玩忽职守、徇私舞弊的行为,是关于监察机关及其工作人员滥用职权、玩忽职守、徇私舞弊行为的兜底性条款。除了本条前十项规定的情形外,对于监察机关及其工作人员在行使职权中其他滥用职权、玩忽职守、徇私舞弊的行为,也应当追究其相应的法律责任。所谓"滥用职权",是指监察人员超越了国家法律所赋予的职权范围行使职权,或者违背了国家法律授权的目的、精神、原则和要求行使职权的行为。所谓"玩忽职守",是指监察人员严重不负责任,不履行职责或者不正确履行法定职责,致使国家、集体和人民的利益遭受损失的行为。监察人员玩忽职守有多种表现形式,如不履行监察职责,不实施岗位所要求的行为;对监察对象的违法犯罪行为不采取有效措施予以制止;对职责范围管辖内的事务不尽职责,敷衍了事等。所谓"徇私舞弊",是指监察人员为了私利,用欺骗或者其他不正当方式违法犯罪的行为,包括监察人员利用本人职责范围内的权限或者本人职务、地位所形成的便利条件,为自己或者他人谋取私利,袒护或者帮助违法犯罪人员掩盖错误事实以逃避制裁,或者利用职权陷害他人的行为。

实务难点指引

本条在政务处分实践中的适用,主要有以下三方面的问题需要认真研究并妥善解决:

一是在对负有责任的领导人员和直接责任人员依法给予处理的同时还应当对监察机关及其工作人员的违法行为给予处理。本条所列的11项监察机关及其工作人员的违法情形,按照本条规定,要求对负有责任的领导人员和直接责任人员依法给予处理。同时,还应当对监察机关及其工作人员的自身违法行为依法给予处理,这在政务处分实践中需要加以注意。

二是兜底性条款适用的界限问题。本条第11项"其他滥用职权、玩忽职守、徇私舞弊的行为"是兜底性条款。在监察机关及其工作人员其他滥用职权、玩忽职守、徇私舞弊的行为繁多的情况下,设置兜底性条款确有其必要性,但在具体适用时,应避免其被滥用,以发挥兜底性条款的最大效用。在具体适用本兜底性条款时,应当以"滥用职权、玩忽职守、徇私舞弊"的行为为基本界限。对于非"滥用职权、玩忽职守、徇私舞弊"的其他行为,不得适用本条款。

三是纪法衔接、法法衔接问题。本条所规定的11项违法情形,对监察机关及

其工作人员而言，往往不仅是违法行为，同时也是违纪行为。故在责任追究方面，应当注意法律责任与党纪责任追究的衔接。当然，违法行为严重到触犯刑法、构成犯罪的，应当依法追究刑事责任。

关联法条

1.《监察法》

第25条 监察机关在调查过程中，可以调取、查封、扣押用以证明被调查人涉嫌违法犯罪的财物、文件和电子数据等信息。采取调取、查封、扣押措施，应当收集原物原件，会同持有人或者保管人、见证人，当面逐一拍照、登记、编号，开列清单，由在场人员当场核对、签名，并将清单副本交财物、文件的持有人或者保管人。

对调取、查封、扣押的财物、文件，监察机关应当设立专用账户、专门场所，确定专门人员妥善保管，严格履行交接、调取手续，定期对账核实，不得毁损或者用于其他目的。对价值不明物品应当及时鉴定，专门封存保管。

查封、扣押的财物、文件经查明与案件无关的，应当在查明后三日内解除查封、扣押，予以退还。

第28条 监察机关调查涉嫌重大贪污贿赂等职务犯罪，根据需要，经过严格的批准手续，可以采取技术调查措施，按照规定交有关机关执行。

批准决定应当明确采取技术调查措施的种类和适用对象，自签发之日起三个月以内有效；对于复杂、疑难案件，期限届满仍有必要继续采取技术调查措施的，经过批准，有效期可以延长，每次不得超过三个月。对于不需要继续采取技术调查措施的，应当及时解除。

第37条 监察机关对监察对象的问题线索，应当按照有关规定提出处置意见，履行审批手续，进行分类办理。线索处置情况应当定期汇总、通报，定期检查、抽查。

第39条 经过初步核实，对监察对象涉嫌职务违法犯罪，需要追究法律责任的，监察机关应当按照规定的权限和程序办理立案手续。

监察机关主要负责人依法批准立案后，应当主持召开专题会议，研究确定调查方案，决定需要采取的调查措施。

立案调查决定应当向被调查人宣布，并通报相关组织。涉嫌严重职务违法或者职务犯罪的，应当通知被调查人家属，并向社会公开发布。

第41条 调查人员采取讯问、询问、留置、搜查、调取、查封、扣押、勘验检查等调查措施，均应当依照规定出示证件，出具书面通知，由二人以上进行，形成笔录、报告等书面材料，并由相关人员签名、盖章。

调查人员进行讯问以及搜查、查封、扣押等重要取证工作，应当对全过程进行录音录像，留存备查。

第58条 办理监察事项的监察人员有下列情形之一的，应当自行回避，监察对象、检举人及其他有关人员也有权要求其回避：

（一）是监察对象或者检举人的近亲属的；

（二）担任过本案的证人的；

（三）本人或者其近亲属与办理的监察事项有利害关系的；

（四）有可能影响监察事项公正处理的其他情形的。

2.《公职人员政务处分法》

第48条 监察机关负责人的回避，由上级监察机关决定；其他参与违法案件调查、处理人员的回避，由监察机关负责人决定。

监察机关或者上级监察机关发现参与违法案件调查、处理人员有应当回避情形的，可以直接决定该人员回避。

第六十四条　违反本法规定，构成犯罪的，依法追究刑事责任。

条文主旨

本条是关于构成犯罪依法追究刑事责任的规定。

条文解读

违反本法规定，构成犯罪的，依法追究刑事责任，指的是本法所涉主体违反本法规定，其行为构成犯罪的，应当依法追究刑事责任。其中主体包括：公职人员，监察机关，公职人员任免机关、单位，有关机关、单位、组织等。对公职人员而言，若有本法第3章所列的违法行为，且构成犯罪的，在给予政务处分的同时，应当移送司法机关依法追究刑事责任。对监察机关，公职人员任免机关、单位和有关机关、单位、组织而言，若有本法第6章所列的违法情形，在对负有责任的领导人员和直接责任人员依法给予处理的同时，构成单位犯罪的，应当依法追究刑事责任。

第七章 附　　则

第六十五条　国务院及其相关主管部门根据本法的原则和精神，结合事业单位、国有企业等的实际情况，对事业单位、国有企业等的违法的公职人员处分事宜作出具体规定。

条文主旨

本条是对国务院及其相关主管部门进行立法授权的规定。

条文解读

统一政务处分工作是制定《公职人员政务处分法》的立法初衷之一，特别是"统一设置处分的法定事由和适用规则，保证处分适用上的统一规范"。[①] 从这个意义上来说，《公职人员政务处分法》是一部"统一的公职人员政务处分规定"。[②] 诚然，就政务处分工作进行专门立法，能够在很大程度上保证政务处分权的统一行使，防止在进行政务处分时出现"同错异罚"等情况；也能够有效避免出现规则庞杂混乱的问题，以至于监察机关在适用规则时变得无所适从。但不可否认的是，针对公职人员政务处分工作进行统一立法，其缺陷同样是显而易见的。这是因为公职人员的类型不同、身份不同，所从事的日常工作同样千差万别，调整规范其行为的法律规则亦是因人而异的。如此一来，对于不同身份的公职人员，其处分的具体事宜自然也会随之不同。

在此问题上，既往的政纪处分制度提供了一些借鉴。因为当初在制定《行政

---

① 瞿芃：《全面系统规范公职人员惩戒制度——解读公职人员政务处分法（上）》，载《中国纪检监察报》2020 年 6 月 22 日，第 1 版。

② 中共中央纪律检查委员会、中华人民共和国国家监察委员会法规室编写：《〈中华人民共和国监察法〉释义》，中国方正出版社 2018 年版，第 205 页。

机关公务员处分条例》时,考虑到"各部门由于行业性质的不同,各地区由于政治经济发展的不平衡,确有对本条例进行补充规定的必要"。[①] 为此,该条例第 2 条第 3 款专门作出授权规定,即地方性法规、部门规章、地方政府规章可以补充规定该条例未作规定的应当给予处分的违法违纪行为以及相应的处分幅度。不过,鉴于以往一些地方行政机关和有关部门在各种文件中滥设处分事项,导致处分事项的设定政出多门,同错异罚。[②] 因此该条例还规定,除国务院监察机关、国务院人事部门外,国务院其他部门制定处分规章,应当与国务院监察机关、国务院人事部门联合制定。根据上述授权规定,不少对处分事由和处分幅度制定的补充规定随之颁行,比如由监察部、人力资源和社会保障部、海关总署联合制定的《海关工作人员处分办法》等。

《公职人员政务处分法》的立法其实借鉴了上述做法,全国人大常委会 2019 年 8 月审议的《中华人民共和国公职人员政务处分法(草案)》,便规定"国务院、国家监察委员会或者相关主管部门可以根据本法,制定具体规定"。当时的考虑是"保障政务处分法的规定得到落实,增强政务处分的可操作性和实效性"。[③] 在对草案进行初次审议之后,"一些常委会组成人员和部门、地方、科研机构、社会公众提出,根据现行有关法律的规定,监察机关作出的是政务处分,任免机关、单位作出的是处分,建议做好法律之间的衔接",于是对本条的具体内容作出了相应的修改与调整。[④]

根据本条的规定,《公职人员政务处分法》其实是在进行一种立法授权,即国务院及其相关主管部门有权对事业单位、国有企业等的违法的公职人员处分事宜作出具体规定。此种立法授权具有以下几方面的特征:一是授权立法具有从属性,即本条规定的"根据本法的原则和精神",换言之,国务院及其相关主管部门作出的具体规定,不得与《公职人员政务处分法》的原则和精神相抵触。二是授权立

---

① 屈万祥主编:《〈行政机关公务员处分条例〉释义》,中国方正出版社 2007 年版,第 10 页。

② 参见李建、耿文清主编:《〈行政机关公务员处分条例〉实用问答》,中国方正出版社 2007 年版,第 12 页。

③ 吴玉良:《关于〈中华人民共和国公职人员政务处分法(草案)〉的说明》,载中国人大网:http://www.npc.gov.cn/npc/c30834/202006/bbd27f60abcc4982aa8bc051cb86b633.shtml,2020 年 6 月 22 日最后访问。

④ 参见《全国人民代表大会宪法和法律委员会关于〈中华人民共和国公职人员政务处分法(草案)〉修改情况的汇报》,载中国人大网:http://www.npc.gov.cn/npc/c30834/202006/ef4bfe0375e14e3f946606d5c7f33b77.shtml,2020 年 6 月 21 日最后访问。

法的主体具有限定性，即只有“国务院及其相关主管部门”可以制定具体规定，其他主体并不享有这方面的权力。具体来说，国务院自然是有权作出此种具体规定的，而国务院的“相关主管部门”，则是指国务院领导下的与国有企业、事业单位的行政管理活动相关的部门，主要有人力资源和社会保障部、教育部、国务院国有资产监督管理委员会等。三是授权立法的事项具有明确性，即本条规定的“对事业单位、国有企业等的违法的公职人员处分事宜”。

实务难点指引

1. 授权立法主体的限缩会造成规则供给不足吗？

本条之所以授权国务院及其相关主管部门，就国有企业和事业单位等的处分事宜作出具体规定，主要是考虑到公职人员身份与类型千差万别，专门的《公职人员政务处分法》无法对此作出全面的规定。不过，相较于《行政机关公务员处分条例》而言，本条规定的授权立法主体在范围上是有所限缩的。因为根据《行政机关公务员处分条例》第 2 条第 3 款的规定，地方性法规、部门规章、地方政府规章可以补充规定该条例第 3 章未作规定的应当给予处分的违法违纪行为以及相应的处分幅度，即授权立法主体包括省级人大及其常委会、国务院组成部门、省级人民政府。而本条将授权立法主体限缩为“国务院及其相关主管部门”，若从字面上进行解释，省级地方人大及其常委会和省级地方政府显然是被排除在外的。但在国家监察体制改革之前的实践中，有不少行政处分规定是规定在地方立法当中的，比如浙江省人民政府制定的《浙江省统计违法违纪行为处分规定》、湖北省人民政府制定的《湖北省招标投标违法违纪行为处分规定》等地方政府规章。诚然，将授权立法主体限制在“国务院及其相关主管部门”，有利于维护监察法制的统一，但由此而来的规则供给不足问题也值得认真对待。

2.《公职人员政务处分法》与行政处分相关规则的衔接问题

《监察法》和《公职人员政务处分法》构建了“政务处分”与“处分”并行的公职人员惩戒机制，政务处分是由监察机关作出的，处分则是由任免机关、单位作出的。本条赋予国务院及其相关主管部门作出具体规定的权力，很大程度上是为了使任免机关、单位的处分工作有章可循。其实，早在国家监察体制改革之前，便有相当多的行政法规和部门规章对行政机关、事业单位和国有企业的行政处分事项作出规定，比如《行政机关公务员处分条例》《事业单位工作人员处分暂行规定》等。随着《公职人员政务处分法》的颁布施行，那些与行政处分相关的规定是否继续有效,是否可以作为任免机关、单位作出处分的依据?以及如何对其进行相应的修改,以便能够与《公职人员政务处分法》相衔接。此类问题皆是今后一段时期内需要妥善解决的。

关联法条

1.《行政机关公务员处分条例》

第2条第3款、第4款 地方性法规、部门规章、地方政府规章可以补充规定本条例第三章未作规定的应当给予处分的违法违纪行为以及相应的处分幅度。除国务院监察机关、国务院人事部门外,国务院其他部门制定处分规章,应当与国务院监察机关、国务院人事部门联合制定。

除法律、法规、规章以及国务院决定外,行政机关不得以其他形式设定行政机关公务员处分事项。

2.《事业单位工作人员处分暂行规定》

第47条 教育、医疗卫生、科技、体育等部门,可以依据本规定,结合自身工作的实际情况,与国务院人力资源社会保障部门和国务院监察机关联合制定具体办法。

第六十六条　中央军事委员会可以根据本法制定相关具体规定。

条文主旨

本条是对中央军委进行立法授权的规定。

条文解读

根据《宪法》的规定,一切国家机关和武装力量、各政党和各社会团体、各企业事业组织都必须遵守宪法和法律。《公职人员政务处分法》作为全国人大常委会制定的适用于全国的法律,武装力量自然必须遵守。不过,人民解放军和武装警察部队的监察工作具有其特殊性,[①]政务处分工作亦不例外。为此,《监察法》和《公职人员政务处分法》皆在附则中进行立法授权的规定,授予中央军委就监察工作和政务处分工作制定具体规定。例如,中央军委于2020年制定了《军队监察工

① 参见中共中央纪律检查委员会、中华人民共和国国家监察委员会法规室编写:《〈中华人民共和国监察法〉释义》,中国方正出版社2018年版,第286页。

作条例（试行）》，该条例共10章62条，涵盖军队监察委员会设置、监察范围和管辖、监督、调查、处置、监察工作协作配合、对监察委员会和监察人员的监督等各个方面。① 本条同样是授权作为军事立法机关的中央军委，按照《公职人员政务处分法》的规定，制定适用于武装力量政务处分工作的具体规定。

关联法条

1.《监察法》

第68条　中国人民解放军和中国人民武装警察部队开展监察工作，由中央军事委员会根据本法制定具体规定。

2.《现役军官法》

第34条　军官违反军纪的，按照中央军事委员会的规定给予处分。

处分分为：警告、严重警告、记过、记大过、降职（级）或者降衔、撤职、开除军籍以及中央军事委员会规定的其他处分。

3.《人民武装警察法》

第43条　人民武装警察在执行任务中不履行职责，或者有本法第二十九条所列行为之一的，按照中央军事委员会的有关规定给予处分。

4.《中国人民解放军纪律条令（试行）》

第10条　本条令所规定的对个人和单位的奖励、表彰，由政治工作部门承办；对个人的处分，由纪检监察部门承办。

第六十七条　本法施行前，已结案的案件如果需要复审、复核，适用当时的规定。尚未结案的案件，如果行为发生时的规定不认为是违法的，适用当时的规定；如果行为发生时的规定认为是违法的，依照当时的规定处理，但是如果本法不认为是违法或者根据本法处理较轻的，适用本法。

条文主旨

本条是关于《公职人员政务处分法》溯及力的规定。

---

① 参见《中央军委主席习近平签署命令　发布〈军队监察工作条例（试行）〉》，载《解放军报》2020年1月21日，第1版。

条文解读

法律溯及力是指对于发生在某部法律施行之前的行为,该法律是否适用于该行为的问题。一般而言,法律是不具有溯及既往的效力的,这也是一项基本的法律原则,因为法律如果可以溯及既往,那么人们将无法知晓哪些行为将受到惩罚。不过,该原则同样有一定的例外,即当新的法律规定减轻行为人的责任或增加公民的权利时,法律是可以具有溯及力的。《立法法》第 93 条有明确规定,"法律、行政法规、地方性法规、自治条例和单行条例、规章不溯及既往,但为了更好地保护公民、法人和其他组织的权利和利益而作的特别规定除外"。《公职人员政务处分法》采取的同样是有利于公职人员的"从旧兼从轻"原则。能否适用"从旧兼从轻"的原则,应当区分不同的情形来对待。其一,对于那些已经结案的案件,如果只是需要复审、复核的,则应适用当时的法律规定。其二,对于还没有结案的案件,则应适用"从旧兼从轻"的原则,即如果当时不认为是违法行为,则按照当时的规定处理;如果当时认为是违法行为,但根据本法的规定该行为不属于违法行为或者根据本法处理较轻的,则按照本法的规定处理。

需要注意的是,本条规定"根据本法处理较轻的,适用本法",这体现了"从轻"的原则。但究竟何为"处理较轻",这是政务处分实务工作必然会面临的问题。其实在不少法律当中,皆存在相似的问题,比如《刑法》规定的"从旧兼从轻"原则,同样有"处刑较轻"的规定。对此,最高人民法院曾以司法解释的形式对"处刑较轻"作出解释,即"刑法对某种犯罪规定的刑罚即法定刑比修订前刑法轻。法定刑较轻是指法定最高刑较轻;如果法定最高刑相同,则指法定最低刑较轻"。此外,《中国共产党纪律处分条例》中也有"处理较轻"的规定,按照中央纪委国家监委法规室的解释,这是指"从对同种违纪行为的处分档次上来比较,先比较最高处分档次,适用最高处分档次较轻的规定;若最高处分档次相同,再比较最低处分档次,适用最低处分档次较轻的规定"。①

第六十八条　本法自 2020 年 7 月 1 日起施行。

---

① 中共中央纪律检查委员会、中华人民共和国国家监察委员会法规室编写:《〈中国共产党纪律处分条例〉释义》,中国方正出版社 2018 年版,第 358 页。

条文主旨

本条是关于《公职人员政务处分法》施行日期的规定。

条文解读

《立法法》第57条规定，法律应当明确规定施行日期。本条规定的便是《公职人员政务处分法》的施行日期，即2020年7月1日。法律的施行日期不同于法律的通过日期和公布日期，施行日期是法律开始正式生效实施的时间点。《公职人员政务处分法》于2020年6月20日通过，并在同日由中华人民共和国主席令第46号公布。通常来说，法律自通过之日至施行之日，期间的时间可长可短。有通过之日起即开始施行的，但更多的是预留一定的时间，以便做好法律的宣传和施行前的准备工作。就《公职人员政务处分法》而言，通过日期与施行日期间隔仅有十天时间，这在客观上促使有关部门尽快做好法律宣传和实施准备工作。

实务难点指引

《公职人员政务处分暂行规定》是否继续有效？

在《公职人员政务处分法》颁行之前，由中共中央纪委和国家监察委员会联合印发的《公职人员政务处分暂行规定》对政务处分工作发挥调整规范功能。待到《公职人员政务处分法》施行之后，该暂行规定的功能便会随之终止。不过，由于《公职人员政务处分暂行规定》的制定主体并非全国人大及其常委会，所以有关其废止的问题自然不应在本法中作出规定，而应由制定机关以适当的方式予以废止。

附录一 《公职人员政务处分法》与《公职人员政务处分暂行规定》的对比解读

中央纪委、国家监委于2018年4月16日印发的《公职人员政务处分暂行规定》，是实施政务处分的过渡性规范，为起草《公职人员政务处分法》作了有益的经验探索。全国人大常委会于2020年6月20日通过的《公职人员政务处分法》正是以《公职人员政务处分暂行规定》为重要基础起草的，是对《公职人员政务处分暂行规定》等一系列公职人员惩戒规范的提升与完善。为更好地理解《公职人员政务处分法》的变化与突破，做好政务处分工作在新旧规则交替时的衔接与转化，有必要就《公职人员政务处分法》与《公职人员政务处分暂行规定》进行对比解读。

一、《公职人员政务处分法》的主要变化与突破

与《公职人员政务处分暂行规定》相比，《公职人员政务处分法》实现的最大突破就是新中国第一次将公职人员惩戒制度全面系统地上升为国家法律，为规范政务处分、完善国家监察制度提供坚实可靠的法律保障。具体来说，《公职人员政务处分法》在内容、体例与立法技术三个方面均有不少变化与突破。

（一）内容方面

《公职人员政务处分暂行规定》侧重于通用性规则和程序性规则的规定，没有针对政务处分适用的具体情形、处分标准等作出规范，后者散见于《监察法》《公务员法》《法官法》《检察官法》《行政机关公务员处分条例》《事业单位工作人员处分暂行规定》等一系列法律法规规章中，缺乏统一规定。《公职人员政务处分法》则同时涵盖政务处分的通用性规则与具体应用规则、实体性规则与程序性规则，全面规定了政务处分的各项制度。与《公职人员政务处分暂行规定》相比，本法内容具体突出以下几个特点。

第一，实现了政务处分对所有行使公权力的公职人员的全覆盖。《公职人员

政务处分暂行规定》没有对政务处分的适用范围作出明确的规定,对基层群众性自治组织中的公职人员、其他公职人员等的政务处分缺乏强有力的法律依据,也没有注意到不同类型公职人员在任免权限、职业等级、待遇等方面的不同规定,导致政务处分无法全面适配所有公职人员。《公职人员政务处分法》在第 2 条就明确规定将政务处分适用于全体公职人员,并根据不同类型公职人员的特点,调整政务处分的种类及结果,充分运用合法正当的惩戒手段,比如对于基层群众性自治组织中的公职人员,《公职人员政务处分法》在尊重基层群众自治制度的前提下,规定了警告、记过、记大过三种政务处分,并通过减发或者扣发补贴、奖金等经济制裁手段对违法公职人员产生实质性影响。

第二,实现了政务处分适用情形、标准的统一。《公职人员政务处分暂行规定》没有规定政务处分的具体应用规则,而是指明援引各类公职人员处分制度的具体规定,这使政务处分的适用情形、处分标准可能因公职人员类型的不同而产生差异,出现处分畸重或畸轻的问题。《公职人员政务处分法》在总结各类处分制度的基础上,专设一章(第 3 章"违法行为及其适用的政务处分")规定了适用政务处分的违法情形以及相应的处分档次,实现了不同类型公职人员在政务处分适用情形、标准的完全统一。

第三,完善了政务处分适用的通用性规则。虽然《公职人员政务处分暂行规定》主要规定了政务处分的通用性规则,但仍有不少缺漏之处,《公职人员政务处分法》在此基础上,补充规定了对公职人员共同违法、集体违法、有多个违法行为的处理规则(第 9 条、第 10 条、第 15 条);规定了从轻或者减轻、从重给予政务处分,免予或者不予政务处分的各类情形(第 11 条、第 12 条、第 13 条);规定了公职人员被组织处理、卸去领导职务后的政务处分规则(第 17 条、第 18 条),等等。

第四,进一步规范政务处分程序,明确保障公职人员的合法权益。虽然《公职人员政务处分暂行规定》对政务处分程序作出了规定,但仍比较粗浅、精细度不够。《公职人员政务处分法》专设两章(第 4 章"政务处分的程序"、第 5 章"复审、复核"),对政务处分程序加以更完备的规范,也特别注重通过正当程序加强对公职人员合法权益的保护。比如,第 42 条第 2 款规定严禁以威胁、引诱、欺骗及其他非法方式收集证据,第 47 条和第 48 条规定了回避制度,第 53 条规定对公职人员在受到不实检举、控告或者诬告陷害时的保护与补救,第 43 条和第 56 条第 2 款分别规定公职人员不因申辩或者提出复审、复核而被加重政务处分。

(二)体例方面

《公职人员政务处分暂行规定》的条文较少,总共只有 23 条,内容也比较零散，没有形成系统性的模块分类，故而没有作专门的章节切分。《公职人员政务处分法》内容较多、范围较广，条文总共 68 条，系统性地分为总则，政务处分的种类和适用，违法行为及其适用的政务处分，政务处分的程序，复审、复核，法律责任，附则七章。

（三）立法技术方面

第一，将《公职人员政务处分暂行规定》中的准用性规则改为确定性规则。准用性规则是指没有规定行为模式和法律后果，只规定在符合一定条件的情况下，直接援引、参照其他规范条文的法律规则。确定性规则是明确规定行为模式的内容，无须援用其他规范条文的法律规则。在《公职人员政务处分法》颁布实施之前，我国尚未有统一适用于全体公职人员的惩戒规则，作为过渡性规范，《公职人员政务处分暂行规定》也只对政务处分的通用性规则、程序作出规定，不少规则仍然需要援引其他法律法规规章制度予以明确。《公职人员政务处分暂行规定》第 3 条规定了政务处分适用的各类规范依据，第 9 条第 1 款第 1 项、第 13 条第 2 款、第 16 条、第 17 条、第 19 条第 1 款均以准用性规则的方式，援引《监察法》和《公务员法》等相关规定对条文内容予以明确。《公职人员政务处分法》则不再保留上述《公职人员政务处分暂行规定》中的准用性规则，改以确定性规则对有关行为规范予以直接明确。

第二，不再保留《公职人员政务处分暂行规定》中涉及党内法规调整的事项，并将《公职人员政务处分暂行规定》中的政治语言修改为法律语言。《公职人员政务处分暂行规定》是由中央纪委和国家监委联合制定的文件，具有党内法规的性质，因此其中有不少针对中共党组织、党员处分的规定，是根据公职人员的政治面貌对政务处分规则作出的特别规定，包括第 7 条、第 8 条、第 14 条等。由于《公职人员政务处分法》是国家法律，其规范的是普遍适用于一切社会成员的事项，不宜针对党的内部事务或是党内外工作制度的衔接作出专门具体的规定，因此不再保留《公职人员政务处分暂行规定》中涉及党内法规调整的事项。另外，《公职人员政务处分暂行规定》中还有一些政治性较强、灵活生动的语言表达，比如“惩前毖后、治病救人方针”“主体责任”等，《公职人员政务处分法》将这些政治语言改为规范性更强、精确度更高的法律语言。

二、《公职人员政务处分暂行规定》与《公职人员政务处分法》条文的逐条对比解读

为更加直观地把握《公职人员政务处分法》与《公职人员政务处分暂行规定》

之间的区别与联系，我们以《公职人员政务处分暂行规定》为基础，逐条列出其在《公职人员政务处分法》中的对应条款，并就两者的异同点作对比分析。

第一条　为了规范监察机关的政务处分工作，促进所有行使公权力的公职人员（以下简称公职人员）依法履职、秉公用权，廉洁从政从业、坚持道德操守，根据《中华人民共和国监察法》，制定本规定。

【《公职人员政务处分法》对应条款】

第一条　为了规范政务处分，加强对所有行使公权力的公职人员的监督，促进公职人员依法履职、秉公用权、廉洁从政从业、坚持道德操守，根据《中华人民共和国监察法》，制定本法。

对比分析

这是关于立法目的的规定。《公职人员政务处分法》保留了这条规定，只做了个别文字表述的修改。其中，将“规范监察机关的政务处分工作”改为“规范政务处分”，这是因为《公职人员政务处分法》所规范的不限于监察机关的政务处分工作，还涉及与政务处分有关的各方面事务，包括公职人员在政务处分上申请复审复核的权利，其他主体对政务处分工作负有的法律责任等，比如《公职人员政务处分法》第 61 条规定：“有关机关、单位无正当理由拒不采纳监察建议的，由其上级机关、主管部门责令改正，对该机关、单位给予通报批评，对负有责任的领导人员和直接责任人员依法给予处理。”《公职人员政务处分法》还进一步明确“加强对所有行使公权力的公职人员的监督”，这既说明本法将法定监察对象全面纳入政务处分范围，也凸显了政务处分对落实监察全覆盖的重要作用。

第二条　公职人员有违法违规行为应当承担法律责任的，在国家有关公职人员政务处分的法律出台前，监察机关可以根据被调查的公职人员的具体身份，依照相关法律、法规、国务院决定和规章对违法行为及其适用处分的规定，给予政务处分。

【《公职人员政务处分法》对应条款】

无

对比分析

原条文是针对有关法律出台前，政务处分的法律适用问题作出指引，故《公职人员政务处分法》没有保留相应的表述。

第三条 监察机关实施政务处分的依据，主要包括《中华人民共和国监察法》《中华人民共和国公务员法》《中华人民共和国法官法》《中华人民共和国检察官法》《中华人民共和国企业国有资产法》《行政机关公务员处分条例》《事业单位人事管理条例》《事业单位工作人员处分暂行规定》《国有企业领导人员廉洁从业若干规定》以及《农村基层干部廉洁履行职责若干规定（试行）》等。

【《公职人员政务处分法》对应条款】

无

对比分析

这是关于政务处分适用依据的规定。《公职人员政务处分法》实施后，成为监察机关实施政务处分的直接主要依据，故没有保留相应的表述。

第四条 公职人员依法履行职务的行为受法律保护，非因法定事由，非经法定程序，不受政务处分。

【《公职人员政务处分法》对应条款】

第六条 公职人员依法履行职责受法律保护，非因法定事由、非经法定程序，不受政务处分。

对比分析

《公职人员政务处分法》完全保留了这条规定，只做了个别文字表述的修改。

第五条　给予公职人员政务处分，应当坚持法律面前一律平等，实事求是、公平公正，做到事实清楚、证据确凿、定性准确、处理恰当、程序合法、手续完备；坚持民主集中制，集体讨论决定；坚持惩前毖后、治病救人方针，与违法行为的性质、情节、危害程度相适应。

【《公职人员政务处分法》对应条款】

第四条　给予公职人员政务处分，坚持党管干部原则，集体讨论决定；坚持法律面前一律平等，以事实为根据，以法律为准绳，给予的政务处分与违法行为的性质、情节、危害程度相当；坚持惩戒与教育相结合，宽严相济。

第五条　给予公职人员政务处分，应当事实清楚、证据确凿、定性准确、处理恰当、程序合法、手续完备。

对比分析

这是关于政务处分原则的规定。《公职人员政务处分法》对这条规定作了部分修改和内容上的补充。

第一，对法治原则进行调整和补充。一是将“事实清楚、证据确凿、定性准确、处理恰当、程序合法、手续完备”作为独立的条款，另行规定，对应《公职人员政务处分法》第5条。二是在“坚持法律面前一律平等”后补充“以事实为根据，以法律为准绳”的表述，作为对上述独立条款的替换。三是将“与违法行为的性质、情节、危害程度相适应”中“相适应”表述更替为“相当”。上述修改主要是对文字表达的优化，突出了法治原则的地位，其实质内容不变。

第二，将“坚持民主集中制，集体讨论决定”修改为“坚持党管干部原则，集体讨论决定”。民主集中制是国家机关最根本的组织和活动原则，其基本含义是民主基础上的集中和集中指导下的民主相结合。党管干部原则是我国干部工作的根本原则，其实质是保证党对干部人事工作的领导权和对重要干部的管理权。在《公职人员政务处分法》中明确“党管干部原则”，主要是因为公职人员政务处分属于干部管理工作的一部分，《公职人员政务处分法》有必要强调我们党在干部管理上的基本原则。不再保留“民主集中制”的表述，并不是抛弃了民主集中制原则，而是因为对公职人员的惩戒工作与国家机关的组织与活动关联性不强，没有必要专门强调民主集中制在政务处分中的作用。而且政务处分工作尤其强调集体讨论决定的工作原则，更加侧重于民主而非集中，在此明文规定民主集中制可能会对这一原则的执行产生误导。

第三，将“坚持惩前毖后、治病救人方针”修改为“坚持惩戒与教育相结合，宽严相济”。“惩前毖后、治病救人”是我们党对犯错误的同志的一贯方针，不过这一表述的政治性较强，主要运用于党内，不宜作为法律语言。《公职人员政务处分法》根据《监察法》第5条的规定，将这一政治语言转化为法律语言，主要是对文字表达的优化，其实质内容不变。

第六条　监察机关对违法的公职人员可以依法作出警告、记过、记大过、降级、撤职、开除等政务处分决定。

公职人员政务处分的期间、政务处分适用规则，可以根据被调查的公职人员的具体身份等情况，适用有关法律、法规、国务院决定和规章。

【《公职人员政务处分法》对应条款】

第七条　政务处分的种类为：

（一）警告；

（二）记过；

（三）记大过；

（四）降级；

（五）撤职；

（六）开除。

第八条　政务处分的期间为：

（一）警告，六个月；

（二）记过，十二个月；

（三）记大过，十八个月；

（四）降级、撤职，二十四个月。

政务处分决定自作出之日起生效，政务处分期自政务处分决定生效之日起计算。

对比分析

这是关于政务处分种类和期间的规定。《公职人员政务处分法》对这条规定作了部分修改和内容上的补充。

第一,将原条文第1款关于政务处分种类的规定作为独立条款,另行规定,对应《公职人员政务处分法》第7条。原条款在列举六种政务处分之后以“等”字作结,这是因为个别类型的公职人员处分不限于本款所规定的六种,比如根据《事业单位人事管理条例》,事业单位工作人员的处分分为警告、记过、降低岗位等级或者撤职、开除。《公职人员政务处分法》保留并限定为六种政务处分。

第二,将原条文第2款关于政务处分期间的规定作为独立条款,另行规定,对应《公职人员政务处分法》第8条,并统一明确了政务处分期间。不再保留原条款中关于政务处分适用规则的规定。这是因为在有关公职人员政务处分的法律出台前,各类公职人员处分的有关规范对处分的期间、适用规则的规定有所不同,故原条款确定以各有关法律、法规、国务院决定和规章为准。《公职人员政务处分法》实施后,成为监察机关实施政务处分的直接主要依据,其他规定与《公职人员政务处分法》不一致的,以《公职人员政务处分法》为准。

第七条　公职人员中的中共党员严重违犯党纪涉嫌犯罪的,应当由党组织先做出党纪处分决定,并由监察机关依法给予政务处分后,再依法追究其刑事责任。

非中共党员的公职人员涉嫌犯罪的,应当先由监察机关依法给予政务处分,再依法追究其刑事责任。

公职人员中的中共党员先依法受到行政处罚和刑事责任追究的,党组织、监察机关可以根据生效的行政处罚决定和司法机关的生效判决、裁定、决定及其认定的事实、性质和情节,依纪依法给予党纪、政务处分。

【《公职人员政务处分法》对应条款】

无

对比分析

《公职人员政务处分法》没有保留相应的表述,主要有几个原因。

第一,党组织对中共党员的党纪处分工作,属于党内调整的事项,应当由党内法规作出规定,不宜由法律作出专门具体的规定。

第二,监察机关只对职务违法和职务犯罪案件拥有立案调查的专属权力,根据调查结果对违法的公职人员作出政务处分,对涉嫌犯罪的移送检察机关审查起诉,在这一过程中的确是先由监察机关依法给予政务处分,再依法追究其刑事责任。但是对于公职人员涉嫌的非职务犯罪案件,监察机关并没有专属的立案调查权,案件调查工作应当由法定侦查机关办理。对于这类案件,先由监察机关作出政务处分,再追究刑事责任的做法缺乏相应的宪法和法律依据,可能与侦查机关的工作产生冲突,也使涉嫌非职务犯罪的公职人员在被正式立案侦查之前,就遭遇了监察机关“有罪推定”的责难。

第三,原条文中的第 1 款、第 2 款与第 3 款存在一定的矛盾之处,按第 1 款、第 2 款的规定,监察机关对公职人员犯罪案件有权优先作出处分,但第 3 款又承认了公职人员中的中共党员先依法受到刑事责任追究的事实,政务处分和刑事责任追究的先后关系没有完全理顺。

第八条　监察机关对公职人员中的中共党员给予政务处分,一般应当与党纪处分的轻重程度相匹配。其中,受到撤销党内职务、留党察看处分的,如果担任公职,应当依法给予其撤职等政务处分。严重违犯党纪、严重触犯刑律的公职人员必须依法开除公职。

【《公职人员政务处分法》对应条款】

无

对比分析

《公职人员政务处分法》没有保留相应的表述,这主要是出于立法技术的考虑。

第一,《公职人员政务处分法》是普遍适用的法律。虽然法律根据公职人员职业特点的不同,在一些方面对公务员、国有企业管理人员、基层群众性自治组织中从事管理的人员等公职人员的政务处分作了区分处理,但这是为了将政务处分对象精细化地覆盖所有行使公权力的公职人员。公职人员的政治面貌并不影响政务处分的有效适用,因此《公职人员政务处分法》不宜因公职人员的政治面貌而作出特别的规定,对党员的规范应当由党内法规进行设置。

第二,党纪是适用于党员的党内法规,不得凌驾于国法之上。党内法规对党外事务不具有约束力,在涉及党外事务时往往以建议的形式进行调整。比如,《中国共产党纪律处分条例》第 11 条第 1 款规定,撤销党内职务处分时,对于在党外组织担任职务的,应当建议党外组织依照规定作出相应处理;第 12 条第 3 款规定,留党察看处分时,对于担任党外职务的,应当建议党外组织撤销其党外职务。因此,党纪处分的轻重程度不能成为政务处分轻重裁量的法定依据,《公职人员政务处分法》不能根据党纪处分的种类对政务处分进行限制。需要指出的是,《公职人员政务处分暂行规定》具有党内法规的性质,因此可以对政务处分与党纪处分相匹配作出相应的规定。

第三,党纪处分与政务处分在技术上也难以保证完全一致。党纪处分分为警告、严重警告、撤销党内职务、留党察看、开除党籍五种,而政务处分却有六种,两种处分适用的情形、从重从轻等情节的规定也不尽相同,两者不可能在任何时候都保证完全匹配。

在实践中,纪检监察机关对公职人员中的中共党员进行政务处分时,仍然要注意与党纪处分的衔接,严格把握好"党纪严于国法"的原则,不能使政务处分重于党纪处分。比如,党纪处分为警告的,政务处分不能是比警告更重的处分,党纪处分为留党察看的,政务处分不能是开除处分。

第九条　对基层群众性自治组织、国有企业等单位中从事管理的人员,或者未列入国家机关人员编制的受国家机关依法委托管理公共事务的组织中从事公务的人员、其他依法履行公职的人员,监察机关可以依法采取下列处理措施:

(一)依据《中华人民共和国监察法》采取谈话提醒、批评教育、责令检查、诫勉;

(二)依据本规定第三条有关法规采取警示谈话、通报批评、停职检查、责令辞职。

对前款人员,监察机关可以依法向有关机关、单位提出下列监察建议:

(一)取消当选资格或者担任相应职务资格;

(二)调离岗位、降职、免职、罢免。

上述处理措施可以单独使用,也可以合并使用。

【《公职人员政务处分法》对应条款】

第十二条第一款　公职人员违法行为情节轻微,且具有本法第十一条规定的情形之一的,可以对其进行谈话提醒、批评教育、责令检查或者予以诫勉,免予或者不予政务处分。

第二十一条　国有企业管理人员在政务处分期内，不得晋升职务、岗位等级和职称；其中，被记过、记大过、降级、撤职的，不得晋升薪酬待遇等级。被撤职的，降低职务或者岗位等级，同时降低薪酬待遇。

第二十二条　基层群众性自治组织中从事管理的人员有违法行为的，监察机关可以予以警告、记过、记大过。

基层群众性自治组织中从事管理的人员受到政务处分的，应当由县级或者乡镇人民政府根据具体情况减发或者扣发补贴、奖金。

第二十三条　《中华人民共和国监察法》第十五条第六项规定的人员有违法行为的，监察机关可以予以警告、记过、记大过。情节严重的，由所在单位直接给予或者监察机关建议有关机关、单位给予降低薪酬待遇、调离岗位、解除人事关系或者劳动关系等处理。

《中华人民共和国监察法》第十五条第二项规定的人员，未担任公务员、参照《中华人民共和国公务员法》管理的人员、事业单位工作人员或者国有企业人员职务的，对其违法行为依照前款规定处理。

对比分析

这是关于基层群众性自治组织中从事管理的人员等其他公职人员政务处分及处理的规定。《公职人员政务处分法》对这条规定作了大部分修改和内容上的补充。

第一，对于谈话提醒、批评教育、责令检查、诫勉等措施，《公职人员政务处分法》将其适用对象扩展至所有公职人员，规定违法行为符合情节轻微等情形的，可以对违法人员采取谈话提醒、批评教育、责令检查或者予以诫勉的方式，作为政务处分的替代。

第二，在公务员以外各类公职人员的违法处理方面，鉴于此前的有关法律法规规章等依据的规定不充分，原条文对此作了统一的补充。原条文所规定的停职检查、责令辞职、调离岗位、降职、免职、罢免等处理方式，属于组织调整或组织处理，不是政务处分。《公职人员政务处分法》除了明确规定对这些公职人员进行政务处分外，还作了适当的区分，根据公职人员类型的不同，分别确定了不同的政务处分运用方式。

其中，基层群众性自治组织中从事管理的人员政务处分对应《公职人员政务处分法》第 22 条。在《公职人员政务处分法》中，对这类公职人员的政务处分仅限于警告、记过、记大过三类，并增加了由县级或者乡镇人民政府根据具体情况减发或者扣发补贴、奖金的处理措施。《公职人员政务处分法》排除了停职检查、责令辞职等与停止职务有关处理方式，监察机关也不能提出取消当选资格，调离岗位、降职、免职、罢免等监察建议。这是因为基层群众性自治组织中从事管理的人员不是公务员、参公人员或事业单位工作人员，没有相应的职业等级，有关机关无法采取降级措施，其任免权也属于所在基层的选民，其他机关、单位无权进行撤换。根据《村民委员会组织法》第 16 条的规定，村民委员会成员的罢免权属于本村有选举权的村民；罢免村民委员会成员须有登记参加选举的村民过半数投票，并须经投票的村民过半数通过。根据《城市居民委员会组织法》第 10 条第 3 款的规定，撤换和补选居民委员会成员的权力属于居民会议。不过，由于基层群众性自治组织中从事管理的人员接受县级或者乡镇人民政府的补贴、奖金支持，有关机关仍可以通过减发或者扣发补贴、奖金等经济手段给这些违法公职人员造成实质性损失。

国有企业中从事管理的人员政务处分对应《公职人员政务处分法》第 21 条。在《公职人员政务处分法》中，对这类公职人员的政务处分与公务员及参公人员类似，包括法定的六种政务处分，并将有关职业等级、待遇的表述明确为“职务、岗位等级和职称”“薪酬待遇等级”等。《公职人员政务处分法》同样排除了停职检查、责令辞职等与停止职务有关的处理方式，监察机关也不再提出担任相应职务资格，调离岗位、降职、免职、罢免等监察建议。这是因为《公职人员政务处分法》授权监察机关直接对违法的国有企业管理人员给予降级、撤职、开除处分，这些政务处分可以达到原先停职检查、责令辞职等处理方式的效果；而且对国有企业管理人员的监督管理，除了依据有关监察法律法规外，还要严格遵守《公司法》《企业国有资产法》《中央企业领导人员管理规定》等企业管理的有关规定，调离岗位、降职、免职、罢免等非政务处分的组织处理措施，宜由组织人事部门、国有资产监督管理委员会、企业董事会等任免机构行使。

未列入国家机关人员编制的受国家机关依法委托管理公共事务的组织中从事公务的人员、其他依法履行公职的人员政务处分对应《公职人员政务处分法》第 23 条。在《公职人员政务处分法》中，对这类公职人员的政务处分与基层群众性自治组织中从事管理的人员政务处分类似，监察机关有权直接实施的政务处分限于警告、记过、记大过三类，并将《公职人员政务处分暂行规定》中有关停职检查、责令辞职、调离岗位、降职、免职、罢免等处理方式，修改为给予降低薪酬待遇、调离岗位、解除人事关系或者劳动关系等处理。这是因为这些公职人员不是公务员、参公人员、事业单位工作人员、国有企业人员或者其他有职业等级的人员，降级处分对其没有作用，而且这些公职人员一般由其所在单位任免、管理，监察机关无权给予撤职或开除处分。不过，对于违法行为情节严重，本应给予降级、撤职、开除处分的，公职人员所在单位或者有管理权限的机关、单位有权作出相应的处理。

另外，《公职人员政务处分法》第 19 条、第 20 条还分别对公务员以及参照《公务员法》管理的人员政务处分，法律、法规授权或者受国家机关依法委托管理公共事务的组织中从事公务的人员以及公办的教育、科研、文化、医疗卫生、体育等单位中从事管理的人员政务处分的规定，属于完全新增的内容，故不在此作对比分析。

第十条　公职人员受到开除以外的政务处分，在受处分期间有悔改表现，并且没有再发生违法行为的，处分期满后自动解除。

事业单位工作人员在受处分期间有重大立功表现，按照有关规定给予个人记功以上奖励的，经作出处分决定的监察机关批准后，可以提前解除处分。

处分解除后，受处分的公职人员不再受原处分影响。受到降级或者撤职处分的，处分解除不视为恢复原级别、原职务。

【《公职人员政务处分法》对应条款】

第二十六条　公职人员被开除的，自政务处分决定生效之日起，应当解除其与所在机关、单位的人事关系或者劳动关系。

公职人员受到开除以外的政务处分，在政务处分期内有悔改表现，并且没有再发生应当给予政务处分的违法行为的，政务处分期满后自动解除，晋升职务、职级、衔级、级别、岗位和职员等级、职称、薪酬待遇不再受原政务处分影响。但是，解除降级、撤职的，不恢复原职务、职级、衔级、级别、岗位和职员等级、职称、薪酬待遇。

对比分析

这是关于政务处分解除的规定。《公职人员政务处分法》对这条规定作了部分修改和内容上的补充。

第一,对原条文第 1 款进行部分修改。这是关于政务处分解除的条件,承自《公务员法》第 65 条第 1 款:“公务员受开除以外的处分,在受处分期间有悔改表现,并且没有再发生违纪违法行为的,处分期满后自动解除。”《公职人员政务处分法》将“没有再发生违法行为”进一步明确为“没有再发生应当给予政务处分的违法行为”,以“应当给予政务处分”为标准对违法行为进行描述提高了条文的可操作性。

第二,不再保留原条文第 2 款的表述。这原本是对事业单位工作人员提前解除处分作出特别规定。因为《公职人员政务处分暂行规定》所依据的部门规章《事业单位工作人员处分暂行规定》第 33 条有相应的规定:“事业单位工作人员在受处分期间有重大立功表现,按照有关规定给予个人记功以上奖励的,经批准后可以提前解除处分。”但是,这种提前解除政务处分的做法,对于非事业单位工作人员的公职人员来说并不公平,不符合《公职人员政务处分法》所坚持的法律面前一律平等原则。因此《公职人员政务处分法》不再给予事业单位工作人员提前解除处分的特殊待遇,将政务处分解除条款普遍适用于所有公职人员。

第三,对原条文第 3 款进行补充。这是关于政务处分解除后的效果。原规定比较简单,“不再受原处分影响”的表述比较模糊,不利于实践操作,而且对职业等级及待遇的表述也仅限于级别、职务,无法充分适用于各种类型的公职人员。《公职人员政务处分法》对此作了大量补充,将原处分影响的各类职业等级及待遇统一表述为“职务、职级、衔级、级别、岗位和职员等级、职称、薪酬待遇”。

第十一条　对公职人员给予政务处分,由监察机关按照管理权限依法作出决定。有下列情形的,应当履行有关手续:

(一)对经各级人民代表大会及其常务委员会选举或者决定任命的公职人员给予撤职、开除处分的,应当先由人民代表大会及其常务委员会依法罢免、撤销或者免去其职务,再由监察机关依法作出处分决定。

(二)对经中国人民政治协商会议各级委员会全体会议及其常务委员会选举或者决定任命的公职人员给予撤职、开除处分的,应当先由政协全体会议及其常务委员会免去其职务后,再由监察机关依法作出处分决定。

（三）对各级人大代表、政协委员给予政务处分，应当向其所在的人大常委会或者政协常委会通报。

（四）对基层群众性自治组织中从事管理的人员给予责令辞职等处理的，由县级监察机关向其所在的基层群众性自治组织及上级管理单位（机构）提出建议。

【《公职人员政务处分法》对应条款】

第三条第一款　监察机关应当按照管理权限，加强对公职人员的监督，依法给予违法的公职人员政务处分。

第五十条　监察机关对经各级人民代表大会、县级以上各级人民代表大会常务委员会选举或者决定任命的公职人员予以撤职、开除的，应当先依法罢免、撤销或者免去其职务，再依法作出政务处分决定。

监察机关对经中国人民政治协商会议各级委员会全体会议或者其常务委员会选举或者决定任命的公职人员予以撤职、开除的，应当先依章程免去其职务，再依法作出政务处分决定。

监察机关对各级人民代表大会代表、中国人民政治协商会议各级委员会委员给予政务处分的，应当向有关的人民代表大会常务委员会，乡、民族乡、镇的人民代表大会主席团或者中国人民政治协商会议委员会常务委员会通报。

对比分析

这是关于监察机关政务处分权限的规定。《公职人员政务处分法》对这条规定作了部分修改和内容上的调整。

第一，将“对公职人员给予政务处分，由监察机关按照管理权限依法作出决定”的规定调整到《公职人员政务处分法》第 3 条第 1 款，并做了个别文字表述的调整。

第二，基本保留了原条文第 1 项至第 3 项的内容，并做个别文字表述的修改。主要修改的部分是将原表述中的“各级人民代表大会及其常务委员会”“人大常委会”，改为“各级人民代表大会、县级以上各级人民代表大会常务委员会”“有关的人民代表大会常务委员会，乡、民族乡、镇的人民代表大会主席团”，这是因为常务委员会设置于县级以上各级人民代表大会，乡、民族乡、镇的人民代表大会不设常务委员会。

第三，不再保留原条文第4项的内容。这是因为《公职人员政务处分法》修正了基层群众性自治组织中从事管理的人员政务处分的规定，监察机关不能以责令辞职等处理方式进行惩戒，相应的手续规定也不再保留。

第十二条　公职人员有违法行为，已经被立案调查，不宜继续履行职责的，监察机关可以决定暂停其履行职务。

被调查的公职人员在被监察机关立案调查期间，不得交流、出境、辞去公职或者办理退休手续。监察机关应当在立案决定书中写明上述要求，并告知被调查人所在单位。

【《公职人员政务处分法》对应条款】

第五十二条　公职人员涉嫌违法，已经被立案调查，不宜继续履行职责的，公职人员任免机关、单位可以决定暂停其履行职务。

公职人员在被立案调查期间，未经监察机关同意，不得出境、辞去公职；被调查公职人员所在机关、单位及上级机关、单位不得对其交流、晋升、奖励、处分或者办理退休手续。

对比分析

这是关于立案调查期间对公职人员活动限制的规定。《公职人员政务处分法》对这条规定作了部分修改和内容上的补充。

第一，将原条文第1款中"监察机关可以决定暂停其履行职务"的表述改为"公职人员任免机关、单位可以决定暂停其履行职务"，这是因为公职人员履行职务的管理权限在于任免机关、单位，而且暂停履行职务可能会对公职人员所在机关、单位工作产生影响，所以由任免机关、单位对有关情况作出把握、决定是否暂停职务，更为合适。监察机关对于不宜继续履行职责的，可以提出向任免机关、单位提出建议，但不能直接暂停其履行职务。

第二，对原条文第2款的规定作了修改和补充。一是增加"未经监察机关同意"的表述，这意味着公职人员在被调查期间的交流、出境、辞去公职或者办理退休手续等活动，不再完全受到禁止，法律授权监察机关对这些活动进行审批，可以批准这些活动的开展。因为公职人员涉嫌的仅是违法而非犯罪，其行为的社会危害性相对较小,公职人员逃避法律制裁的可能性较小,对公职人员活动进行严格限制的必要性相对也较小。并且限制公职人员活动的目的主要在于保障调查工作和处理决定的顺利进行,如果公职人员愿意配合调查工作,有关活动不影响处理决定的执行,监察机关可以考虑放行一些正常的出境、交流活动。比如,对于外交人员,出境可能是其工作的必要活动,允许符合条件的外交人员出境也有利于外交工作的顺利开展。二是公职人员活动限制的范围,在原先的交流、出境、辞去公职、办理退休手续基础上,增加晋升、奖励、处分三项。主要是因为这三项活动有可能对监察机关的处理决定产生干扰,比如应当给予降级、撤职等实质性惩罚的,调查期间对公职人员的晋升与奖励可能抵消实质性惩罚的效果,再如调查期间有关机关、单位抢先作出处分,处分可能存在不当之处,影响其后政务处分的作出与执行。三是将限制交流、晋升、奖励、处分或者办理退休手续的责任主体明确为公职人员所在机关、单位及上级机关、单位,因为这些手续的办理离不开有关机关、单位的批准,明确这一责任主体可以更有效地保障限制措施的执行。

第十三条　监察机关经过调查、审理,决定给予公职人员政务处分或者免予处分的,按照下列程序办理:

(一)将调查认定的事实及拟给予政务处分的依据告知被调查的公职人员,听取其陈述和申辩,并对其陈述的事实、理由和证据进行复核,记录在案。被调查的公职人员提出的事实、理由和证据成立的,应予采信。

(二)按照处分决定权限,履行审批手续后,作出对该公职人员给予处分或者免予处分的决定;

(三)印发政务处分决定;

(四)将政务处分决定送达受处分人和所在单位,并在一定范围内宣布;

(五)对于受到降级以上政务处分的,应当在一个月内办理职务、工资及其他有关待遇等相应变更手续;

(六)将政务处分决定存入受处分公职人员的档案。

政务处分决定的内容和生效日期,参照《行政机关公务员处分条例》有关规定执行。给予开除以外政务处分的,应当在处分决定中写明处分期间。

【《公职人员政务处分法》对应条款】

第四十三条　作出政务处分决定前,监察机关应当将调查认定的违法

事实及拟给予政务处分的依据告知被调查人，听取被调查人的陈述和申辩，并对其陈述的事实、理由和证据进行核实，记录在案。被调查人提出的事实、理由和证据成立的，应予采纳。不得因被调查人的申辩而加重政务处分。

第四十四条　调查终结后，监察机关应当根据下列不同情况，分别作出处理：

（一）确有应受政务处分的违法行为的，根据情节轻重，按照政务处分决定权限，履行规定的审批手续后，作出政务处分决定；

（二）违法事实不能成立的，撤销案件；

（三）符合免予、不予政务处分条件的，作出免予、不予政务处分决定；

（四）被调查人涉嫌其他违法或者犯罪行为的，依法移送主管机关处理。

第四十五条　决定给予政务处分的，应当制作政务处分决定书。

政务处分决定书应当载明下列事项：

（一）被处分人的姓名、工作单位和职务；

（二）违法事实和证据；

（三）政务处分的种类和依据；

（四）不服政务处分决定，申请复审、复核的途径和期限；

（五）作出政务处分决定的机关名称和日期。

政务处分决定书应当盖有作出决定的监察机关的印章。

第四十六条第一款　政务处分决定书应当及时送达被处分人和被处分人所在机关、单位，并在一定范围内宣布。

第五十四条　公职人员受到政务处分的，应当将政务处分决定书存入其本人档案。对于受到降级以上政务处分的，应当由人事部门按照管理权限在作出政务处分决定后一个月内办理职务、工资及其他有关待遇等的变更手续；特殊情况下，经批准可以适当延长办理期限，但是最长不得超过六个月。

第八条第二款　政务处分决定自作出之日起生效，政务处分期自政务处分决定生效之日起计算。

对比分析

这是关于政务处分程序的规定。《公职人员政务处分法》保留了这条规定，并作了内容上的调整与补充。

第一，将原条文第 1 款第 1 项关于听取公职人员陈述和申辩的规定作为独立条款，另行规定，对应《公职人员政务处分法》第 43 条，并增加“不得因被调查人的申辩而加重政务处分”的表述，以更好地保障公职人员的合法正当权利。

第二，将原条文第 1 款第 2 项关于作出处理决定的规定作为独立条款，另行规定，对应《公职人员政务处分法》第 44 条，并作大量补充。补充的内容主要是列明不同情形对应的不同处理，在原有的“给予处分或者免予处分”的基础上，新增撤销案件、不予政务处分、移送主管机关处理三种情形与处理方式，以完善调查后的处理程序。

第三，将原条文第 1 款第 3 项关于印发政务处分决定的规定作为独立条款，另行规定，对应《公职人员政务处分法》第 45 条，并作大量补充。补充的内容主要是列明政务处分决定书应当载明的五类事项，明确决定书应当盖有作出决定的监察机关的印章。

第四，将原条文第 1 款第 4 项关于送达与宣布政务处分决定的规定作为独立条款，另行规定，对应《公职人员政务处分法》第 46 条。

第五，将原条文第 1 款第 5 项、第 6 项关于办理职务、工资及其他有关待遇的变更手续和政务处分决定存入档案的规定，合为一条独立条款，另行规定，对应《公职人员政务处分法》第 54 条，并明确由人事部门按照管理权限办理相应的变更手续；补充规定在特殊情况下，经批准可以适当延长办理期限，但是最长不得超过六个月。

第十四条　监察机关对本级党委管理的公职人员依法作出政务处分决定后，除依照本规定第十三条送达受处分人所在单位执行外，还应当根据受处分人的具体身份函告相应的机关或者群团组织等单位。

受处分人系民主党派和无党派人士的，同时函告本级党委统战部以及相应的民主党派机关或者相关单位。

【《公职人员政务处分法》对应条款】

第四十六条第二款　作出政务处分决定后，监察机关应当根据被处分人的具体身份书面告知相关的机关、单位。

对比分析

这是关于政务处分决定书送达、公开的规定。《公职人员政务处分法》保留了这条规定，并做了文字表述的调整与修改。

第一，不再将本条款适用的公职人员，限定在本级党委管理的公职人员，或是民主党派和无党派人士的公职人员，换以表述为“根据被处分人的具体身份”，将本条款适用于所有公职人员。因为原来的表述不够科学，容易产生错误或遗漏，比如国有企业管理人员可能归口国有资产监督管理委员会管理，基层群众性自治组织中从事管理的人员不存在上级人事管理机构等，这些人员很难完全对应于原条文适用的公职人员。

第二，不再将告知对象限定在“相应的机关或者群团组织等单位”“本级党委统战部以及相应的民主党派机关或者相关单位”，换以表述为“相关的机关、单位”。这同样是因为原来的表述不够科学，容易产生错误或遗漏，《公职人员政务处分法》不再做区分处理，授权监察机关根据具体情况告知相关的机关、单位。

第三，将“函告”改为“书面告知”，“函”是不相隶属机关之间的平行公文形式，法律不宜对公文形式作出具体规定，改以“书面”的概括性表述既符合立法目的，也不会限制监察机关在实际操作中的能动性。

第十五条　公职人员受到开除处分后，其本人档案按照国家有关规定转递管理。

【《公职人员政务处分法》对应条款】

无

对比分析

档案管理工作由《档案法》等档案法律法规进行规范，不属于《公职人员政务处分法》主要规范的领域，故没有保留相应的表述。

第十六条　对公职人员不服政务处分决定的复审、复核，按照《中华人民共和国监察法》的规定办理。变更、撤销政务处分的情形和法律后果，根据受处分的公职人员的具体身份，依照或者参照《行政机关公务员处分条例》《事业单位工作人员处分暂行规定》等规定执行。

【《公职人员政务处分法》对应条款】

第五十五条　公职人员对监察机关作出的涉及本人的政务处分决定不服的，可以依法向作出决定的监察机关申请复审；公职人员对复审决定仍不服的，可以向上一级监察机关申请复核。

监察机关发现本机关或者下级监察机关作出的政务处分决定确有错误的，应当及时予以纠正或者责令下级监察机关及时予以纠正。

第五十六条　复审、复核期间，不停止原政务处分决定的执行。

公职人员不因提出复审、复核而被加重政务处分。

第五十七条　有下列情形之一的，复审、复核机关应当撤销原政务处分决定，重新作出决定或者责令原作出决定的监察机关重新作出决定：

（一）政务处分所依据的违法事实不清或者证据不足的；

（二）违反法定程序，影响案件公正处理的；

（三）超越职权或者滥用职权作出政务处分决定的。

第五十八条　有下列情形之一的，复审、复核机关应当变更原政务处分决定，或者责令原作出决定的监察机关予以变更：

（一）适用法律、法规确有错误的；

（二）对违法行为的情节认定确有错误的；

（三）政务处分不当的。

第五十九条　复审、复核机关认为政务处分决定认定事实清楚，适用法律正确的，应当予以维持。

第六十条　公职人员的政务处分决定被变更，需要调整该公职人员的职务、职级、衔级、级别、岗位和职员等级或者薪酬待遇等的，应当按照规定予以调整。政务处分决定被撤销的，应当恢复该公职人员的级别、薪酬待遇，按照原职务、职级、衔级、岗位和职员等级安排相应的职务、职级、衔级、岗位和职员等级，并在原政务处分决定公布范围内为其恢复名誉。没收、追缴财物错误的，应当依法予以返还、赔偿。

公职人员因有本法第五十七条、第五十八条规定的情形被撤销政务处分或者减轻政务处分的，应当对其薪酬待遇受到的损失予以补偿。

对比分析

这是关于政务处分复审、复核的规定。原条文未对复审、复核的具体内容作出规定，而是以准用性规则的方式，援引或参照《监察法》等法律法规的相应内容进行规范。《公职人员政务处分法》转以确定性规则的方式，直接列明政务处分复审、复核的程序、情形等具体内容，并对原有规定作了部分修改。

第一，明确有关公职人员申请复审、复核的规定，对应《公职人员政务处分法》第 55 条和第 56 条。《公职人员政务处分法》保留了《监察法》第 49 条的有关规定，但不再对监察机关复审、复核的时限作出具体规定。另外，还参照《行政机关公务员处分条例》《事业单位工作人员处分暂行规定》等规定中有关复核、申诉不加重处分的规则，规定"公职人员不因提出复审、复核而被加重政务处分"。

第二，明确变更、撤销政务处分的情形，对应《公职人员政务处分法》第 57 条和第 58 条。《公职人员政务处分法》保留了《行政机关公务员处分条例》《事业单位工作人员处分暂行规定》等规定中的相应规则。除做了个别文字表述的修改外，主要是将变更政务处分情形之一的"适用法律、法规、规章或者国务院决定错误的"或者"适用法律、法规、规章错误的"等表述，修改为"适用法律、法规确有错误的"，这意味着作出政务处分的依据限制在法律、法规内，不再适用规章、国务院决定等其他规定。

第三，明确变更、撤销政务处分的法律后果，对应《公职人员政务处分法》第 60 条。《公职人员政务处分法》保留了《行政机关公务员处分条例》《事业单位工作人员处分暂行规定》等规定中的相应规则。除做了个别文字表述的修改外，主要是将"被撤销处分或者被减轻处分的行政机关公务员工资福利受到损失的，应当予以补偿""被撤销处分或者被减轻处分的事业单位工作人员工资待遇受到损失的，应当予以补偿"等表述，修改为"没收、追缴财物错误的，应当依法予以返还、赔偿"。这意味着只要监察机关没收、追缴财物的行为存在错误，就应当予以返还、赔偿，而无须以公职人员政务处分被撤销或者被减轻为前提。

第四，新增维持政务处分的情形规定，对应《公职人员政务处分法》第 59 条，这完善了复审、复核结果的处理规定。

第十七条 对公职人员不履行或者不正确履行职责负有管理责任的领导人员，监察机关可以依据或者参照《中国共产党问责条例》《关于实行党政领导干部问责的暂行规定》等规定，按照管理权限对其作出通报批评、诫勉、停职检查、责令辞职等问责决定，或者向有权作出问责决定的机关提出降职、免职等问责建议。

【《公职人员政务处分法》对应条款】

无

对比分析

《公职人员政务处分法》没有保留相应的表述。因为《公职人员政务处分法》主要是对监察机关政务处分职能的规范，政务处分旨在追究违法公职人员的法律责任。问责属于监察机关另一项职能，不是政务处分，问责旨在追究存在过错的领导干部的政治责任、领导责任，不止于法律责任。因此，问责制度不宜在《公职人员政务处分法》中规定。虽然《公职人员政务处分法》第10条规定了对集体违法行为的政务处分，但这是对负有法律责任或参与违法行为的领导人员、直接责任人员的追究，与问责制度仍存在区别。

第十八条 有违法行为应当受到政务处分的公职人员，在监察机关作出处分决定前已经退休的，不再给予处分；监察机关可以对其立案调查，依法应当给予降级、撤职、开除处分的，应当按照规定降低或者取消其享受的待遇。

有违法行为应当受到政务处分的公职人员，在监察机关作出处分决定前已经辞去公职或者死亡的，不再给予处分，但是监察机关可以立案调查，对其违法取得的财物和用于违法的财物，依照本规定第二十一条处理。

【《公职人员政务处分法》对应条款】

第二十七条 已经退休的公职人员退休前或者退休后有违法行为的，不再给予政务处分，但是可以对其立案调查；依法应当予以降级、撤职、开除的，应当按照规定相应调整其享受的待遇，对其违法取得的财物和用于违法行为的本人财物依照本法第二十五条的规定处理。

已经离职或者死亡的公职人员在履职期间有违法行为的，依照前款规定处理。

对比分析

这是关于处理违法但已经退休、离职或者死亡的公职人员的规定。《公职人员政务处分法》保留了这条规定，除个别文字表述修改外，主要是将“在监察机关作出处分决定前已经退休的”“在监察机关作出处分决定前已经辞去公职或者死亡的”表述，相应修改为“已经退休的公职人员退休前或者退休后”“已经离职或者死亡的公职人员在履职期间”。这种表述修改不影响其实质内容。原来的表述强调监察机关作出政务处分决定的时间点，故而会区分出有关违法行为在公职人员退休、离职或者死亡前已经被发现，但政务处分决定在其退休、离职或者死亡后作出的情况，以及有关违法行为在公职人员退休、离职或者死亡后被发现并作出处理的情况。事实上这种区分的意义不大，两种情况对应的处理方式仍然相同，因此《公职人员政务处分法》不再强调监察机关作出政务处分决定的时间点，而把条文的适用时间统一定为公职人员退休、离职或者死亡之后。

第十九条　公职人员有违法行为的，任免机关、单位可以履行主体责任，依照《中华人民共和国公务员法》等规定，对公职人员给予处分。

对公职人员的同一违法行为，监察机关已经给予政务处分的，任免机关、单位不再给予处分；任免机关、单位已经给予处分的，监察机关不再给予政务处分。

【《公职人员政务处分法》对应条款】

第三条　监察机关应当按照管理权限，加强对公职人员的监督，依法给予违法的公职人员政务处分。

公职人员任免机关、单位应当按照管理权限，加强对公职人员的教育、管理、监督，依法给予违法的公职人员处分。

监察机关发现公职人员任免机关、单位应当给予处分而未给予，或者给予的处分违法、不当的，应当及时提出监察建议。

第十六条　对公职人员的同一违法行为，监察机关和公职人员任免机关、单位不得重复给予政务处分和处分。

对比分析

这是关于任免机关、单位的处分与政务处分关系的规定。《公职人员政务处分法》保留了这条规定，并作了内容上的调整与补充。

第一，将原条文第1款关于公职人员任免机关、单位处分权限的规定作为独立条款，另行规定，对应《公职人员政务处分法》第3条，并作了部分修改。首先，在法律实施主体方面，《公职人员政务处分法》分别划定了监察机关与任免机关、单位对公职人员的政务处分和处分的权限，将任免机关、单位的责任界定为对公职人员的教育、管理、监督三项，并把“可以履行主体责任”明确为“应当按照管理权限”，这是将比较模糊的政治语言转化为清楚明晰的法律授权。其次，《公职人员政务处分法》授权监察机关对任免机关、单位的处分权行使进行监督，监察机关有权就任免机关、单位的违法不当处分或不作为，提出监察建议予以纠正，及时解决公职人员处分的违法问题。

第二，将原条文第2款关于一事不再罚的规定作为独立条款，另行规定，对应《公职人员政务处分法》第16条。《公职人员政务处分法》主要做了文字表述上的重新修正，其内容不变，都是规定对公职人员的同一违法行为不得重复予以惩戒。

第二十条　下级监察机关根据上级监察机关的指定管辖决定，对不属于本监察机关管辖范围内的监察对象立案调查的，应当按照管理权限交有处分权的监察机关依法作出政务处分决定，或者交由其任免机关、单位给予处分。

【《公职人员政务处分法》对应条款】

第五十一条　下级监察机关根据上级监察机关的指定管辖决定进行调查的案件，调查终结后，对不属于本监察机关管辖范围内的监察对象，应当交有管理权限的监察机关依法作出政务处分决定。

对比分析

这是关于指定管辖案件政务处分的规定。《公职人员政务处分法》保留了这条规定，除个别文字表述调整外，主要删去了"交由其任免机关、单位给予处分"的表述。这是因为在《公职人员政务处分法》实施前，监察机关对某些公职人员没有政务处分的权限，只能交由任免机关、单位进行处分，但是根据《公职人员政务处分法》的规定，监察机关对所有公职人员皆拥有政务处分权，即便监察对象不属于立案调查的监察机关管辖范围内，也可以交有管理权限的监察机关进行政务处分。

第二十一条　公职人员违法取得的财物和用于违法的财物，除依法应当由其他机关没收、追缴或者责令退赔的，由监察机关没收、追缴或者责令退赔。违法取得的财物应当退还原所有人或者原持有人的，予以退还；属于国家财产以及不应当退还或者无法退还原所有人或者原持有人的，上缴国库。

【《公职人员政务处分法》对应条款】

第二十五条　公职人员违法取得的财物和用于违法行为的本人财物，除依法应当由其他机关没收、追缴或者责令退赔的，由监察机关没收、追缴或者责令退赔；应当退还原所有人或者原持有人的，依法予以退还；属于国家财产或者不应当退还以及无法退还的，上缴国库。

公职人员因违法行为获得的职务、职级、衔级、级别、岗位和职员等级、职称、待遇、资格、学历、学位、荣誉、奖励等其他利益，监察机关应当建议有关机关、单位、组织按规定予以纠正。

对比分析

这是关于涉案财物处理的规定。《公职人员政务处分法》保留了这条规定，除个别文字表述修改外，还将"用于违法的财物"明确为"用于违法行为的本人财物"，并增加了纠正其他利益的规定。其中，强调用于违法行为的财物的所有权为本人所有，是为防止公职人员因违法行为而给善意第三人带来损失。《公职人员政务处分暂行规定》未对用于违法行为的财物的所有权作出区分，公职人员利用他人财物实施违法行为的,他人财物可能会被没收处理。因此,《公职人员政务处分法》将用于实施违法行为的财物限定在本人所有的范围内。用于违法行为的财物如属他人所有,可以按"违法取得的财物"进行处理,这一他人财物属于共同违法人的,按不应当退还的情况,依法予以没收;属于善意第三人的,按应当退还原所有人的情况,依法予以退还。

实践中,公职人员不单利用违法行为获取财物等经济性利益,还可能获取职务、职级、衔级、级别等其他利益。这类利益一般很难用货币进行计量,但仍然可以给获得者带来一定的地位、荣誉等精神性利益以及潜在的经济价值。这类利益的获取违反了相关的法律法规规章,应当予以纠正。不过,这类利益具有无形性,不同于财物,监察机关无法通过没收、追缴或者责令退赔的方式予以处理。因此,《公职人员政务处分法》增加一款,对纠正公职人员违法获取的其他利益作出特别规定。

第二十二条　本规定由中央纪律检查委员会、国家监察委员会负责解释。

【《公职人员政务处分法》对应条款】

无

对比分析

这是关于《公职人员政务处分暂行规定》解释权的规定。《公职人员政务处分法》没有保留相应的表述,因为《公职人员政务处分法》是由全国人大常委会制定的法律,根据《立法法》的规定,其立法解释权依法属于全国人大常委会,无须再作专门规定。

第二十三条　本规定自发布之日起施行。

【《公职人员政务处分法》对应条款】

第六十八条　本法自 2020 年 7 月 1 日起施行。

对比分析

这是关于规范生效时间的规定,与法律的实质内容无关,在此不作对比分析。

三、《公职人员政务处分法》中完全新增的条文

除对《公职人员政务处分暂行规定》条文进行修改完善外,《公职人员政务处分法》还新增了许多规定,主要包括:第 2 条、第 9 条至第 11 条、第 12 条第 2 款、第 13 条至第 15 条、第 17 条至第 20 条、第 24 条、第 28 条至第 42 条、第 47 条至第 49 条、第 53 条、第 61 条至第 67 条。

附录二 《公职人员政务处分法》与党内法规的衔接适用

《公职人员政务处分法》的制定是对《监察法》第 11 条第 3 项规定的“监察委员会依照本法和有关法律规定履行监督、调查、处置职责:(三)对违法的公职人员依法作出政务处分决定”的配套衔接。自国家监察体制改革稳步推进以来,国家立法的滞后性与改革进程的匹配之间始终存在高度紧张关系。这种高度紧张关系不仅使一部《监察法》无法较为系统、完备地去解决组织、官员和职权等问题,同时也造成了制度供求关系的严重不平衡。从制度规范的层面来看,《公职人员政务处分法》对《监察法》第 11 条规定的配套衔接能够有效解决作为基础性法律的《监察法》在处置权能制度供给上明显不足的问题,弥补在政务处分实施依据、执行方式、适用行为、作出程序和救济途径等方面的立法空白,对在新的起点上深化国家监察体制改革,完善党和国家监督体系具有重要意义。

《公职人员政务处分法》旨在规范政务处分,加强对所有行使公权力的公职人员的监督,其政务处分的对象是所有行使公权力的公职人员。对于“公职人员”的范围界定,《监察法》第 15 条作出了列举式的规定,这其中包括了中国共产党机关中的公务员。而基于中国共产党的领导党与执政党地位,党员大多数又是内嵌于公权力机关之中行使公权力的公职人员,且政务处分适用的违法行为与党纪处分适用的违纪行为之间存在行为事实的重合,这使政务处分与党纪处分在具体适用中存在相当程度的重合性。例如,《公职人员政务处分法》第 29 条第 1 款和《中国共产党纪律处分条例》第 54 条皆对不按照规定请示、报告重大事项的行为作出了相应的政务处分与党纪处分规定。同时,纪检机关作为依照党章党规履行监督执纪问责职责的主体,监察机关作为依照宪法法律履行监督调查处置职责的主体,在实践中两者实行纪检监察合署办公的工作体制。两个机关在机构和职能层面的整合,实质上是国家法律与党内法规的协调衔接问题。① 因此,如何实现政务处分与党纪处分的适用衔接势必会成为纪检监察工作实践中需要特别注意的问题。

一、关于政务处分与党纪处分的规范体系架构

依照《宪法》《监察法》《公职人员政务处分法》等国家法律的规定,政务处分的主体是监察机关。依照《中国共产党章程》《中国共产党党内监督条例》《中国共产党纪律处分条例》等党内法规的规定,党纪处分的主体是纪检机关。两者的适用衔接在制度规范层面实质上是国家法律与党内法规的协调衔接问题。那么探讨政务处分与党纪处分的适用衔接问题首先需要对两者的规范体系有一定了解。通过梳理政务处分与党纪处分相关规范内容,其规范体系架构实则是由国家法律一侧的国家监察制度规范体系与党内法规一侧的党的监督制度规范体系所组成。

《公职人员政务处分法》是关于公职人员政务处分的专门性立法,有利于构建独立的监察制度规范体系。按照《公职人员政务处分法》的相关规定,政务处分是指监察机关依据相关法律法规,对有违法行为且应当承担责任的公职人员进行的惩戒措施。《关于〈中华人民共和国公职人员政务处分法(草案)〉的说明》指出,"由于所有'政纪'均已成为国家法律,监察法首次提出政务处分概念,并以其代替'政纪处分',将其适用范围扩大到所有行使公权力的公职人员"。是故,"政务处分"概念是一个伴随国家监察体制改革进程,并由"政纪处分"概念所演变而来的新的法律概念。在国家监察体制改革之前,政纪处分主要由行政监察部门依据《行政监察法》(已废止)、《行政机关公务员处分条例》等有关法律法规,对行政机关及其内部人员的违法违纪行为加以适用。在国家监察体制改革特别是《监察法》颁行之后,政务处分的对象已然将行政机关内部人员囊括,实现了对所有行使公权力的公职人员的监察全覆盖。因此,尽管当前与政务处分相关的直接规范较少,但之前与政纪处分相关的规范仍属于有关政务处分的国家监察制度规范体系之内。另外,由于政务处分的对象是所有行使公权力的公职人员,所以有关公职人员的法律法规当中关于政务处分的规范内容亦属于国家监察制度规范体系之内。比如,《公务员法》第 9 章监督与惩戒、《法官法》第 6 章中法官的惩戒与《检

① 参见秦前红:《监察体制改革的逻辑与方法》,载《环球法律评论》2017 年第 2 期。

察官法》第6章中检察官的惩戒等有关政务处分的规范内容。

《中国共产党章程》第39条、第40条对“党的纪律”的概念作出界定,明确规定“党的纪律是党的各级组织和全体党员必须遵守的行为规则”,“党的纪律主要包括政治纪律、组织纪律、廉洁纪律、群众纪律、工作纪律、生活纪律”。结合《中国共产党纪律处分条例》的相关规定,党纪处分是指党组织、党的纪律检查机关依照规定,对有违反党章和其他党内法规,违反国家法律法规,违反党和国家政策,违反社会主义道德和危害党、国家和人民利益的行为,且应当受到党纪责任追究的党组织和党员进行的惩戒措施。纪检机关作为党纪处分的执纪主体,同时还履行监督与问责职责,执纪与监督、问责之间本身就具有紧密的内在联系。

一方面,党纪处分是党内监督的“牙齿”,属党内监督的重要内容之一,其处分的对象是党的各级组织和全体党员,实现了对党组织和党员的党内监督全覆盖。另一方面,党纪处分也是强化党内监督的重要纪律保障,《中国共产党党内监督条例》第7条明确规定“党内监督必须把纪律挺在前面,运用监督执纪‘四种形态’”。另一方面,党纪处分是对党组织和党的领导干部进行问责的重要方式之一。《中国共产党问责条例》第8条第2款第4项规定“对失职失责、危害严重,应当给予纪律处分的,依照《中国共产党纪律处分条例》追究纪律责任”。上述所提到的《中国共产党纪律处分条例》《中国共产党党内监督条例》《中国共产党问责条例》均属于党的监督法规制度体系,是党的监督制度规范体系中的重要规范内容。另外,由于党纪处分的对象是党的各级党组织和全体党员,所以有关党组织和党员的党内法规当中关于党纪处分的规范内容亦属于党的监督制度规范体系之内。比如,《中国共产党党组工作条例》第7章监督与追责、《中国共产党巡视工作条例》第6章纪律与责任等有关党纪处分的规范内容。值得注意的是,在国家监察体制改革运行的过程中,有一类过渡性规范需要给予特别关注。在《监察法》制定实施后不久,中央纪委、国家监委便联合印发了《公职人员政务处分暂行规定》。《公职人员政务处分暂行规定》作为实施政务处分的过渡性规范,确实有其制定的必要性。

一方面,《监察法》仅对政务处分作出了原则性规定,并未对政务处分的实施依据、执行方式和适用行为作出具体规定。为匹配国家监察体制改革的运行过程,需要这样一部《公职人员政务处分暂行规定》对监察机关实施政务处分先立一个规矩。另一方面,在配套法律尚未出台之前,事实上应当允许存在一定的“立法试错”空间。《公职人员政务处分暂行规定》用于检验规范内容当中哪些是符合实践需要的，哪些是与实践运行相悖的，以及哪些是缺位的，以便为下一步制定配套法律探索有益经验。但同时该暂行条例也带来两个不确定性问题。显而易见的是，《公职人员政务处分暂行规定》的性质并不十分明确。从制定主体的角度来看，《公职人员政务处分暂行规定》是由中央纪委、国家监委共同制定发布，属于党政联合发文的情形。界定党政联合发文的文件性质，一般是党内法规或者规范性文件两种。而性质的不明确通常会带来效力不明确的问题。倘若将其界定为党内法规，尽管《中国共产党党内法规制定条例》第 13 条第 2 款规定“制定党内法规涉及政府职权范围事项的，可以由党政机关联合制定”，但《公职人员政务处分暂行规定》的规定多以监察机关政务处分权能为主要内容，并未过多涉及党内事务，其作为党内法规的效力外溢则远大于其效力本身，难免违背了制度理性。

倘若将其界定为规范性文件，则规范性文件的效力位阶较低，且不能与上位规定不一致甚至冲突，但事实上《公职人员政务处分暂行规定》的效力已经超越了规范性文件所应有的效力。可以预见的是，在继续深化国家监察体制改革的过程当中，纪检监察合署办公的工作体制使此类过渡性规范仍会不间断出现，需要对其性质有一个较为清晰的界定。笔者倾向于将此类过渡性规范界定为党的主张（党的政策）类文件。从党的主张与法律的关系角度而言，党的主张（包含党的政策）具有不同于党内法规必须与法律保持一致的特殊性，即党的主张可以与法律不一致，而且在不一致的情况下需要法律进行相应修改。[①] 但通常党的主张（党的政策）类文件多以中央全会的决定、党的中央组织制定的规范性文件为载体，对制定权限的要求较高。因此，可以考虑以制定权限授权的形式进行，进而便于实现此类过渡性规范向国家监察制度规范体系与党的监督制度规范体系中具体行为规范的转化。

综上所述，目前关于政务处分与党纪处分的规范体系，事实上已经形成了以《宪法》为统领的国家监察制度规范体系、以《中国共产党章程》为统领的党的监督制度规范体系和以党的主张（党的政策）类文件为过渡性规范的体系架构。该规范体系架构如下图所示。

---

① 参见王伟国：《国家治理体系视角下党内法规研究的基础概念辨析》，载《中国法学》2018 年第 2 期。

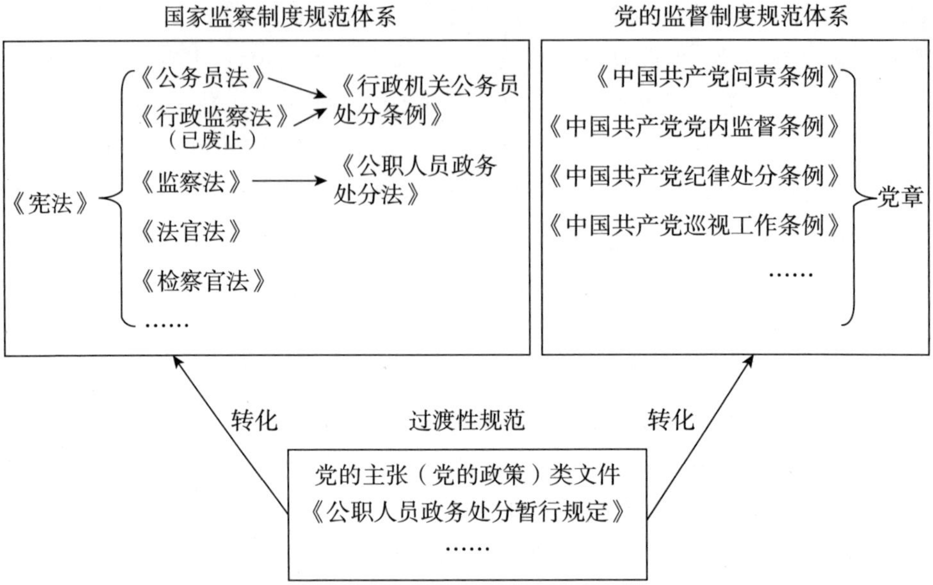

政务处分与党纪处分规范体系架构图

二、政务处分与党纪处分适用衔接的基准

基于政务处分与党纪处分规范体系架构的制度框架和适用衔接的实践追求，实现政务处分与党纪处分的适用衔接应当以处理好以下三方面关系为基准。

（一）国家监察与党内监督之间的关系

权力的易导致腐败性和侵犯性决定了权力应当受到制约和监督，“绝对的权力导致绝对的腐败”，①所以有必要对权力、权力行使的主体及其行为进行监督。中国共产党的领导党和执政党地位，决定了政党权力与国家权力之间具有天然的内在统一性。因此，对政党权力与国家权力进行监督，既需要依靠政党层面的党内监督，又需要依靠国家层面的监察监督。对此，习近平总书记指出：“要做好监督体系顶层设计，既加强党的自我监督，又加强对国家机器的监督。”②如前所述，关于政务处分与党纪处分的规范体系实则是围绕国家法律一侧的国家监察制度

① 参见［英］约翰·埃默里克·爱德华·达尔伯格－阿克顿：《自由与权力》，侯健、范亚峰译，译林出版社2011年版，第294页。

② 参见中共中央文献研究室编：《习近平关于全面从严治党论述摘编》，中央文献出版社2016年版，第208页。

规范体系与党内法规一侧的党的监督制度规范体系所展开。其中,党内监督是党和国家各种监督中最基本的监督形式,而国家监察则是对公权力最直接有效的监督形式。加之"我国公务员队伍中党员比例超过80%,县处级以上领导干部中党员比例超过95%"。[①] 并且党员有模范遵守国家法律法规的义务,违反国家法律法规的行为都是违纪行为。[②] 这使政务处分与党纪处分在对监督权力、权力行使主体及其行为上具有高度一致性。

但国家监察的对象是所有行使公权力的公职人员,党内监督的对象则是党组织和党员。单就其中任何一种监督形式而言,都无法实现对权力行使主体的监督全覆盖。若将国家监察与党内监督投射于政务处分与党纪处分适用衔接的制度规范与工作实践层面,就会反映出国家监察与党内监督之间相辅相成、相互促进、高度互补的内在关系。这种良性互动关系实现了对党组织、党员的党内监督全覆盖和对所有行使公权力的公职人员的监察全覆盖,有利于依规治党与依法治国的有机统一。同时,这种良性互动关系对政务处分与党纪处分的适用衔接也提出了具体要求。一是在制度规范层面要求处理好国家法律和党内法规之间的关系,实现纪严于法、纪在法前、纪法分开与纪法贯通。二是在工作实践层面要求纪检监察机关在执法工作与执纪工作中坚持党领导下的党政分工原则,处理好执法工作与执纪工作之间的关系,在具体适用政务处分与党纪处分时准确把握两者的区别与联系。

(二)国家法律与党内法规之间的关系

国家监察与党内监督相辅相成、相互促进、高度互补的内在关系,首先在制度规范层面要求处理好国家法律与党内法规之间的关系,实现纪严于法、纪在法前、纪法分开与纪法贯通。国家法律和党内法规同为中国特色社会主义法治体系中的重要组成部分。其中,国家法律是由国家制定或认可并以国家强制力保证实施的规范体系,而党内法规则是由有权党组织制定的体现党的统一意志、规范党的领导和党的建设活动、依靠党的纪律保证实施的专门规章制度。两者在制定主体、表现形式和体系结构、制定程序、适用范围、规范结构和行为规范标准以及实施方式等方面存在显著区别,应当遵循国家法律高于党内法规、党内法规严于国

---

① 参见中共中央文献研究室编:《习近平关于全面从严治党论述摘编》,中央文献出版社2016年版,第208页。

② 参见本书编写组编写:《党纪处分运用规则和纪法衔接适用指南》,中国方正出版社2017年版,第73页。

家法律的原则处理两者之间的关系。① 亦即国家法律与党内法规理应恪守各自的适用范围和效力边界,不宜跨界调整。在当下的国家法律体系当中,法律法规一般仅对中国共产党的领导作出原则性规定,很少涉及具体调整党务关系的规定。而在《中国共产党党内法规制定条例》第 13 条第 2 款“制定党内法规涉及政府职权范围事项的,可以由党政机关联合制定”的情况下,党内法规的调整范围可在不违反宪法法律的情况下有所扩大,由党内延伸到党外。但立法立规者对于国家法律与党内法规的区分与衔接问题,仍应当以理性的法治思维来给予高度关注。

纪严于法、纪在法前,实则是党内法规严于国家法律的具体体现。习近平总书记指出:“纪严于法、纪在法前,是党的性质和宗旨决定的。党章等党规对党员的要求比法律要求更高,党员不仅要严格遵守法律法规,而且要严格遵守党章等党规,对自己提出更高要求。”按照全面从严治党的要求,党内法规是在国家法律对公民权益进行第一次调整的基础上,再对具有党员身份的公民的权益进行第二次调整,党内法规对党员的要求当然比国家法律的要求更高。将《公职人员政务处分法》有关违法行为及其适用的政务处分条款与《中国共产党纪律处分条例》有关违纪行为及其适用的党纪处分条款相比较,可以观察到有关违法行为及其适用的处分条款共有 14 条,而有关违纪行为及其适用的处分条款则共有 95 条,并且《中国共产党纪律处分条例》在对同一行为事实既违反党纪又违反国法的行为界定上更加细致。这体现了纪严于法、纪在法前的内在制度逻辑。

纪法分开、纪法贯通,实则是国家法律与党内法规区分与衔接的具体体现。长期以来,在党纪国法制度规范层面一直存在着纪法不分的突出问题,使部分规范难以得到有效适用,在一定程度上阻碍了政务处分(政纪处分)与党纪处分适用的协调衔接。党的十八大以来,以习近平同志为核心的党中央高度重视纪法不分的问题,着力以制度建设推动实现纪法分开、纪法贯通。在《中国共产党纪律处分条例》的修订过程中,很大程度上便实现了国家法律与党内法规的区分与衔接。例如,2015 年《中国共产党纪律处分条例》的修订删除了 79 条与《刑法》《治安管理处罚法》等国家法律法规重复的条款。② 2018 年《中国共产党纪律处分条例》的修订则增加了关于“党组织在纪律审查中发现党员严重违纪涉嫌违法犯罪的,原

---

① 参见秦前红、苏绍龙:《论党内法规与国家法律的协调衔接》,载《人民论坛(学术前沿)》2016 年第 10 期。

② 参见本书编写组编写:《党纪处分运用规则和纪法衔接适用指南》,中国方正出版社 2017 年版,第 73 页。

则上先作出党纪处分决定，并按照规定给予政务处分后，再移送有关国家机关依法处理”的适用衔接条款。同时，《公职人员政务处分法》在处分情形、处分后果上参考了《中国共产党纪律处分条例》中的相关规定，有利于实现政务处分与党纪处分的有效贯通。例如，《公职人员政务处分法》明确将不按照规定请示、报告重大事项，违反民主集中制，违反干部人事工作规定等行为纳入政务处分情形，并设置了与党纪处分幅度相匹配的政务处分档次，弥补了国家法律在惩戒一些违纪行为时无规可依的立法空白。

（三）执法工作与执纪工作之间的关系

国家监察与党内监督相辅相成、相互促进、高度互补的内在关系，在工作实践层面要求纪检监察机关在执法工作与执纪工作中坚持党领导下的党政分工原则，处理好执法工作与执纪工作之间的关系，在具体适用政务处分与党纪处分时准确把握两者之间的区别与联系。在现有的制度规范体系框架下，政务处分适用的执法主体主要是监察机关，而党纪处分适用的执纪主体主要是纪检机关，两者实行党政合署办公的工作体制。自党中央积极推动党和国家机构改革以来，党政机构合署合并成为深化党和国家机构改革的主要形式。而党政机构合署合并的范围限定则主要是在职能相近的党政机构之间。[①] 就纪检监察机关而言，纪检机关作为依照党章党规履行监督执纪问责职责的主体，监察机关作为依照宪法法律履行监督调查处置职责的主体，两者在大部分机构职能上相近且重叠，属较为典型的党政机构合署合并形态。但纪检监察合署办公并不意味着机构职能的简单合并。因为唯有国家机关可以行使公权力，对国家事务进行直接管理。纪检机关作为党的机关，不是宪法所确定的公权力行使主体，不能直接行使公权力。所以，纪检监察合署办公必然要求遵循党领导下的党政分工原则，实行“一套工作机构、两个机关名称，同时履行纪检、监察两项职责，既执纪又执法”。[②] 这体现出执法工作与执纪工作之间既相互区别又相互联系的内在关系。

执法工作与执纪工作之间既相互区别又相互联系的内在关系决定了在具体适用政务处分与党纪处分时，应当准确把握两者之间的区别与联系。所谓区别，是指两者在处分主体、适用对象、惩戒措施、适用依据和程序以及权利救济等方面存在显著差别。具体而言，这种区别主要体现在：

---

① 参见秦前红、陈家勋：《党政机构合署合并改革的若干问题研究》，载《华东政法大学学报》2018年第4期。

② 参见钟纪轩：《深化国家监察体制改革 健全党和国家监督体系》，载《求是》2018年第9期。

一是处分主体不同。根据《宪法》《监察法》《公职人员政务处分法》等国家法律的规定,政务处分适用的执法主体是监察机关;而根据《中国共产党章程》《中国共产党党内监督条例》《中国共产党纪律处分条例》等党内法规之规定,党纪处分适用的执纪主体是党委(党组)和纪检机关。二是处分对象不同。政务处分的对象是所有行使公权力的公职人员,而党纪处分的对象是党组织和党员。三是惩戒措施不同。根据《公职人员政务处分法》的规定,政务处分措施有警告、记过、记大过、降级、撤职和开除六种;而根据《中国共产党纪律处分条例》的规定,纪律处分措施有警告、严重警告、撤销党内职务、留党察看和开除党籍五种。四是适用依据不同。政务处分的适用依据主要是《监察法》《公职人员政务处分法》等法律法规,而党纪处分的适用依据主要是《中国共产党纪律处分条例》《中国共产党党内监督条例》《中国共产党问责条例》等党内法规。五是适用程序不同,政务处分适用程序主要根据《公职人员政务处分法》第 4 章规定的程序进行,而党纪处分适用程序主要根据《中国共产党章程》第 42 条规定的一般程序与特殊程序进行。六是权利救济不同。根据《公职人员政务处分法》第 5 章的规定,公职人员对政务处分决定不服的可以依法申请复审、复核;而党员对于党纪处分决定不服的,可以根据《中国共产党章程》第 43 条的规定提出申诉。

与此同时,由于政务处分与党纪处分在监督权力、权力行使主体及其行为等方面具有高度一致性,两者之间亦存在着诸多联系。具体来说有以下三个方面:一是在处分主体方面,纪检机关与监察机关合署办公,这使政务处分权的行使主体其实亦是党纪处分权的行使主体;二是在处分对象方面,由于相当一部分公职人员是中国共产党党员,且《监察法》第 15 条第 1 项也将中国共产党机关中的公务员纳入监察对象,因此政务处分与党纪处分于此类人员而言乃是高度重合的;三是在处分事由方面,对于具有中国共产党党员身份的公职人员而言,其违法行为在受到政务处分的同时,通常还应当由党组织给予其相应的党纪处分。①

三、政务处分与党纪处分适用衔接存在的若干问题探讨

(一)国家监察与党的监督制度规范中有关"规定"的外延界定问题

在国家监察与党的监督制度规范中,通过阅读相关规范文本不难发现,其中

---

① 参见秦前红、刘怡达:《制定〈政务处分法〉应处理好的七对关系》,载《法治现代化研究》2019 年第 1 期。

不乏“依照规定”“按照规定”“不按照规定”“违反规定”“不按照有关规定”“违反有关规定”等规范表述。这种规范表述形式是国家立法与党内立规中较为常见的一种立法立规技术规范。通常这种规范表述形式会产生“规定”具体指的是什么规定的疑问。这就涉及“规定”的内涵与外延问题。

从一般意义上讲,“规定”的内涵是指具体条款中关于所涉事项的规定。但具体涵盖哪些规定,则属于“规定”的外延界定问题。故政务处分与党纪处分制度规范中有关“规定”的外延界定问题,主要是在上述规范表述中有关“规定”所确指的对象的范围问题,也就是有关“规定”的外延所涵盖的规定范围问题。具体到政务处分与党纪处分相关制度规范中,当部分条款在采用此类表述形式时,一般并未明确“规定”所涵盖的规定范围。这导致执法主体和执纪主体对部分条款如何运用存在不同疑问,同时也给政务处分与党纪处分部分条款之间的适用衔接造成了一定阻碍。对此,应当认真研究并予以准确理解。因为政务处分的适用依据主要是《公职人员政务处分法》,党纪处分的适用依据主要是《中国共产党纪律处分条例》,所以此处特选取这两个规范文本对有关“规定”的外延界定问题加以分析。

通过梳理两个规范文本的具体内容,《公职人员政务处分法》中“依照规定”出现 1 次,“按照规定”出现 4 次,“不按照规定”出现 3 次,“违反规定”出现 12 次,“违反有关规定”出现 1 次。《中国共产党纪律处分条例》中“依照规定”出现 6 次,“按照规定”出现 4 次,“不按照规定”出现 3 次,“不按照有关规定”出现 2 次,“违反有关规定”出现 26 次。从上述统计数据可以看出,有关“规定”的规范表述出现频率是比较高的。至于如何界定政务处分与党纪处分制度规范中有关“规定”的外延所涵盖的规定范围问题,则需要具体情况具体分析。

在《公职人员政务处分法》中,在使用有关“规定”的规范表述的同时也带来了一个确定性的问题,即党内法规或者党内规范性文件能否成为公职人员违法行为界定的依据。一般而言,公职人员的违法行为指的是违反国家法律法规的行为,这其中并不包含违反党内法规或者党内规范性文件的行为。但由于《公职人员政务处分法》将《中国共产党纪律处分条例》中的一些违纪行为吸纳为违法行为,且在国家法律法规层面对这些违法行为并没有具体规定,加之大多数公职人员具有党员身份,这就使党内法规或者党内规范性文件势必会成为公职人员部分违法行为界定的依据。例如,《公职人员政务处分法》第 29 条第 1 款规定:“不按照规定请示、报告重大事项,情节较重的,予以警告、记过或者记大过;情节严重的,予以降级或者撤职。”第 32 条第 1 项规定:“在选拔任用、录用、聘用、考核、晋升、评选等干部人事工作中违反有关规定的。”其中有关请示、报告重大事项和干部人事工作的规定均属于党内法规或者党内规范性文件所调整的事项，在国家法律法规中并未有相关具体规定。

故此处不按照规定、违反有关规定之“规定”则指的是党内法规或者党内规范性文件。在《公职人员政务处分法》中除上述有关“规定”所涵盖的规定范围仅包括党内法规或者党内规范性文件的情形之外，还有以下两种情形。一是有关“规定”所涵盖的规定范围既包括党内法规也包括国家法律。例如，《公职人员政务处分法》第 31 条第 2 款规定：“违反规定取得外国国籍或者获取境外永久居留资格、长期居留许可的，予以撤职或者开除。”根据《中国共产党章程》《国籍法》《公务员法》等规定，中国公民取得外国国籍即自动丧失中国国籍，而丧失中国国籍则意味着不具备成为党员、公务员的条件。故此处违反规定之“规定”指的是违反上述党内法规和国家法律中有关国籍的规定。二是有关“规定”所涵盖的规定范围仅包括国家法律。例如，《公职人员政务处分法》第 63 条规定，监察机关及其工作人员违反规定处置问题线索的、违反规定处置涉案财物的，对负有责任的领导人员和直接责任人员依法给予处理。此处违反规定之“规定”则指的是违反《监察法》有关处置问题线索、涉案财物的规定。

党员有模范遵守国家法律法规的义务，违反国家法律法规的行为都是违纪行为，[①]国家法律可以作为党组织和党员违纪行为的界定依据。因此，在《中国共产党纪律处分条例》当中有关“规定”的外延界定主要包括以下三种情形：

一是有关“规定”所涉事项同属于党内法规和国家法律共同调整的事项，此时有关“规定”所涵盖的规定范围应当包括党内法规和国家法律当中有关该事项的规定。例如，《中国共产党纪律处分条例》第 77 条第 1 款中规定，“利用职权或者职务上的影响违反有关规定为本人或者其他人谋取利益的，给予警告或者严重警告处分；情节较重的，给予撤销党内职务或者留党察看处分；情节严重的，给予开除党籍处分”。根据《中国共产党廉洁自律准则》与《公务员法》的规定，利用职权或者职务上的影响为本人或者其他人谋取利益是被严格禁止的行为。故此处违反有关规定之“规定”所涵盖的规定范围包括党内法规和国家法律当中的相关规定。

① 参见本书编写组编写：《党纪处分运用规则和纪法衔接适用指南》，中国方正出版社 2017 年版，第 73 页。

二是“规定”所涉事项仅属于党内法规调整的事项，此时有关“规定”所涵盖的范围则仅包括党内法规中的相关规定。例如，《中国共产党纪律处分条例》第33条第2款规定：“党员依法受到政务处分、行政处罚，应当追究党纪责任的，党组织可以根据生效的政务处分、行政处罚决定认定的事实、性质和情节，经核实后依照规定给予党纪处分或者组织处理。”此处依照规定之“规定”显然指的是依照《中国共产党纪律处分条例》给予党纪处分或者组织处理。

三是“规定”所涉事项仅属于国家法律调整的事项，此时有关“规定”所涵盖的范围则仅包括国家法律中的有关规定。例如，《中国共产党纪律处分条例》第29条规定：“党组织在纪律审查中发现党员严重违纪涉嫌违法犯罪的，原则上先作出党纪处分决定，并按照规定给予政务处分后，再移送有关国家机关依法处理。”党员严重违纪涉嫌违法犯罪的行为必然违反国家法律，故此处按照规定之“规定”显然指的是按照《公职人员政务处分法》给予政务处分。

（二）政务处分与党纪处分的轻重程度匹配问题

从制度规范的层面来看，《公职人员政务处分法》中有关违法行为及其适用的处分规定，是在参考了《中国共产党纪律处分条例》中有关违纪行为的党纪处分幅度的基础上，匹配设置了相应的政务处分档次。例如，《中国共产党纪律处分条例》第115条规定：“利用宗族或者黑恶势力等欺压群众，或者纵容涉黑涉恶活动、为黑恶势力充当‘保护伞’的，给予撤销党内职务或者留党察看处分；情节严重的，给予开除党籍处分。”《公职人员政务处分法》第37条规定：“利用宗族或者黑恶势力等欺压群众，或者纵容、包庇黑恶势力活动的，予以撤职；情节严重的，予以开除。”从上述规定可以看出，党纪处分的幅度“撤销党内职务、留党察看、开除党籍”与政务处分的档次“撤职、开除”，以及情节“情节严重”存在相应关系。当同一行为既违反党纪又违反国法时，纪检监察机关应当根据行为的事实、性质和情节对行为人同时适用党纪处分和政务处分。此时，在政务处分与党纪处分的适用衔接中，就产生了政务处分与党纪处分的轻重程度匹配问题。

需要进一步思考的是，制度层面上的政务处分档次与党纪处分幅度相应匹配，是否要求纪检监察机关在同时适用党纪处分与政务处分时也需要将其轻重程度相应匹配。对此，《中国共产党纪律处分条例》第33条第1款规定：“党员依法受到刑事责任追究的，党组织应当根据司法机关的生效判决、裁定、决定及其认定的事实、性质和情节，依照本条例规定给予党纪处分，是公职人员的由监察机关给予相应政务处分。”《公职人员政务处分暂行规定》第8条规定：“监察机关对公职人员中的中共党员给予政务处分，一般应当与党纪处分的轻重程度相匹配。其中，受到撤销党内职务、留党察看处分的，如果担任公职，应当依法给予其撤职等政务处分。严重违犯党纪、严重触犯刑律的公职人员必须依法开除公职。”

但《中国共产党纪律处分条例》中所规定的监察机关给予相应政务处分仅是针对犯罪行为的要求，而《公职人员政务处分暂行规定》第 8 条所规定的内容并未在《公职人员政务处分法》中继续保留。《公职人员政务处分暂行规定》第 8 条之所以未能保留，应是考虑到国家法律不宜越界调整，或者作出有关党务关系的规定。《公职人员政务处分法》实施之后，《公职人员政务处分暂行规定》应当被予以废止。因此，对于政务处分与党纪处分的轻重程度匹配的内容，在制度规范层面是缺失的，需要在《中国共产党纪律处分条例》中予以补充。

尽管当前在制度规范层面对于同时适用政务处分与党纪处分的轻重程度是否应当相匹配尚未有明确规定，但两者之间轻重程度的匹配应当是政务处分与党纪处分适用衔接中的一项一般原则。《中国共产党党内监督条例》第 7 条规定：“党内监督必须把纪律挺在前面，运用监督执纪‘四种形态’，经常开展批评和自我批评、约谈函询，让‘红红脸、出出汗’成为常态；党纪轻处分、组织调整成为违纪处理的大多数；党纪重处分、重大职务调整的成为少数；严重违纪涉嫌违法立案审查的成为极少数。”其中第二种、第三种形态就体现出了适用党纪处分与组织处理轻重程度应当相应匹配的原则，即党纪轻处分对应组织调整、党纪重处分对应重大职务调整。同时这也反映出党纪处分的轻重程度应当以是否涉及职务调整为界限，即党纪轻处分包括警告、严重警告，党纪重处分则包括撤销党内职务、留党察看、开除党籍。按照这样的内在逻辑，政务处分亦有轻重之分，即以是否涉及职务调整为界限，政务轻处分包括警告、记过、记大过、降级，政务重处分则包括撤职、开除。党纪严于国法，在政务处分与党纪处分的轻重程度应当相匹配的原则下，对于同一行为既违反党纪又违反国法，在适用政务处分与党纪处分时，不能出现党纪重处分而政务轻处分或者党纪轻处分而政务重处分等情况。

（三）纪严于法、纪在法前背景下的处分事由适用衔接问题

纪严于法、纪在法前，顾名思义是指党纪严于国法、把党的纪律放在法律前面。既然党纪严于国法、公职人员的法律底线不能作为具有党员身份的公职人员的纪律底线，则必然要求党纪处分事由必须严于政务处分事由，也必然存在有些行为应受到党纪处分，但未必要受到政务处分的情形，或者有些行为受到政务处分要轻，但受到党纪处分要重的情形。这从《公职人员政务处分法》和《中国共产

党纪律处分条例》对处分事由的规定上可以得到印证。处分事由是对行为人违法或者违纪行为事实的界定。对政务处分事由和党纪处分事由进行概括，大致可以归纳总结为以下三种情形。

一是行为事实完全不同的情形。这是党纪处分事由严于政务处分事由的具体体现，党规党纪对党员的要求比国家法律法规的要求更高，当然存在一些行为仅是违反党规党纪的违纪行为，仅需适用党纪处分事由给予党纪处分。应当注意的是，在强调党员所有违反国家法律法规的行为都是违纪行为的同时，也应当强调党员所有违反党规党纪的行为并不都是违法行为。在执纪审查与执法调查实践中，不乏存在对所有违反党规党纪的行为不都是违法行为的误读，特别是在对具有党员身份的公职人员适用较重党纪处分但不应适用政务处分的情况下，仍然给予政务处分，追求政务处分与党纪处分的相匹配。这显然违背了监察机关对公职人员适用政务处分应当严格遵循事由法定的基本原则。

二是行为事实完全相同的情形。此种情形下政务处分事由与党纪处分事由是相等关系。例如，《中国共产党纪律处分条例》第 81 条规定："违反有关规定取得外国国籍或者获取国(境)外永久居留资格、长期居留许可的，给予撤销党内职务、留党察看或者开除党籍处分。"《公职人员政务处分法》第 31 条第 2 款规定："违反规定取得外国国籍或者获取境外永久居留资格、长期居留许可的，予以撤职或者开除。"对比之下可以看出，其行为事实完全相同，且设置的党纪处分幅度和政务处分档次相应匹配。但当纪检监察机关在适用此类行为事实完全相同的处分事由时，则面临如何体现纪严于法、纪在法前并保证政务处分与党纪处分的适用衔接问题。按照纪严于法、纪在法前的内在制度逻辑，党纪应当严于国法，且公职人员的法律底线不能作为具有党员身份的公职人员的纪律底线。这些行为事实完全相同的处分事由规定显然并不符合纪严于法、纪在法前的制度要求。但似乎这种规定又是不可避免地存在的，因为当同一行为既违反党纪又违反国法，其行为事实必然是完全相同的。那么在现有的制度规范体系框架下需要进一步思考的是，纪检监察机关在适用此类行为事实完全相同的处分事由给予政务处分与党纪处分时，所作出的党纪处分决定应当比政务处分决定要重，且不能超出两者程度匹配的必要限度。

三是行为事实基本相同的情形。行为事实基本相同是指政务处分事由与党纪处分事由相类似，在行为对象、方式、内容等方面并不完全相同。因为《公职人员政务处分法》将《中国共产党纪律处分条例》中的一些违纪行为吸纳为违法行为,所以二者之间存在着诸多处分事由相类似的规定。其行为则存在仅是违反党规党纪的违纪行为,或者既是违反党规党纪的违纪行为,也是违反国家法律法规的违法行为这两种情况。此种情形下的处分事由适用较为复杂,需要具体情况具体分析。例如,根据《公职人员政务处分法》第38条第1款第5项规定,“其他侵犯管理服务对象利益的行为,造成不良后果或者影响的”,“情节较重的,予以警告、记过或者记大过;情节严重的,予以降级或者撤职”。《中国共产党纪律处分条例》第112条第1款第6项规定,“有其他侵害群众利益行为的”,“对直接责任者和领导责任者,情节较轻的,给予警告或者严重警告处分;情节较重的,给予撤销党内职务或者留党察看处分;情节严重的,给予开除党籍处分”。

对比之下可以看出,两者在对处分事由的具体规定上是相类似的。其行为事实基本相同,但行为所具体指向的对象不同,前者所指向的对象是管理服务对象,后者所指向的对象是群众,群众的范围显然比管理服务对象的范围要广泛得多。那么当具有党员身份的公职人员有侵害除管理服务对象之外的不特定群众利益的行为时,其行为是违纪行为而非违法行为,应当适用党纪处分而非同时适用政务处分。并且后者要求在对直接责任者适用党纪处分的同时还要追究领导责任者的党纪责任,而前者则要求必须造成不良后果或者影响才能适用政务处分。那么当具有党员身份的公职人员有侵犯管理服务对象利益的行为,但并未造成不良后果或者影响的,其行为也仅是违纪行为,应当仅适用党纪处分。但当具有党员身份的公职人员有侵犯管理服务对象利益的行为,且造成不良后果或者影响的,则其行为不仅是违纪行为,同时也是违法行为,应当同时适用党纪处分和政务处分,且适用党纪处分要比政务处分重。

(四)党内法规及规范性文件如何调整政务处分行为问题

政务处分行为是国家监察机关对所有行使公权力的公职人员进行惩戒的公权力行为,党内法规不宜越界调整具体的政务处分行为,但可对党务关系中涉及的政务处分行为作出一些原则性规定,这符合纪法分开、纪法贯通的内在制度逻辑。例如,《中国共产党纪律处分条例》第29条规定:“党组织在纪律审查中发现党员严重违纪涉嫌违法犯罪的,原则上先作出党纪处分决定,并按照规定给予政务处分后,再移送有关国家机关依法处理。”第33条第1款、第2款规定:“党员依法受到刑事责任追究的,党组织应当根据司法机关的生效判决、裁定、决定及其认定的事实、性质和情节,依照本条例规定给予党纪处分,是公职人员的由监察机关给予相应政务处分。党员依法受到政务处分、行政处罚,应当追究党纪责任的,党组织可以根据生效的政务处分、行政处罚决定认定的事实、性质和情节，经核实后依照规定给予党纪处分或者组织处理。”党内法规确有需要对政务处分行为进行具体调整，应当严格按照《中国共产党党内法规制定条例》第13条第2款“制定党内法规涉及政府职权范围事项的，可以由党政机关联合制定”的要求，采用党政机关联合制定的形式制定相应的党内法规，但也应当是对党务关系中所涉及的政务处分行为进行调整，而非直接具体调整政务处分行为。

而规范性文件重在“论”，包括阐明某一主题的重大意义，推进相关工作的重要性与紧迫性、指导思想、基本原则、工作目标、主要任务、重要举措、组织保障等，以发动、号召、部署工作等。[①] 即便规范性文件涉及具体调整政务处分行为，但由于其效力位阶较低，且不能与上位规定不一致甚至冲突，故并不存在太大意义。因此，笔者主张类似于《公职人员政务处分暂行规定》的此类过渡性规范应是党的主张（党的政策）类文件，而非规范性文件。尽管一些党的主张（党的政策）类文件在形式上与规范性文件极其相似，但是在实质上与规范性文件存在巨大差别。这一点在前文有关过渡性规范的内容中已作阐述，在此不再赘述。因此，诸如《公职人员政务处分暂行规定》第7条“公职人员中的中共党员严重违犯党纪涉嫌犯罪的，应当由党组织先做出党纪处分决定，并由监察机关依法给予政务处分后，再依法追究其刑事责任。非中共党员的公职人员涉嫌犯罪的，应当先由监察机关依法给予政务处分，再依法追究其刑事责任。公职人员中的中共党员先依法受到行政处罚和刑事责任追究的，党组织、监察机关可以根据生效的行政处罚决定和司法机关的生效判决、裁定、决定及其认定的事实、性质和情节，依纪依法给予党纪、政务处分”和第8条“监察机关对公职人员中的中共党员给予政务处分，一般应当与党纪处分的轻重程度相匹配。其中，受到撤销党内职务、留党察看处分的，如果担任公职，应当依法给予其撤职等政务处分。严重违犯党纪、严重触犯刑律的公职人员必须依法开除公职”等内容，应当将涉及党务关系中的政务处分行为向党的监督制度规范体系一侧进行转化，可在《中国共产党纪律处分条例》中作出一些原则性规定。例如，可补充“政务处分一般应当与党纪处分的轻重程度相匹配”等内容。或者通过党政联合制定的形式对党务关系中所涉及的政务处分行为进行调整。

---

① 参见宋功德：《党规之治》，法律出版社2015年版，第267页。

附录三 《公职人员政务处分法》相关立法背景资料

关于《中华人民共和国公职人员政务处分法(草案)》的说明

——2019年8月22日在第十三届全国人民代表大会常务委员会第十二次会议上

全国人大监察和司法委员会主任委员 吴玉良

全国人民代表大会常务委员会:

我受全国人大监察和司法委员会委托,就《中华人民共和国公职人员政务处分法(草案)》(以下简称政务处分法)作说明。

一、制定政务处分法的必要性

(一)强化对公职人员的管理监督

中国共产党领导是中国特色社会主义最本质的特征,是中国特色社会主义制度的最大优势。公职人员是中国特色社会主义事业的中坚力量,在国家治理体系中处于特殊重要位置。制定政务处分法,将宪法确立的坚持党的领导的基本要求具体化、制度化、法律化,强化对公职人员的管理和监督,使自觉坚持和切实维护党的领导成为公职人员的法律义务,为有效发挥中国共产党领导这一最大制度优势提供有力的法治保障。

(二)实现党纪与国法的有效衔接

政务处分是对违法公职人员的惩戒措施。由于所有“政纪”均已成为国家法律,监察法首次提出政务处分概念,并以其代替“政纪处分”,将其适用范围扩大到所有行使公权力的公职人员。制定政务处分法，将监察法的原则规定具体化，把法定对象全面纳入处分范围，使政务处分匹配党纪处分、衔接刑事处罚，构筑惩戒职务违法的严密法网，有利于实现抓早抓小、防微杜渐，建设一支忠诚干净担当的公职人员队伍。

（三）推进政务处分的法治化、规范化

政务处分直接涉及公职人员的职务、职级、级别、薪酬待遇等重要事项，对公职人员具有重要影响。政务处分权必须严格依法行使，在法治轨道上运行。制定政务处分法，明确实施政务处分的主体，应当坚持的法律原则，处分事由、权限和程序，被处分人员维护合法权益的救济途径等，有利于处分决定机关、单位强化法治观念、程序意识，提升工作的法治化、规范化水平。

二、起草过程和基本思路

今年年初，制定政务处分法列入全国人大常委会2019年度立法工作计划。按照工作安排，政务处分法起草工作由国家监察委员会牵头，全国人大监察和司法委员会、全国人大常委会法制工作委员会参加。

根据工作职责，这个法律案确定由全国人大监察和司法委员会提请审议。我委接到草案（初稿）后，立即会同中央纪委国家监委机关、全国人大常委会法工委组成政务处分法立法工作专班，深入学习习近平总书记有关重要讲话精神，在前期工作基础上进一步开展研究论证和起草工作，听取委员会组成人员和有关方面意见建议，经反复修改完善，形成法律草案。

政务处分法起草工作遵循以下思路和原则：一是整合规范政务处分法律制度。着眼于构建党统一指挥、全面覆盖、权威高效的监督体系，完善与党纪处分相对应的政务处分制度。规定政务处分的主体既包括监察机关，又包括公职人员的任免机关、单位，统一设置处分的法定事由和适用规则，保证处分适用上的统一规范。二是坚持问题导向。着力解决对公职人员的管理监督薄弱、处分程序不规范、处分决定畸轻畸重、对国有企业和基层群众性自治组织中的公职人员处分缺乏法律依据等工作中的突出问题，细化违法情形、处分幅度和处分程序。三是注重纪法协同、法法衔接。在处分情形、处分权限和程序、处分后果上与公务员法等现行法律法规的规定保持协调衔接，保证法律体系的内在一致性。同时注重与党纪的衔接，推动党内监督和国家机关监督有效贯通。

三、草案的主要内容

草案分为7章，包括总则，政务处分种类和适用，违法行为及其适用的处分，

政务处分的程序,复审、复核、申诉,法律责任和附则,共66条。主要内容是:

(一)明确政务处分主体和基本原则

草案规定,处分决定机关、单位包括任免机关、单位和监察机关,明确两类主体在政务处分工作中的作用和责任;明确了党管干部,依法依规,实事求是,民主集中制,惩前毖后、治病救人等5项政务处分原则。

(二)明确政务处分种类和适用规则

草案参照公务员法等法律法规确立的处分种类,设定了警告至开除6种政务处分和相应的处分期间。草案对处分的合并适用,共同违法的处分适用,已免除领导职务人员和退休、死亡等公职人员的处分适用,从重、从轻和减轻处分以及免予处分的适用,违法利益的处理,以及处分期满解除制度等规则作了具体规定。

草案针对不同类型的公职人员,分别规定了处分后果,力求真正发挥政务处分的惩戒作用。考虑到未担任公务员、事业单位人员或者国有企业人员职务的其他依法履行公职的人员存在无职可撤、无级可降的情况,草案规定,这些人员有违法行为的,可以给予警告、记过、记大过处分;情节严重的,由所在单位直接给予或者监察机关建议有关机关、单位给予调整薪酬待遇、调离岗位、取消当选资格或者担任相应职务资格、依法罢免、解除劳动人事关系等处理。

(三)明确公职人员违法行为及其适用的处分

为体现政务处分事由法定的原则,草案第三章系统梳理现有关于处分的法律法规,从公务员法、法官法、检察官法和行政机关公务员处分条例等规定的违法情形中,概括出适用政务处分的违法情形,参考党纪处分条例的处分幅度,根据行为的轻重程度规定了相应的处分档次,并分别针对职务违法行为和一般违法行为,规定了兜底条款。

(四)严格规范政务处分的程序

为明确作出政务处分的程序,草案第四章对处分主体的立案、调查、处分、宣布等程序作了规定。考虑到有的公职人员在任免、管理上的特殊性,草案规定,对各级人大(政协)或者其常委会选举或者任命的人员给予撤职、开除政务处分的,先由人大(政协)或者其常委会依法依章程罢免、撤销或者免去其职务,再由处分决定机关、单位依法作出处分决定。

(五)明确被处分人员的救济途径

为充分保障被处分人员的合法权利,草案第五章专章规定了复审、复核、申诉途径。草案还规定了处分决定机关、单位和人员违反规定处置问题线索、不依法受理和处理公职人员复审、复核、申诉等违法行使职权行为的法律责任。

(六)关于配套规定

为保障政务处分法的规定得到落实,增强政务处分的可操作性和实效性,草案对制定具体规定作了授权,规定国务院、国家监察委员会或者相关主管部门可以根据本法,制定具体规定。

草案和以上说明是否妥当,请审议。

全国人民代表大会宪法和法律委员会关于《中华人民共和国公职人员政务处分法(草案)》修改情况的汇报

全国人民代表大会常务委员会:

常委会第十二次会议对公职人员政务处分法草案进行了初次审议。会后,法制工作委员会将草案印发各省(区、市)人大常委会、中央有关部门和部分高等院校、研究机构、基层立法联系点等征求意见,在中国人大网全文公布草案征求社会公众意见。宪法和法律委员会、监察和司法委员会、法制工作委员会召开座谈会,听取中央有关部门和有关专家对草案的意见。法制工作委员会与监察和司法委员会到贵州进行调研,并就草案有关问题专门征求中央组织部、中央统战部、人力资源和社会保障部、国务院国有资产监督管理委员会以及部分事业单位、国有企业的意见。法制工作委员会根据各方面意见对草案进行修改,并与监察和司法委员会、国家监察委员会有关部门反复沟通协商。宪法和法律委员会于4月7日召开会议,根据常委会组成人员的审议意见和各方面意见,对草案进行了逐条审议。监察和司法委员会、国家监察委员会的有关负责同志列席了会议。4月17日,宪法和法律委员会召开会议,再次进行了审议。现将公职人员政务处分法(草案)主要问题的修改情况汇报如下:

一、草案第二条规定:“公职人员有违法行为,需要给予政务处分的,由处分决定机关、单位依照本法给予政务处分。法律另有规定的,从其规定。”“处分决定机关、单位包括任免机关、单位和监察机关。”一些常委会组成人员和部门、地方、科研机构、社会公众提出,根据现行有关法律的规定,监察机关作出的是政务处分,任免机关、单位作出的是处分,建议做好法律之间的衔接。宪法和法律委员会经与监察和司法委员会、国家监察委员会研究,建议将本条修改为:“本法适用于监察机关对违法的公职人员给予政务处分的活动。”“本法第二章、第三章适用于公职人员任免机关、单位对违法的公职人员给予处分，处分的程序、申诉等适用其他法律、行政法规、国务院部门规章和国家有关规定。”相应地，将草案第六十四条修改为：“国务院及其相关主管部门根据本法的原则和精神，结合事业单位、国有企业等的实际情况，对事业单位、国有企业等的违法的公职人员处分事宜作出具体规定。”

二、草案第五条规定了给予公职人员政务处分应当坚持的原则。有的常委会组成人员、部门、地方建议对本条的表述作出修改完善，增加法律面前一律平等、过罚相当等原则。宪法和法律委员会经研究，建议将本条修改为两条，分别规定：“给予公职人员政务处分，坚持党管干部原则，集体讨论决定；坚持法律面前一律平等，实事求是，给予的政务处分与违法行为的性质、情节、危害程度相适应；坚持惩戒与教育相结合，宽严相济。”“给予公职人员政务处分，应当事实清楚、证据确凿、定性准确、处理恰当、程序合法、手续完备。”

三、有的常委会组成人员、部门、地方和专家提出，本法应当增加对公职人员依法履职予以保护的规定。宪法和法律委员会经研究，建议增加规定：“公职人员依法履行职责受法律保护，非因法定事由、非经法定程序，公职人员不受政务处分。”

四、草案第十四条规定：“公职人员有两种以上行为应当受到处分的，按其数种违法行为中应当受到的最高处分加重一档给予处分；其中一种违法行为应当受到开除处分的，给予开除处分。”有的地方、社会公众提出，按照最高处分加重一档给予处分，有违过罚相当原则，建议参照公务员处分的有关规定作出修改。宪法和法律委员会经研究，建议将本条修改为：“公职人员有两个以上违法行为的，应当分别确定政务处分。依法应当给予政务处分的种类不同的，执行其中最重的政务处分；依法应当给予撤职以下多个相同种类政务处分的，执行该处分，并在一个政务处分期间以上、多个政务处分期间之和以下，确定政务处分期间，但是最长不得超过四十八个月。”

五、草案第四十五条规定了政务处分的程序。有的常委会组成人员、部门、地方提出，应当进一步规范、细化政务处分的程序。宪法和法律委员会经研究，建议将本条充实完善，分为三条规定：一是完善听取被调查人陈述和申辩制度，增加规定：不得因被调查人的申辩而加重政务处分。二是完善政务处分决定程序，规定调查终结后，监察机关应当根据不同情况，分别作出处理。三是完善政务处分决定的内容和形式，增加规定：决定给予政务处分的，应当制作政务处分决定书。并对政务处分决定书的内容作出规定。

此外，还对草案作了一些文字修改。

草案二次审议稿已按上述意见作了修改，宪法和法律委员会建议提请本次常委会会议继续审议。

草案二次审议稿和以上汇报是否妥当，请审议。

全国人民代表大会宪法和法律委员会
2020 年 4 月 26 日

全国人民代表大会宪法和法律委员会关于《中华人民共和国公职人员政务处分法（草案）》审议结果的报告

全国人民代表大会常务委员会：

常委会第十七次会议对公职人员政务处分法草案进行了二次审议。会后，法制工作委员会在中国人大网全文公布草案二次审议稿，征求社会公众意见，并就草案的修改完善与国家监察委员会有关部门反复沟通协商。宪法和法律委员会、法制工作委员会到北京进行调研，了解情况、听取意见。6 月 5 日，宪法和法律委员会召开会议，根据常委会组成人员的审议意见和各方面意见，对草案进行逐条审议。监察和司法委员会、国家监察委员会的有关负责同志列席了会议。6 月 11 日，宪法和法律委员会召开会议，再次进行审议。宪法和法律委员会认为，为了规范政务处分，加强对所有行使公权力的公职人员的监督，制定本法是必要的，草案经过二次审议修改，已经比较成熟。同时，提出以下主要修改意见：

一、草案二次审议稿第九条第二款中规定："政务处分的期间自政务处分决定生效之日起计算。"有的常委会组成人员建议，明确政务处分决定的生效日期。宪法和法律委员会经研究，建议将上述规定修改为："政务处分决定自作出之日起生效，政务处分期间自政务处分决定生效之日起计算。"

二、草案二次审议稿第十六条第一款中规定，"监察机关发现已经退休的公职人员退休前或者退休后有违法行为的，不再给予政务处分，但是可以对其立案调查，依法应当予以降级、撤职、开除的，应当按照规定相应降低或者取消其享受的待遇”。有的常委会组成人员、部门、社会公众提出，对退休后公职人员的待遇处理不同于对现职公职人员待遇的处理，草案的规定与机关事业单位工作人员养老保险制度改革的相关规定不一致。宪法和法律委员会经研究，建议将“降低或者取消其享受的待遇”修改为“调整其享受的待遇”。

三、草案二次审议稿第三章对违法行为及其适用的政务处分作了规定。有的常委会组成人员、部门建议，对一些应予政务处分的违法行为在本法中进一步予以明确。宪法和法律委员会经研究，建议在违法行为中增加以下情形：“篡改、伪造本人档案资料的，予以记过或者记大过；情节严重的，予以降级或者撤职”；“诬告陷害，意图使他人受到名誉损害或者责任追究等不良影响的”，予以政务处分；“拒不按照规定纠正特定关系人违规任职、兼职或者从事经营活动，且不服从职务调整的，予以撤职”。

四、草案二次审议稿第五十九条规定，公职人员政务处分决定被撤销的，应当在原政务处分决定公布范围内为其恢复名誉。有的常委会组成人员提出，对公职人员遭受不实举报等情形，也应当及时澄清事实，消除不良影响。宪法和法律委员会经研究，根据中央纪委国家监委有关文件精神，建议增加一条，规定：“监察机关或者公职人员任免机关、单位在调查中发现公职人员受到不实检举、控告或者诬告陷害，造成不良影响的，应当按照规定及时澄清事实，恢复名誉，消除不良影响。”

五、草案二次审议稿第五十五条规定，“公职人员对监察机关作出的涉及本人的政务处分决定不服的，依照《中华人民共和国监察法》的规定申请复审、复核。”有的常委会组成人员提出，应当建立监察机关对确有错误的政务处分决定主动纠正机制。宪法和法律委员会经与国家监察委员会研究，建议增加一款作为第二款，规定：“监察机关发现本机关或者下级监察机关作出的政务处分决定确有错误的，应当及时予以纠正或者责令下级监察机关及时予以纠正。”

六、草案二次审议稿第五十七条、第五十八条对复审、复核机关撤销、变更原政务处分决定作了规定。有的常委会组成人员提出，复审、复核的结果包括维持、撤销和变更，建议将维持的情形在本法中予以明确。宪法和法律委员会经研究，建议增加一条，规定：“复审、复核机关认为政务处分决定认定事实清楚，适用法律正确的，应当予以维持。”

此外，还对草案二次审议稿作了一些文字修改，并对部分条文顺序作了调整。

6 月 9 日，法制工作委员会召开会议，邀请部分全国人大代表、全国政协委员、专家学者就草案中主要制度规范的可行性、法律出台时机、法律实施的社会效果和可能出现的问题等进行评估。与会人员普遍认为，草案深入贯彻落实党中央关于深化国家监察体制改革的决策部署，进一步完善监察制度，规范政务处分活动，加强对所有行使公权力的公职人员的监督，推进国家治理体系和治理能力现代化。草案已经比较全面、成熟，其主要制度规范是可行的，现在出台是必要的、适时的。同时，有的与会人员还对草案提出了一些具体修改意见，宪法和法律委员会进行了认真研究，对有的意见予以采纳。

草案三次审议稿已按上述意见作了修改，宪法和法律委员会建议提请本次常委会会议审议通过。

草案三次审议稿和以上报告是否妥当，请审议。

全国人民代表大会宪法和法律委员会

2020 年 6 月 18 日

全国人民代表大会宪法和法律委员会关于《中华人民共和国公职人员政务处分法(草案三次审议稿)》修改意见的报告

全国人民代表大会常务委员会：

本次常委会会议于 6 月 18 日下午对公职人员政务处分法草案三次审议稿进行了分组审议，普遍认为，草案已经比较成熟，建议进一步修改后，提请本次会议表决通过。同时，有些常委会组成人员还提出了一些修改意见。宪法和法律委员会于 6 月 18 日晚召开会议，逐条研究了常委会组成人员的审议意见，对草案进行了审议。监察和司法委员会、国家监察委员会的有关负责同志列席了会议。宪法和法律委员会认为，草案是可行的，同时，提出以下修改意见：

一、有的常委委员建议将草案三次审议稿第四条关于“实事求是”给予公职人员政务处分的规定修改为“以事实为根据，以法律为准绳”，这样表述更加明确。宪法和法律委员会经研究，建议将草案三次审议稿第四条修改为：“给予公职人员政务处分，坚持党管干部原则，集体讨论决定；坚持法律面前一律平等，以事实为根据，以法律为准绳，给予的政务处分与违法行为的性质、情节、危害程度相当；坚持惩戒与教育相结合，宽严相济。”

二、草案三次审议稿第五十五条第一款规定:“公职人员对监察机关作出的涉及本人的政务处分决定不服的,有权依法申请复审、复核。”有的意见提出,本条对复审、复核的机关未作规定,建议根据监察法有关规定予以明确。宪法和法律委员会经研究,建议将这一款修改为:“公职人员对监察机关作出的涉及本人的政务处分决定不服的,可以依法向作出决定的监察机关申请复审;公职人员对复审决定仍不服的,可以向上一级监察机关申请复核。”

三、草案三次审议稿第六十条第一款对政务处分决定被变更或者撤销后,对公职人员的职务、职级等的处理作了规定。有的常委委员、专家提出,草案三次审议稿第二十五条规定了对公职人员的财物予以没收、追缴的制度,建议对政务处分决定被变更或者撤销后,没收、追缴的财物应当如何处理作出规定。宪法和法律委员会经研究,建议在这一款中增加规定:“没收、追缴财物错误的,应当依法予以返还、赔偿。”

此外,根据常委会组成人员的审议意见,还对草案三次审议稿作了一些文字修改。

经与国家监察委员会研究,建议公职人员政务处分法自2020年7月1日起施行。

草案建议表决稿已按上述意见作了修改,宪法和法律委员会建议本次常委会会议审议通过。

草案建议表决稿和以上报告是否妥当,请审议。

全国人民代表大会宪法和法律委员会
2020年6月19日